Gesundheitswissenschaften

Gustav Breitkreuz

Der erfolgreiche Ausstieg aus der Einsamkeit

Ursachen, Symptome, Folgeerkrankung, Befreiung

Shaker Verlag
Düren 2020

Bibliografische Information der Deutschen Nationalbibliothek
Die Deutsche Nationalbibliothek verzeichnet diese Publikation in der Deutschen
Nationalbibliografie; detaillierte bibliografische Daten sind im Internet über
http://dnb.d-nb.de abrufbar.

Copyright Shaker Verlag 2020
Alle Rechte, auch das des auszugsweisen Nachdruckes, der auszugsweisen
oder vollständigen Wiedergabe, der Speicherung in Datenverarbeitungs-
anlagen und der Übersetzung, vorbehalten.

Printed in Germany.

ISBN 978-3-8440-7618-9
ISSN 1866-3060

Shaker Verlag GmbH • Am Langen Graben 15a • 52353 Düren
Telefon: 02421 / 99 0 11 - 0 • Telefax: 02421 / 99 0 11 - 9
Internet: www.shaker.de • E-Mail: info@shaker.de

Vorwort

Obwohl uns der technische Fortschritt alle Möglichkeiten eröffnet, Menschen in kurzer Zeit zu erreichen und miteinander zu kommunizieren, gibt es immer mehr Menschen, die sich einsam und allein gelassen fühlen. Aus Untersuchungen ist bekannt, dass die Hälfte aller erwachsenen alleinlebenden Menschen und mehr als ein Viertel aller Verheirateten sich einsam fühlen. Von Einsamkeit scheinen vordergründig nur ältere, arme, alleinstehende und erkrankte Menschen betroffen zu sein. Forschungsergebnisse zeigen allerdings auch, dass Einsamkeit jeden treffen kann. Das sind sowohl auch Kinder und Jugendliche, verheiratete sowie gesunde, reiche, attraktive und erfolgreiche Menschen können sich einsam fühlen. Wenn Einsamkeit andauert und zu ständigem psychischen Stress führt, können vielfältige Schäden an Geist, Körper und Psyche entstehen.

Diesen Phänomenen entgegen zu wirken ist Anliegen dieses vorliegenden Buches, das sich ausführlich mit der Einsamkeit befasst. Es handelt von der Entstehung der Einsamkeit beim Menschen, es berichtet über die Symptome der Einsamkeit, es handelt auch von den Folgeerkrankungen. Das Buch stellt aber nicht zuletzt die Möglichkeiten der Befreiung von der krankhaften Einsamkeit vor.

Im Einzelnen steht dabei die Beantwortung folgender Fragestellungen, verbunden mit wegweisenden Verhaltensempfehlungen:

- Was ist Einsamkeit und wie entsteht sie?
- Welche Phasen von Einsamkeit gibt es?
- Welche Ursachen von Einsamkeit gibt es?
- Welche Symptome charakterisieren die Einsamkeit?
- Welche Faktoren beeinflussen die emotionale und soziale Isolation?
- Wann kann Einsamkeit auf Dauer Körper und Psyche gefährlich werden?
- Wann kann das Gefühl der Einsamkeit ein früher Vorbote der Altersdemenz sein?

Welche Strategien zur Befreiung von Einsamkeit sind am wirksamsten?

- Strategie 1: Warum man allein auch glücklich sein kann
- Strategie 2: Welche Präventionsmaßnahmen können Einsamkeit vorbeugen?

- Strategie 3: Einsamkeit treibt Blutdruck hoch – hoher Blutdruck kann therapiert werden
- Strategie 4: Demenz macht einsam und krank – Einsamkeit vorbeugen
- Strategie 5: Raus aus der Alkoholsucht, denn sie macht einsam und krank
- Strategie 6: Die Angst vor der Einsamkeit besiegen!
- Strategie 7: Einsam als Single oder doch glücklich zu zweit?
- Strategie 8: Respekt in der Partnerschaft - Wie man achtsam miteinander umgeht
- Strategie 9: Emotionale Berührung und Vertrauen schützt vor Einsamkeit
- Strategie 10: Wie kann man Depression als Ursache von Einsamkeit bewältigen?
- Strategie 11: Wie kann man Stress als Ursache von Einsamkeit besiegen?
- Strategie 12: Wie kann ich mich vom Stress als Ursache von Einsamkeit befreien? Welche Therapiemaßnahmen sind für mich erfolgreich?
- Strategie 13: Wie kann ich mich durch mehr Zufriedenheit von Stress befreien, der zur Einsamkeit führt?
- Strategie 14: Welche Entspannungstechniken helfen gegen Stress?
- Strategie 15: Lernen Sie, „Nein" zu sagen, um Stress und Einsamkeit vorzubeugen!
- Strategie 16: Welche Maßnahmen befreien Dich vom Stress und damit von der Einsamkeit? Dargestellt anhand von Beispielen.
- Strategie 17: Wie kann man Burnout als Ursache von Einsamkeit verdrängen?
- Strategie 18: Neue Einsamkeit durch Coronavirus und wie kann man sich vor der Ansteckung schützen?

Auf die Kernfrage: „Ist die Einsamkeit heilbar?", wird an mehreren strategischen Beispielen die Heilbarkeit unter der Entfaltung von spezifischen Verhaltensregeln bestätigt. Das Buch richtet sich an alle, die an Einsamkeit leiden, aber auch an Ärzte, Psychologen, Kranken- und Gesundheitspfleger, die sich mit dem Heilungsprozess von Patienten beschäftigen und alles tun, um den betroffenen Menschen wieder von der Krankheit zu befreien.

Vorwort

Autor

Autor
Prof. Dr. Gustav Breitkreuz ist Hochschuldozent für Betriebswirtschaftslehre und der Gesundheitswissenschaften, sowie Buchautor von über 37 Fachbüchern (darunter mehrere Bestseller) zu verschiedenen Themen der BWL und des Dienstleistungsmanagements im Gesundheitswesen der Gesundheitswissenschaften.

Inhalt

Vorwort 3
Autor 6
Inhalt 7
1. Was ist Einsamkeit und wann entsteht sie? 9
2. Welche Phasen von Einsamkeit gibt es? 19
3. Ursachen von Einsamkeit 19
4. Symptome von Einsamkeit 22
5. Wenn Einsamkeit zur Krankheit wird 24
   5.1 Ängste und Depressionen als Folge von Einsamkeit 24
   5.2 Raus aus der Einsamkeit durch Überwindung sozialer Isolation 28
   5.3 Welche Faktoren können die emotionale Isolation und Einsamkeit beeinflussen? 31
   5.4 Gefühl der Einsamkeit – ein früher Vorbote der Altersdemenz 32
   5.5 Warum kann Einsamkeit auf Dauer für Körper und Psyche gefährlich werden? 33
6. Strategien zur Befreiung von der Einsamkeit 35
   Strategie 1: Warum man allein auch glücklich sein kann 35
   Strategie 2: Welche Präventionsmaßnahmen können Einsamkeit vorbeugen? 39
   Strategie 3: Einsamkeit treibt Blutdruck hoch – hoher Blutdruck kann therapiert werden 42
   Strategie 4: Demenz macht einsam und krank – Einsamkeit vorbeugen 45
   Strategie 5: Raus aus der Alkoholsucht, denn sie macht einsam und krank 48
   Strategie 6: Die Angst vor der Einsamkeit besiegen! 58
   Strategie 7: Einsam als Single oder doch glücklich zu zweit? 65
   Strategie 8: Respekt in der Partnerschaft - Wie man achtsam miteinander umgeht 75
   Strategie 9: Emotionale Berührung und Vertrauen schützt vor Einsamkeit 81
   Strategie 10: Wie kann man Depression als Ursache von Einsamkeit bewältigen? 86
   Strategie 11: Wie kann man Stress als Ursache von Einsamkeit besiegen? 108
   Strategie 12: Wie kann ich mich vom Stress als Ursache von Einsamkeit befreien? Welche Therapiemaßnahmen sind für mich erfolgreich? 126
   Strategie 13: Wie kann ich mich durch mehr Zufriedenheit von Stress befreien, der zur Einsamkeit führt? 130
   Strategie 14: Welche Entspannungstechniken helfen gegen Stress? 136
   Strategie 15: Lernen Sie, „Nein" zu sagen, um Stress und Einsamkeit vorzubeugen! 139
   Strategie 16: Welche Maßnahmen befreien Dich vom Stress und damit von der Einsamkeit? Dargestellt anhand von Beispielen. 146

Inhalt

Beispiel 1: Warum Stress krank macht? 146
Beispiel 2: Stressbewältigung durch Berührung 147
Beispiel 3: Berührungen schützen Frauen vor Stress 149
Beispiel 4: Berührung beeinflussen die Psyche des Menschen und bauen den Stress ab 150
Beispiel 5: Stressbewältigung am Arbeitsplatz 154
Beispiel 6: Stress vermeiden durch Rituale 159
Beispiel 7: Nahrungsmittel helfen gegen Stress 164
Beispiel 8: Selbstgespräche helfen, Stress zu vermeiden und Druck abzubauen 168
Strategie 17: Wie kann man Burnout als Ursache von Einsamkeit verdrängen? 173
Strategie 18: Neue Einsamkeit durch Coronavirus und wie kann man sich vor der Ansteckung schützen? 216
Literaturverzeichnis 237

1. Was ist Einsamkeit und wann entsteht sie?

Einsamkeit, soziale Isolierung und Verlassenheitsgefühle sind ein weit verbreitetes Problem unserer heutigen Gesellschaft, das sowohl einzelne Menschen als auch das Zusammenleben innerhalb größerer Verbände erheblich beeinträchtigt. Es wird davon ausgegangen, dass es noch nie so viel leere und Einsamkeit gegeben hat wie in der heutigen Gesellschaft. Heutzutage ist Einsamkeit für fast die Hälfte der Bevölkerung ein Thema, mit dem sie dauerhaft oder gelegentlich konfrontiert ist bzw. konfrontiert zu werden fürchtet.

Untersuchungen aus den USA haben gezeigt, dass Einsamkeit ein Erleben ist, das den meisten Menschen widerfährt. Trotz der heutigen fast perfekten Kommunikationstechnik besteht folglich keine befriedigende Kommunikation und Interaktion. Einsamkeit, soziale Isolierung und Verlassenheitserlebnisse sind vielmehr eine weitreichende Erscheinung unserer Gesellschaft. Einsamkeit ist meist mit einem Bündel negativer Aspekte verbunden. Die wichtigsten davon sind Benachteiligung, Leere, Mängel, Langeweile, das Gefühl mangelnder Wertschätzung durch andere, Resignation, eigenes Versagen, mangelnder Erfolg und Ausgrenzung.

Dauernde Einsamkeit und soziale Isolierung begünstigen die Entstehung und Aufrechterhaltung emotionaler und physischer Störungen. So zeigt es sich, dass Personen, die als sozial isoliert gelten häufiger berufliche Probleme haben, eher von somatischen Krankheiten bedroht sind und häufiger psychiatrische Auffälligkeiten entwickeln.

Manchmal ist man gerne allein und möchte seine Ruhe von all dem Rummel des Alltags haben. Ein paar Stunden oder Tage allein sein können sogar positive Auswirkungen haben und die Akkus wieder aufladen. Doch Alleinsein unterscheidet sich deutlich von Einsamkeit.

Denn Einsamkeit ist kein schönes Gefühl. Wer einsam ist, fühlt sich von der Gesellschaft ausgegrenzt, ungeliebt, unverstanden, allein gelassen. Ein Gefühl von innerer Leere macht sich breit. Häufig fühlen sich Menschen einsam, wenn

- eine Beziehung in die Brüche geht,
- der Partner verstirbt,
- die Kinder erwachsen und aus dem Haus sind,
- sie den Job verlieren oder in Rente gehen,

1. Was ist Einsamkeit und wann entsteht sie?

- sie in eine neue Stadt ziehen und noch niemanden kennen,
- sie sich schwertun, neue Kontakte zu knüpfen,
- sie generell schüchtern sind und schwer auf andere Menschen zugehen können,
- sie ein geringes Selbstbewusstsein haben und sich ungeliebt und unerwünscht fühlen,
- sie durch eine Krankheit körperlich eingeschränkt sind.

Doch auch Menschen, die voll im sozialen Leben stehen, eine Familie und einen Partner haben und bei Freunden sehr beliebt sind, können sich einsam fühlen. Dabei gilt es zwischen einer kurzzeitigen und einer dauerhaften Einsamkeit zu unterscheiden. Denn wohl jeder Mensch hat sich irgendwann schon einmal einsam gefühlt. Diese Phase geht in der Regel jedoch bald vorüber und wir können wieder am sozialen Leben teilnehmen. Wenn die Einsamkeit jedoch zum Dauerzustand wird, ist es höchste Zeit, etwas dagegen zu unternehmen.

Welcher Unterschied besteht zwischen Einsamkeit und dem Alleinsein?

Oft wird Einsamkeit mit Alleinsein verwechselt. Viele Menschen glauben, dass man sich einsam fühlt, sobald man allein ist. Alleinsein führt jedoch nicht zwingend zum Gefühl der Einsamkeit.

Einsamkeit wird als subjektives Gefühl bezeichnet, das nicht von der objektiven Kontakthäufigkeit bestimmt wird. Es gibt hier keine strenge Beziehung zwischen der Einsamkeit und sozialer Isolation. Menschen können sich einsam fühlen, obwohl sie häufiger Kontakt zu ihren Menschen haben. Nicht die An- oder Abwesenheit von anderen Menschen, sondern die subjektiv wahrgenommene fehlende Beachtung und Wertschätzung durch andere Menschen bestimmt die Einsamkeit. Auch in Anwesenheit anderer Menschen können somit Einsamkeitsgefühle auftreten. Einsamkeit ist oft das Resultat von der eigenen Unzufriedenheit mit sich selbst und/oder bestehenden Beziehungen. Einsamkeit ist also weder eine Krankheit noch eine Diagnose, sondern lediglich das Gefühl, nicht dazuzugehören.

Einsamkeit ist nicht nur etwas Negatives. Ich kann allein sein und sehr zufrieden. Nicht alle Singles sehnen sich nach einer Partnerschaft. Viele freuen sich über die neu gewonnenen Freiheiten und das Gefühl, nur für sich selbst verantwortlich zu sein. Manche blühen regelrecht auf und haben große Freude daran, Zeit mit sich selbst zu verbringen.

1. Was ist Einsamkeit und wann entsteht sie?

Alleinsein und Einsamkeit zu unterscheiden ist äußerst wichtig. Alleinsein ist objektiv gesehen nichts weiter als ein Zustand. Ein Mensch, der allein lebt, ist nicht zwangsläufig einsam. Das Alleinsein kann eine notwendige Voraussetzung für Kreativität sein. Alleinsein hilft dir auch, zu innerer Stärke zu finden. Du wirst gezwungen, dich mit dir selbst zu beschäftigen. Du hast Zeit, um über dich und die Welt nachzudenken. Dadurch lernst du dich besser kennen.

Alleinsein geht meist von den betroffenen Menschen aus, indem er zu wenig vom sozialen Kontakt berührt ist und das Alleinsein bevorzugt.

Welche Vorteile hat das Alleinsein?

- Alleinsein gibt Zeit, um getroffene Entscheidungen und dein Handeln zu reflektieren, ist wichtig, um eine stabile Persönlichkeit zu entwickeln und aus eventuellen Fehlern zu lernen.
- Die Isolation von äußeren Einflüssen hilft außerdem, dich voll und ganz auf dich selbst zu konzentrieren, deine eigene innere Stimme zu entwickeln, ihr zu lauschen und ihr zu vertrauen.
- Das wirst du während des Alleinseins herausfinden und auf diese Weise etwas näher zu dir selbst kommen. Wenn du Dinge allein unternimmst, beispielsweise allein in ein fremdes Land reist, wirst du an deinen Aufgaben wachsen und erleben, dass du dich auf dich selbst verlassen kannst. Diese Erfahrungen werden dir eine innere Stärke und Selbstsicherheit verleihen.

Warum leiden viele Menschen unter Einsamkeit?

Aber warum sind heutzutage so viele Menschen einsam? Es gibt zahlreiche Möglichkeiten mit anderen Menschen in Kontakt zu kommen. Social Media, Dating-Apps und Smartphones ermöglichen dir rund um die Uhr erreichbar zu sein, online neue Menschen kennenzulernen und ständig mit ihnen kommunizieren zu können. Doch Millionen Menschen in Deutschland fühlen sich häufig bis ständig einsam. In Großbritannien kümmert sich jetzt sogar ein ganzes Ministerium darum die Einsamkeit der Bevölkerung zu minimieren.

Einsamkeit ist vor allem ein innerliches Empfinden, dass in egal welcher Lebenssituation auftreten kann. Egal ob du jung oder verheiratet bist, arbeitest und Familie hast, einsam kannst du dich auch fühlen, wenn du immer von

1. Was ist Einsamkeit und wann entsteht sie?

anderen Menschen umgeben bist. Allerdings tritt Einsamkeit vor allem bei Menschen auf, die zum Alleinsein gezwungen werden. Der Lebensstil vieler Menschen heutzutage birgt viele Risiken, die zu Einsamkeit führen können. Häufiger Wohnortwechsel, Großstadtleben und die Distanz zu Familie und Verwandten können dazu führen, dass wir nur wenig soziale Kontakte haben und es uns zunehmend schwerfällt, neue Kontakte zu knüpfen.

Vor allem ältere Menschen sind von Einsamkeit betroffen. Noch vor 100 Jahren lebten die meisten älteren Menschen zusammen mit ihren Familien. Dies ist heute weniger der Fall. Die Single-Haushalte in Großstädten steigen dagegen von Jahr zu Jahr. Zudem engagieren sich immer weniger Menschen in Vereinen, gemeinnützigen Organisationen und politischen Verbindungen. Viele Menschen verbringen ihre Freizeit allein vor dem Laptop in einer virtuellen Welt und vereinsamen über kurz oder lang.

Soziale Isolation und Einsamkeit stehen im Fokus einer verringerten Lebenserwartung und erhöhtem Sterberisiko. Sozial isoliert lebende oder sich einsam fühlende Erwachsene neigen eher dazu, allzu früh zu sterben, als sozial gut integrierte Menschen. Armut und problematische Sozialstrukturen, ein von Alkohol, Nikotin und Bewegungsmangel geprägter Lebensstil und insbesondere depressiven Verstimmungen, die meist mit dem „sozialen Aus" einhergehen, tragen hauptsächlich zu der verkürzten Lebenserwartung bei. Dabei wirkt sich der tatsächliche Mangel an Zugehörigkeit gravierender und anders ungünstig aus als der gefühlte Abstand zu anderen Menschen.

Wer etwa in der Mitte des Lebens kaum positive soziale Kontakte pflegen kann, ist einem um 74 % erhöhtem Risiko ausgesetzt, das 70. Lebensjahr nicht zu erreichen; wer sich umgeben von Menschen lediglich einsam fühlt, „nur" bis zu 37 % mehr als Menschen mit hinreichenden Sozialbeziehungen. Männer sind nahezu gleich davon betroffen wie Frauen, erklären britische Wissenschaftler jetzt im Journal The Lancet (1). Programme, die die soziale Isolation oder auch die Einsamkeit lindern helfen, können ihrer Ansicht nach einem präventiv wirkungsvollen Ansatz sein, die Lebenserwartung allgemein zu verlängern und auch die Krebs- bzw. die Herz-Kreislaufsterblichkeit zu verringern.

1. Was ist Einsamkeit und wann entsteht sie?

Der Mangel an sozialer Bindung kann die Lebenserwartung verringern und die Anfälligkeit für chronische Erkrankungen vergrößern. Kürzlich belegten etwa Forschungen, dass sich bei Erwachsenen infolge realer oder auch gefühlter Isolation die Gefahr für einen Herzinfarkt oder für einen Schlaganfall um bis zu 30 % steigern kann. Ein ungewollt unzureichendes Sozialleben schadet der Herz- und Gefäßgesundheit damit ähnlich stark wie negativer Stress. Finnische und britische Wissenschaftler erörtern jetzt, inwieweit biologische, psychologische und sozioökonomischen Faktoren dazu beitragen, dass der mangelnden sozialen Interaktion oft chronische Erkrankungen und der frühe Tod folgen.

Sie stützen sich dabei auf Datentools aus der UK-Biodatenbank. Lebensstil- und Gesundheitsdaten von 466.901 Frauen und Männern im Alter zwischen 40 und 69 Jahren sind über fünf Jahre hinweg berücksichtigt worden. Anhand von Fragebögen gelang es, 42.548 Probanden als sozial isoliert und 29.442 als einsam zu klassifizieren. Als sozial isoliert wurde angesehen, wer tatsächlich unzureichende Kontakte zu anderen hatte, als einsam galt, wer sich so fühlte, ungeachtet dessen, ob ein soziales Umfeld vorhanden war oder nicht.

Die sozial inaktiven Probanden wiesen im Schnitt eine geringere Lebenserwartung und eine höhere Anfälligkeit für chronische Erkrankungen als Aktivere, wobei sich der reale Mangel an Kontakten noch schädlicher auswirkte als die gefühlte Einsamkeit. So lag das Risiko, frühzeitig zu versterben, im Vergleich zu sozial Aktiveren für isolierte Personen um 74 % und für Einsame um 37 % höher. Dieses Muster wiederholte sich in etwa, als die spezifischen Ursachen für diese Sterblichkeit betrachtet worden sind. Isolierte Personen starben häufiger an Tumoren, an Herz-Kreislauferkrankungen sowie an Erkrankungen der Atmungs- und Verdauungssysteme als einsame, wobei letztere wiederum einem höheren ursachenspezifischen Sterberisiko ausgesetzt waren als sozial Integrierte. Zwei Drittel dieser bei sozial isolierten und einsamen Menschen beobachteten höheren Sterblichkeit konnte auf nachteilige sozioökonomischen Bedingungen (32-41 %), auf einen ungesunden Lebensstil (33-36 %) und auf ein nur geringes psychisches Wohlbefinden (31-37 %) zurückgeführt werden. Diese drei Faktoren beeinflussten die Sterblichkeit in Abhängigkeit davon, ob die soziale Isolation tatsächlich gegeben oder gefühlt war, unterschiedlich intensiv. So sind 35 % der Verbindung zwischen der frühen

1. Was ist Einsamkeit und wann entsteht sie?

Sterblichkeit und der sozialen Isolation den Folgen einer fehlenden Ausbildung, dem geringen Haushaltseinkommen und unzureichenden Nachbarschaftskontakten zugeordnet. Diese Problematik nimmt insbesondere in Städten zu.

Bei einsamen Menschen fielen diese sozioökonomischen Faktoren mit 44 % noch stärker ins Gewicht. Auch traten bei ihnen depressive Verstimmungen häufiger auf als bei Personen mit geringen Sozialkontakten. Biologische Parameter, wie Übergewicht, Bluthochdruck oder ein kraftloser Händedruck spielten hingegen kaum eine Rolle, um das Wechselverhältnis von unzureichenden Sozialkontakten und früher Sterblichkeit zu erklären. Die Wissenschaftler sehen in der Aufhebung der sozialen Isolation und Einsamkeit einen entscheidenden Ansatzpunkt, die Lebenserwartung zu erhöhen.

Sterberisiko durch Einsamkeit

Wie sehr sich die Qualität sozialer Beziehungen konkret auf die Sterberate auswirkt, hat eine Metaanalyse aus 148 Studien gezeigt, die drei Wissenschaftler der University of North Carolina at Chapel Hill und der Brigham Young in Provo im Jahr 2010 durchführten. Das schockierende Ergebnis hier: Einsamkeit schadet der Gesundheit ähnlich stark wie der tägliche Konsum von 15 Zigaretten. Außerdem ziehen die Forscher nach der Auswertung von 300.000 Patientendaten weitere Vergleiche zu gesundheitsschädlichem Verhalten: Vereinsamung sei ebenso schädlich ist wie Alkoholmissbrauch. Sie ist doppelt so gefährlich wie starkes Übergewicht. Außerdem leben einsame Menschen mit einem höheren Gesundheitsrisiko als Personen, die keinerlei Sport machen.

Die Liste der Gesundheitsgefahren ist lang. Bluthochdruck gilt ebenso als ein mögliches Begleitphänomen wie erhöhte Werte beim Stresshormon Cortisol. Einsamkeit sorgt also im Rückschluss für einen hohen Stresslevel. Vor diesem Hintergrund verwundert auch die Aussage der Pulheimer Ärztin nicht: "Außerdem belastet Vereinsamung das Herz."

Isolation wirkt sich nicht nur auf den körperlichen Gesundheitszustand aus, sondern ebenso auf die geistigen Fähigkeiten. So wies der Neuropsychologe Robert Wilson vom Rush Alzheimer's Disease Center in Chicago nach, wie

1. Was ist Einsamkeit und wann entsteht sie?

anfällig Langzeitvereinsamte für Erkrankungen des zentralen Nervensystems sind. Sie werden vergesslicher und haben ein doppelt so hohes Risiko an Alzheimer zu erkranken.

Warum trifft die Einsamkeit die Menschen unterschiedlich stark?

Das Hamburger Marktforschungsinstitut Splendid Research hat im Frühjahr 2017 insgesamt 1039 Personen zwischen 18 und 70 Jahren online zu Einsamkeit befragt.

Lebensgefühl: Ein vorübergehendes Gefühl des Verlassen Seins gehört zum Leben dazu. Jeder Achte dagegen fühlt sich häufig oder sogar ständig einsam.

Jüngere: Vergleichsweise stark sind junge Erwachsene von Einsamkeit betroffen: 17 Prozent in der Altersgruppe von 18 bis 29 Jahren gaben an, sich ständig oder häufig einsam zu fühlen, nur jeder Zehnte nie. Bei den Mittdreißigern erleben sogar 18 Prozent das Gefühl der Isolation regelmäßig,

Extrovertierte: Rund 30 Prozent der Menschen verkörpern den extrovertierten Typus, dem es leichtfällt, mit anderen ins Gespräch zu kommen. In dieser Gruppe fühlen sich sieben von zehn Personen nur selten einsam.

Introvertierte: Bei den 28 Prozent stark introvertierten Menschen sind es nur vier von zehn Personen, die gar nicht oder kaum von Einsamkeitsgefühlen belastet werden.

Wer einsam ist, hat selbst schuld!

Positives Beispiel einer über 80-jährigen Rentnerin: sie behauptet, nicht einsam zu sein. Sie trifft sich mit Freundinnen, geht ins Fitnesscenter, geht gerne tanzen und spazieren und macht weiter Dinge, die ihr Spaß bereiten. Sie lebt allein und behauptet, dass Alleinsein Vorteile hat. Einen Partner an ihrer Seite will sie nicht mehr. Allein fühle sie sich besser, sie könne machen, was sie wolle.

Es gibt viele dieser Beispiele älterer Menschen, die ihre Lebensqualität durch Optimismus gestalten, damit Einsamkeit vermeiden und motiviert und selbstbewusst ihr Leben gestalten.

1. Was ist Einsamkeit und wann entsteht sie?

Zur Frage:

Wie machen sie das, was inspiriert sie?

- Freude am Leben haben,
- Dankbar sein für die großartigen und Kleinigkeiten des Lebens,
- Gefühle zulassen, z. B. für Liebesbeziehungen, Herz öffnen für Freundschaften,
- Enge Beziehungen zu Freunden, Nächsten und andere Menschen pflegen.
- Immer am Ball bleiben.

Warum leiden so viele junge Menschen unter Einsamkeit?

Die Einsamkeit bei jungen Menschen ist mindestens genauso ausgeprägt – wenn nicht sogar noch stärker. Eine repräsentative Umfrage aus dem vergangenen Jahr ergab, dass junge Erwachsene die Bevölkerungsgruppe sind, die am stärksten darunter leidet. 17 Prozent zwischen 18 und 29 Jahren gaben an, sich ständig oder häufig einsam zu fühlen, nur jeder Zehnte kennt das Gefühl gar nicht.

Gründe dafür gibt es viele. In einer fragmentierten Gesellschaft, in der jeder seinen Weg sucht und geht, greifen die traditionellen Zusammengehörigkeitsmechanismen zu Familien und gesellschaftlichen Schichten immer weniger. Wir ziehen weg, verlieren den Kontakt zu unseren bisherigen Freunden, lernen neue kennen, die dann auch wegziehen und zu denen wir den Kontakt wieder verlieren.

Das mutet absurd an, denn wir haben doch unzählige Möglichkeiten, Menschen kennenzulernen – sei es im realen Leben oder online. Wir sind doch alles Networker. Und tatsächlich kennt jeder von uns ja auch hunderte Menschen. Familie, Schulfreunde, Kommilitonen, Arbeitskollegen, Mitbewohner, Nachbarn, Leute aus dem Sportverein oder was wir halt sonst so machen. Aber wen davon kennen wir wirklich? Und wer kennt uns?

Viele dieser Beziehungen bleiben auf einem oberflächlichen Level stecken. Man kann viele Stunden mit jemandem verbringen, ohne ihn wirklich kennenzulernen. Ohne zu wissen, wer er ist und was ihn beschäftigt – und andersherum. Wir haben sogenannte Freunde fürs Fußballgucken und -spielen,

1. Was ist Einsamkeit und wann entsteht sie?

fürs Kino und für Konzerte, fürs Tanzen und für Hipster-Restaurants. Würde man all das aber einmal wegnehmen, würde uns mit vielen von ihnen gar nichts mehr verbinden. Wir wüssten nicht, worüber wir reden sollten, die Freunde hätten ihre Funktion verloren.

Genau das ärgert viele junge Menschen – und scheinbar nicht nur in meinem Umfeld: Kaum jemand ist allein, der nicht allein sein will. Nur zusammen ist man irgendwie auch nie so wirklich. Alles bleibt Show, unverstanden, stümperhaft. Nur nicht zu nahekommen, nur niemanden zu nahe an sich heranlassen. So entsteht in vielen ein soziales Loch, das sich nicht auf die Schnelle stopfen lässt. Und das immer größer wird.

In Wirklichkeit gibt es "einen Unterschied zwischen allein sein und sich allein fühlen", meint nicht nur der US-amerikanische Psychologe John T. Cacioppo, der viel zu dem Thema geforscht hat. Noch nicht einmal eine Liebesbeziehung sei ein Allheilmittel. Entscheidend ist, einen Ort und (mindestens) eine Person zu haben, bei der man so sein kann, wie man ist, bei der man sich verstanden fühlt. Das können noch so viele unverbindliche Treffen und Großevents in der Woche nicht aufwiegen.

Wir reden nicht gerne darüber. Es ist schon schwierig, jemandem zu erklären, warum man gern freiwillig einen Abend allein verbringen würde. Sich zum unfreiwilligen Alleinsein, also der Definition von Einsamkeit, zu bekennen, traut sich kaum jemand. Und so verstärkt sich dieser Effekt immer wieder: Jeder glaubt, der einzige zu sein, dem es so geht.

Dabei ist es wichtig, das Bewusstsein für das Problem zu schärfen – und zwar nicht erst bei Senioren. Einmal von der psychischen Belastung in der Gegenwart abgesehen, ist Einsamkeit laut aktueller wissenschaftlicher Studien sogar gesundheitsgefährdender als Fettleibigkeit. So gesehen ist Einsamkeit sogar "nur" ein Signal, das vor Schlimmerem warnen soll: "Körperlicher Schmerz schützt den Menschen vor physischer Gefahr. Einsamkeit hat sich aus einem ähnlichen Grund entwickelt: weil sie den Menschen vor der Gefahr schützen soll, isoliert zu bleiben", schreibt Wissenschaftler Cacioppo in seinem Buch "Loneliness".

Wie also entkommt man der Spirale der Einsamkeit? Dafür kann es hilfreich sein, noch einmal die nüchterne Erkenntnis von Niklas Luhmann, dem wohl wichtigsten Soziologen des 20. Jahrhunderts, aufzurufen: "Das personale Element in sozialen Beziehungen kann nicht extensiviert, sondern nur intensiviert werden", schrieb der 1994 in seiner bekannten Studie "Liebe als

1. Was ist Einsamkeit und wann entsteht sie?

Passion". Heißt auf Deutsch: Tiefe ist in Beziehungen entscheidend, nicht Zeit. Qualität statt Quantität. Und – eine fast ebenso nüchterne Erkenntnis: Wenn du keinen Freund findest, sei selbst einer. Wer sich von anderen Offenheit und Ehrlichkeit erhofft, sollte vielleicht selbst damit anfangen, seine Freundschaften auf ein Level zu heben, das diesen Namen verdient.

John Cacioppo kennt viele Menschen, die unter Einsamkeit leiden – und viele, die den Weg aus ihr hinausgefunden haben. Er hat folgende Tipps:

- größerer Aktionsradius: nicht passiv bleiben, sondern auch mal selbst neue Leute kennenlernen.
- positive Erlebnisse: Wer merkt, dass er auch bei anderen gut ankommt, traut sich auch öfter in die Interaktion mit anderen Menschen,
- Wahrnehmung üben: Durch häufigeren Kontakt mit anderen auf einer bestimmten Ebene lernen wir, darauf wiederum angemessen zu reagieren,
- positives Denken: Bei jedem Kontakt mit anderen Menschen das Beste erwarten. Je positiver wir auf andere zugehen, desto größer ist die Wahrscheinlichkeit, dass sie auch positiv auf uns reagieren,
- an die eigene Stärke glauben und danach handeln,
- dankbar sein auch für Kleinigkeiten im Leben,
- Gefühle zulassen, so z. B. in Liebesdingen.

Auch gehe es nicht nur darum, einfach mit anderen Menschen Zeit zu verbringen oder Unterstützung zu bekommen.

Interessanterweise gibt es weder im Deutschen noch im Englischen ein Wort für den Gegensatz zu Einsamkeit. Die britische Literaturstudentin Marina Keegan, die 2012 mit 22 Jahren bei einem Autounfall starb, hat aber eine schöne Umschreibung dafür gefunden. Ihre Texte wurden nach ihrem Tod unter dem Titel "Das Gegenteil von Einsamkeit" veröffentlicht. Ein Satz daraus spricht wohl vielen aus ihrer Generation aus dem Herzen: "Wir haben kein Wort für das Gegenteil von Einsamkeit, aber wenn es eins gäbe, könnte ich sagen, genau das will ich im Leben."

2. Welche Phasen von Einsamkeit gibt es?

Es lassen sich drei Phasen der Einsamkeit unterscheiden:

Phase 1 – vorübergehende Einsamkeit: Diese Phase ist wohl jedem bekannt. Kurzzeitige Einsamkeitsgefühle aufgrund äußerer Umstände (z.B. nach einer Trennung oder einer Übersiedlung) haben nicht nur unangenehme Seiten. Sie können auch motivieren, z.B. sich aufzuraffen und einen neuen Freundeskreis zu suchen. Diese Phase ist nicht schädlich, sondern kann hilfreich sein, um sich an neue Umstände anzupassen.

Phase 2 – langsamer Rückzug: Die Einsamkeit beginnt den Selbstwert zu beeinträchtigen, das Verhalten ändert sich. Der sonst natürliche Umgang mit anderen wird zur Herausforderung – für sich selbst und oft auch für die Umgebung. Wir verlernen zu lächeln und uns über Alltäglichkeiten zu freuen.

Phase 3 – chronische Einsamkeit: Monate- oder jahrelange Gefühle der Isolation bleiben nicht ohne Spuren. Soziale Fähigkeiten (z.B. sich miteinander zu unterhalten, sich in andere einzufühlen) vermindern sich stark. Ein Teufelskreislauf entsteht: Durch die eingeschränkten Fähigkeiten, mit anderen zu kommunizieren, ist es nicht leicht, neue Kontakte zu knüpfen. Dies führt nicht selten zu Verzweiflung, Depressionen bis hin zu Suizidvorstellungen.

Auch wer nicht an einem Mangel an sozialen Kontakten leidet, kann sich einsam fühlen. Dabei fehlt es an „innerer" Nähe, z.B. an tiefgehendem Austausch. In dieser Situation kann es helfen, aktiv das Gespräch zu suchen und die eigenen Wünsche mitzuteilen (z.B. ein offenes Ohr, mehr Zeit, Diskussionen). Neue Leute kennenzulernen kann ebenso ein Weg sein, Freundschaften zu knüpfen, die ein Gefühl der Zusammengehörigkeit erzeugen.

3. Ursachen von Einsamkeit

Die Ursachen von Einsamkeit sind vielfältig. Einsamkeit im Alter entsteht vor allem dann, wenn sich das gewohnte Lebensumfeld schnell verändert. Erkrankungen, Todesfälle oder Trennung können der Auslöser für solche grundlegenden Veränderungen sein.

3. Ursachen von Einsamkeit

Für ältere Menschen ist die eigene Familie oftmals ein zentraler Bezugspunkt. Die eigenen Kinder, Enkelkinder und der Ehepartner füllen das Sozialleben aus. Ziehen die Kinder aber weiter weg oder haben diese zu viel mit ihrem eigenen Leben zu tun, entfällt ein großer Teil des sozialen Miteinanders. Verstirbt dann auch noch der Ehepartner oder kommt es zu einer Trennung, droht den älteren Menschen die Vereinsamung.

Doch auch eine Erkrankung oder eine eingeschränkte Mobilität beispielsweise in Folge eines Unfalls können zu Einsamkeit führen. Oftmals isolieren sich ältere Menschen im Krankheitsfall, ist die Krankheit von Dauer, kann dies fatale Folgen haben. Wer aufgrund von einer Erkrankung oder wegen eines Unfalls nur eingeschränkt mobil ist, verlässt meist nur selten das Haus und entzieht sich so sozialer Teilhabe.

Auch Alleinsein ist heute kein Zustand, der von der Gesellschaft als positiv wahrgenommen wird. Wer allein ist, gilt als Langweiler. Viele Menschen suchen ständig die Gesellschaft anderer. Wenn es sich nicht vermeiden lässt und sie doch mal allein sein müssen, schalten sie den Fernseher, das Radio oder den Computer an, nur um sich nicht mit sich selbst beschäftigen zu müssen. So haben sie nie gelernt, Alleinsein als angenehm zu empfinden. Im Gegenteil, hinter dem Gefühl der Einsamkeit stecken oft hohe Erwartungen an sich selbst und eine große Unzufriedenheit. Viele fühlen sich einsam, weil sie sich ständig mit anderen vergleichen: andere Menschen erscheinen klüger, schöner, erfolgreicher, beliebter. Das ist oft der erste Schritt zur Abschottung. Die Betroffenen lehnen sich selbst ab und fühlen sich nicht liebenswert. Sie glauben, unbedingt einen Partner haben zu müssen, um glücklich zu sein und sind stark auf das Lob, die Anerkennung und den Zuspruch anderer angewiesen. Dagegen können sich Menschen, die gerne mal allein sind, aber auch im Kontakt zu anderen stehen besser selbst annehmen und daran glauben, anderen Menschen etwas geben zu können. Sie können damit umgehen, dass jemand sie ablehnt und ihre Schwächen erkennt. Einsamkeit hängt also nicht davon ab, ob jemand allein ist, sondern von der Einstellung, die er zum Leben hat.

Frühwarnzeichen – Woran erkenne ich, dass mich meine Einsamkeit krank macht?

Dem Gefühl der Einsamkeit gehen häufig die folgenden Gedanken voraus: «Ich bin mit anderen nicht verbunden», «ich bin anders als die anderen» oder «ich habe kein Zuhause». Auf der emotionalen Ebene zeigen sich Gefühle von

3. Ursachen von Einsamkeit

Ablehnung, Ausgrenzung, Unverständnis, Enttäuschung, Verletzung aber auch Angst, nicht gebraucht zu werden oder wertlos zu sein. Die begleitenden Körperreaktionen bei Einsamkeit werden von vielen Betroffenen als unspezifisch, verkrampfend oder verzerrt wahrgenommen. Häufig sind körperliche Symptome wie Anspannung, Nervosität, Unsicherheit, Unruhe, Herzrasen, Beklemmung, Schwindel oder Schlafstörungen (Depression und Schlafstörungen). Nicht nur die Körperwahrnehmung, sondern auch die Wahrnehmung in Bezug auf andere scheint häufig verzerrt zu sein. Beziehungsangebote werden übersehen und andere werden oft als fröhliche und zusammengeschweißte Gruppe wahrgenommen, auch wenn dies nicht so der Fall ist.

Sobald man bemerkt, dass man versucht alles Mögliche dagegen zu tun, um Gefühle der Einsamkeit zu vermeiden, sollten die Alarmglocken läuten. Ein Beispiel dafür ist das Knüpfen von oberflächlichen Beziehungen oder Freundschaften im Netz. Solch typische Verhaltensweisen, mit denen man sich selbst nicht eingesteht, einsam zu sein, sind jedoch kontraproduktiv. Man teilt sich damit auch seinem Partner, engen Freunden oder Familienmitgliedern nicht mit, so dass diese auch nicht entsprechend reagieren können. Dies wiederum führt beim Betroffenen zu der Annahme, dass niemand zu spüren scheint, wie schlecht es einem wirklich geht. Man fühlt sich dadurch im Stich gelassen, versinkt in Selbstmitleid und Selbstabwertung. Folgegefühle, welche dadurch entstehen können, sind Trauer, Scham, Selbsthass oder sogar Suizidalität.

Welche Auswirkungen hat Einsamkeit?

Für uns Menschen ist Einsamkeit sowohl eine bedrohliche als auch eine belastende Erfahrung und sie kann genauso schmerzhaft sein wie eine körperliche Erkrankung. Einsamkeit wirkt sich negativ auf die Lebensqualität aus und bringt oft gesundheitliche Folgen mit sich. Das Gefühl der Einsamkeit führt – wenn wir uns ihr ausgeliefert fühlen – auf der körperlichen Ebene zu Stress und stellt deshalb ein wesentlicher Risikofaktor für körperliche (z. B. Herz-Kreislauf-Erkrankungen, Krebs, Schlaganfall) und psychische Erkrankungen (bspw. Depressionen, Angststörungen, Schlafstörungen) dar. Schockierender Weise konnten Studien sogar belegen, dass einsame Menschen im Vergleich zu nicht einsamen Menschen früher sterben.

4. Symptome von Einsamkeit

Wenn wir auf uns allein gestellt sind und den Schutz der Gruppe verlieren, gerät der Körper in Alarmbereitschaft – und schüttet zum Beispiel das Stresshormon Cortisol aus.

Bei einsamen Menschen zeigen zahlreiche Untersuchungen, dass der Spiegel dieses Hormons im Blut auch dauerhaft erhöht ist. Auch der Blutdruck und Blutzuckerspiegel erhöhen sich, das Immunsystem ist geschwächt. Wie genau die Zusammenhänge im Körper wirken, ist noch nicht erforscht. Doch es gibt einige Hinweise.

In mehreren Studien konnte gezeigt werden, dass Einsamkeit die Wahrscheinlichkeit für zahlreiche Krankheiten erhöht: Neben Depressionen und Angsterkrankungen sind es Herzinfarkt, Schlaganfall, Krebs und Demenz Betroffener. In einer umfangreichen Meta-Studie konnte die amerikanische Wissenschaftlerin Julianne Holt-Lunstad zeigen, dass Menschen mit funktionierenden sozialen Interaktionen seltener an Krankheiten leiden.

Denn: Soziale Interaktion schützt das Herz und stärkt das Immunsystem. Cortisol ist eine Art Marker für das Immunsystem. Bei sozialen Interaktionen steigt die Anzahl so genannter Killer-Zellen, die unter anderem verhindern können, dass Krebs entsteht. Cortisol aber schwächt die Bildung von Killer-Zellen. Die generelle Sterblichkeit bei einsamen Menschen steigt.

Lange Zeit haben vor allem die körperlichen Folgen von Einsamkeit wenig Beachtung gefunden. Holt-Lunstad betont, dass Einsamkeit ein großer Risikofaktor ist. Die Ausmaße vergleicht sie mit denen von Alkoholsucht und Fettleibigkeit – ähnlich viele Menschen sind laut ihren Berechnungen betroffen. Zu den Ausmaßen, wie stark Einsamkeit auf zum Beispiel die Herzgesundheit wirkt, gibt es sehr unterschiedliche Angaben.

Es sind aber eben nicht nur Ältere, die besonders betroffen sind, aber auch viele Mittdreißiger leiden unter Einsamkeit. "Es leben so viele Menschen in Ein-Personen-Haushalten wie nie zuvor", erklärt Psychiater Meyer-Lindenberg. Allerdings ist es nicht notwendigerweise das Alleinleben. Einsamkeit und ein Mangel an sozialer Interaktion heißen: Ich habe weniger soziale Kontakte, als ich möchte.

4. Symptome von Einsamkeit

Dabei beobachten Experten drei Einsamkeits-Phänomene:

- Einsamkeit korreliert mit anderen gesundheitsschädlichen Verhaltensweisen (wer einsam ist, ernährt sich beispielsweise häufig schlechter).
- Einsamkeit und das Gefühl der Isolation lösen Stress aus – die Menschen schlafen schlechter.
- Einsamkeit korreliert mit psychischen Erkrankungen wie Depressionen und Angsterkrankungen.

Verwechseln wir dabei möglicherweise Ursache und Wirkung? Haben wir vielleicht weniger soziale Kontakte, weil oder wenn wir krank sind? "Bei jüngeren Menschen funktioniert es eher in die Richtung, dass Einsamkeit krank macht, bei älteren Menschen in beide Richtungen – sie sind einsam, weil sie krank sind, und/oder krank und daher einsam", sagt Meyer-Lindenberg. Wissenschaftler sehen Hinweise, dass soziale Interaktionen Stress abpuffern können – und damit Herz-Kreislauf-Erkrankungen entgegenwirken.

Das sind die häufigsten Symptome von Einsamkeit:

- Du denkst deine Probleme sind so einzigartig, dass andere Leute sie nicht verstehen.
- Dadurch hast du das Gefühl, dass andere Menschen auf der Welt Freunde haben, du aber nicht.
- Du fühlst dich sehr unsicher in allem, was du tust.
- Du empfindest es als äußerst peinlich, wenn du etwas falsch machst.
- Wenn du dich in einer Menschenmasse befindest, empfindest du das Stimmengewirr als unangenehm und hast das Gefühl darin zu ertrinken.
- Du fühlst dich abgekapselt von der Masse, auch wenn du dich mittendrin befindest.
- Du hast anderen gegenüber einem Gefühl von Schüchternheit und Ängstlichkeit.
- Du spürst in dir ein geringes Selbstwertgefühl.
- Du bist wütend, verhältst dich abwehrend und kritisch gegenüber allem, auch wenn es nicht an dich gerichtet ist.
- Du hast Angst vor Fremden und weigerst dich, an einem herzlichen Gespräch teilzuhaben.
- Du bist der Meinung, dass mit dir irgendetwas nicht stimmt.
- Du leidest unter Angstzuständen, bist unglücklich und bist der Ansicht, dass niemand weiß, wie elend und isoliert du dich fühlst.

- Du hast die Fähigkeit verloren, dich durchzusetzen, hast das Gefühl „unsichtbar" zu sein.
- Du weigerst dich, Veränderungen zu akzeptieren und willst nichts Neues ausprobieren.
- Du hast das Gefühl, das Leben sei sinnlos und hegst Selbstmordgedanken.

5. Wenn Einsamkeit zur Krankheit wird

Nachfolgend werden Beispiele dargestellt, wie Einsamkeit krank machen kann und weitere Folgen sich daraus ergeben können.

5.1 Ängste und Depressionen als Folge von Einsamkeit

Obwohl nach einer Studie der Weltgesundheitsorganisation (WHO) rund 322 Millionen Menschen unter Depressionen leiden, handelt es sich bei dieser psychischen Erkrankung weiterhin oft um ein Tabu-Thema in der Gesellschaft. Betroffene verschweigen Familie und Freunden die Diagnose und für manche Mediziner sind charakteristische Symptome wie Antriebslosigkeit, Schlafstörungen oder Freude- und Interessenverlust einfach nur ein Stimmungstief. Das ist nicht nur problematisch für den Gesundheitszustand von Betroffenen, sondern auch für die Therapie, denn eine Früherkennung erhöht die Heilungschancen.

Dabei gibt es für die Diagnose von Depressionen klare, einheitliche Richtlinien, die eine Abgrenzung zu anderen Erkrankungen ermöglichen sollen. Das ist umso wichtiger im Alter, denn Symptome werden oft körperlichen Beschwerden oder dem Altersprozess zugerechnet. Psychische Veränderungen sind erst spät ersichtlich, sodass es schwierig ist, ein typisches Krankheitsbild festzulegen.

Statistiken und Studien zeigen jedoch, dass die Wahrscheinlichkeit an einer Depression zu erkranken, bei älteren Menschen höher ist als bei jüngeren. Neben Demenz ist Altersdepression die häufigste psychiatrische Erkrankung. Schätzungsweise leiden etwa 20 Prozent der älteren Menschen an ihr. Noch höher sind die Zahlen bei Bewohnern in Senioren- und Pflegeheimen: Hier gehen Experten von etwa 30 bis 40 Prozent Betroffenen aus. Einzig voll ausgebildete Depressionen mit schwerer Symptomatik sind mit 10 Prozent bei älteren Menschen seltener als bei jüngeren. Zum Vergleich: Rund 5 Prozent der gesamten Bevölkerung leidet an einer Depression.

Körperliche Symptome zunächst präsenter als psychische, deshalb sprechen grundsätzlich Mediziner von einer Altersdepression, wenn Betroffene älter als 65 Jahre sind. Die psychischen Symptome einer Depression im Alter ähneln denen bei jüngeren Menschen, die sich wie folgt äußern:

- Antriebslosigkeit,
- Niedergeschlagenheit,
- Lustlosigkeit,
- Verlust von Interesse und Freude,
- Sozialer Rückzug,
- Selbstzweifel,
- Suizidale Gedanken.

Experten schätzen jedoch, dass etwa 40 Prozent der Altersdepressionen nicht erkannt werden. Das liegt daran, dass sich bei Depressionen Anzeichen psychischer Natur erst später entwickeln und körperliche Beschwerden wie die folgenden zunächst im Vordergrund stehen:

- Rücken- und Gliederschmerzen,
- Magen-Darm-Beschwerden,
- Kopfschmerzen,
- Schwindelgefühle,
- Appetitlosigkeit,
- Missempfindungen,
- Müdigkeit und Schlafstörungen,
- Konzentrations- und Gedächtnisstörungen,
- Herzrhythmusstörungen,
- Atemprobleme, die nicht auf chronische Lungenerkrankungen wie die COPD zurückzuführen sind.

Ältere, depressive Menschen leiden schätzungsweise zu 90 Prozent unter körperlichen Beschwerden, die auch bei anderen Krankheitsbildern vorkommen oder dem typischen Alterungsprozess entsprechen. Dementsprechend schwierig gestaltet sich die Diagnose, denn Mediziner müssen unterscheiden, ob Verhaltensweisen wie sozialer Rückzug oder unzureichende Nahrungszufuhr auf körperliche oder psychische Erkrankungen

5. Wenn Einsamkeit zur Krankheit wird

zurückzuführen sind. Schließlich ist bei älteren Patienten naheliegend, zunächst nach körperlichen Ursachen zu schauen als nach psychischen.

Verschiedene Ursachen und Faktoren können Altersdepression begünstigen. So gibt es eine Vielzahl an Faktoren, die die Wahrscheinlichkeit erhöhen, im Alter an einer Depression zu erkranken. Neben einer genetischen Veranlagung oder bereits in jüngeren Jahren diagnostizierten psychischen Erkrankung sind das unter anderem neurobiologische, psychosoziale und körperliche Faktoren.

Körperliche Erkrankungen gehen oft mit anhaltenden Schmerzen und Alltagsbeschwerden einher, die die Lebensqualität massiv einschränken. Betroffene fühlen sich hilflos und in ihrer Situation gefangen, denn viele Krankheitsbilder wie Arthrose, Multiple Sklerose oder COPD sind nicht vollständig heilbar. Wer beispielsweise unter einer Gelenkerkrankung leidet, erfährt zumeist im Rahmen der Behandlung, dass Schmerzen möglicherweise den Rest des Lebens begleiten werden. Mit diesem Wissen zurecht zu kommen ist für viele Betroffene schwierig und stellt eine große psychische Belastung dar. Aber nicht nur Krankheiten können Menschen anhaltend belasten; gleiches gilt für psychosoziale Faktoren wie Traumata in jungen Jahren, der Verlust eines geliebten Menschen oder Einschränkungen der gewohnten Lebensführung.

Und nicht zuletzt das Alter selbst fordert auch emotional seinen Tribut: Altersbedingte hormonelle Veränderungen im Gehirn können die Entstehung von Altersdepressionen begünstigen. So kann ein Mangel des körpereigenen „Glückshormons" Serotonin zu Unzufriedenheit und Unwohlsein führen. Durch Medikamente kann dieser Mangel zwar behoben werden, doch nicht selten erhöhen wiederum Medikamente auch das Risiko für Depressionen erhöhen, weshalb Ärzte bei Verschreibung und Medikamentenumstellung unbedingt auf Wechselwirkungen achten sollten.

Einer der größten Risikofaktoren für Altersdepression ist jedoch Einsamkeit, denn die Anzahl der einsamen Menschen im Alter steigt kontinuierlich an. Immer mehr Menschen werden älter, und da die Lebenserwartung von Männern geringer als die von Frauen ist, sind es vor allem Frauen, die im Alter allein leben: Bei den über 65-Jährigen ist es jede zweite Frau, ab dem 85. Lebensjahr sogar 75 Prozent - bei den Männern ist es hingegen nur einer von dreien. Nicht überraschend, dass es deutlich mehr Frauen sind, die unter Altersdepression leiden.

5. Wenn Einsamkeit zur Krankheit wird

Doch was ist überhaupt Einsamkeit? Laut Dr. Oliver Huxhold vom Deutschen Zentrum für Altersfragen ist Einsamkeit „das Gefühl, das entsteht, wenn meine objektiv vorhandenen sozialen Beziehungen nicht meine sozialen Bedürfnisse erfüllen."

Die Ursachen für das Vorhandensein von Einsamkeit sind zwar vielfältig, doch für den Großteil der Betroffenen ist es der Tod des Partners oder einer anderen Bezugsperson. Diese sind während des Lebens ein zentraler Punkt, und wenn sie wegfallen, dann markiert das einen enormen Einschnitt in das Leben der Hinterbliebenen. Doch auch die eigene Erkrankung oder eingeschränkte Mobilität sind ein Isolationsfaktor, der Einsamkeit begünstigen kann. Betroffenen fällt es schwer, soziale Kontakte aufrechtzuerhalten, etwa wenn sie Schwierigkeiten haben, die Wohnung zu verlassen. Laut des Bundesministeriums für Familie, Senioren, Frauen und Jugend besteht vor allem bei älteren Menschen über 80 Jahren ein erhöhtes Risiko einer sozialen Isolation, die in Einsamkeit enden kann.

Sind ältere Menschen durch dauerhafte Erkrankung oder dem Fehlen von Bezugspersonen einmal in den Kreislauf fehlender sozialer Teilhabe gekommen, dann wird es schwer, aus diesem auszubrechen. Sie ziehen sich immer mehr zurück, verlieren das Interesse am Leben und eine Altersdepression kann entstehen.

Die Lösung ist vergleichsweise einfach, aus diesem Kreislauf auszubrechen: wieder aktiv am sozialen Leben teilnehmen. Der regelmäßige Kontakt zur Familie und zu anderen Menschen ist dafür ebenso wichtig wie ab und an ein Tapetenwechsel: Ein Rollstuhl oder ein Elektromobil helfen dabei, trotz Einschränkungen am öffentlichen Leben teilzunehmen. Doch letztlich ist die Integration älterer Menschen in die Gesellschaft ein Schritt, den sie nicht allein gehen können. Anstatt die Betroffenen allein in ihrer Einsamkeit zu lassen oder zu hoffen, dass sie selbst den Weg zurück ins Leben finden, muss die Gesellschaft zusammenarbeiten und Betroffene bewusst integrieren. Dass das möglich ist, zeigen verschiedene Initiativen, mit denen ältere Menschen aus der Einsamkeit geholt werden können.

5. Wenn Einsamkeit zur Krankheit wird

5.2 Raus aus der Einsamkeit durch Überwindung sozialer Isolation

Was ist soziale Isolation? Was ist Einsamkeit?

Soziale Isolation bedeutet, dass ein Mensch nur wenige bis keine Kontakte in seinem familiären oder gesellschaftlichen Umfeld hat. Jedoch kann soziale Isolation auch freiwillig gewählt sein, wenn sich Menschen bewusst zurückziehen und keine Kontakte zu anderen Menschen pflegen möchten. Deshalb muss zwischen dem objektiven Zustand des Alleinseins (soziale Isolation) und dem subjektiven Gefühl (Einsamkeit) unterschieden werden: Einsamkeit ist ein Problem der Gesellschaft und eine nicht freiwillig gewählte Form der sozialen Isolation, häufig äußeren Einflüssen wie dem Tod des Partners geschuldet. Jemand ist einsam, wenn er darunter leidet. Er fühlt sich verloren, ausgeschlossen, nicht verstanden und vielleicht auch ungeliebt. Daher sind Einsamkeit und soziale Isolation voneinander zu trennen, denn wer aus eigenem Willen heraus allein lebt, muss sich nicht immer einsam fühlen. Einige Menschen genießen es sogar, für sich allein zu sein. Umgekehrt kann man sich auch in einer Gruppe von Menschen einsam fühlen, wenn man zum Beispiel von seiner Familie nicht richtig einbezogen wird. Gefährdet sind auch Arbeitslose, junge Menschen (zum Beispiel Studenten), Straftäter, Migranten, Menschen mit Behinderung oder Menschen mit chronischen Krankheiten.

Welche Folgen haben soziale Isolation und Einsamkeit?

Nicht selten endet der Rückzug aus dem sozialen Umfeld in einer seelischen Erkrankung. Soziale Isolation kann aber auch die Folge einer psychischen Störung sein, beispielsweise wenn sich ein depressiver Mensch mehr und mehr aus seinem sozialen Netzwerk zurückzieht und für sich allein sein möchte. Des Weiteren können soziale Isolation und Einsamkeit zu einem ungesunden Lebensstil führen, da Betroffene immer für sich allein kochen müssen, nicht gemaßregelt werden können (zum Beispiel in Bezug auf Rauchen oder Alkohol) und keinen Motivator haben, sich zu bewegen. Dieser ungesunde Lebensstil ist dann nicht selten ein Auslöser für Herz-Kreislauf-Erkrankungen. Darüber hinaus können Menschen, die allein leben, nur schlecht beobachtet werden, beispielsweise wenn jemand seine Medikamente regelmäßig einnehmen muss oder zu Arztterminen gehen soll. Auch bei einem medizinischen Notfall kann es dazu kommen, dass man aus eigener Kraft keinen Notruf mehr absetzen kann und keine Hilfe bekommt.

5. Wenn Einsamkeit zur Krankheit wird

Welche Formen sozialer Isolation und Einsamkeit gibt es?

Man kann unterscheiden, ob Menschen sich für kurze Zeit zurückziehen, beispielsweise wenn es zu Veränderungen im Leben kommt wie Arbeitslosigkeit, Geburt von Kindern oder auch ein Umzug. Darüber hinaus gibt es den schleichenden Rückzug, bei dem Menschen langsam ihre sozialen Kontakte abbauen und immer weniger raus gehen. Die schlimmste Form der Einsamkeit ist der Zustand chronischen Alleinseins, wenn ein Mensch gar über Jahre hinweg keinen Kontakt mehr zur Außenwelt hat und dadurch sogar verlernt hat, in Beziehung mit anderen zu treten.

Entstehung von sozialer Isolation und Einsamkeit

Wie kommt es zu sozialer Isolation und Einsamkeit?

Soziale Isolation und Einsamkeit können verschiedene Ursachen haben, die sich in innere und äußere Faktoren einteilen lassen. Dabei muss unterschieden werden, ob jemand durch äußere Umstände verschuldet in die soziale Isolation gerät oder sich selbst dazu entscheidet, zurückgezogen leben zu wollen. Beispielsweise können Familienkonflikte ein Auslöser sein, dass man selbst den Kontakt zur Familie abbricht, es kann aber auch sein, dass die Familie eine Person verstößt und somit allein lässt.

Zu den äußeren Faktoren können zählen:

- Verlust von Angehörigen,
- Familienkonflikte,
- Zugehörigkeit zu einer Risikogruppe (zum Beispiel Menschen mit einem niedrigen sozialen Status),
- wenig zuverlässige Beziehungen,
- Mobbing,
- finanzielle Probleme.

Innere Faktoren hingegen können sein:

5. Wenn Einsamkeit zur Krankheit wird

- negatives Selbstbild, mangelndes Selbstwertgefühl,
- fehlende sozialen Erfahrungen,
- Kommunikationsdefizite,
- Störung der Impulskontrolle,
- Autismus-Spektrum-Störung,
- Persönlichkeitsstörung (zum Beispiel bei narzisstischen oder schizoiden Persönlichkeitsstörungen),
- Suchterkrankung,
- Demenz,
- nahezu alle psychiatrischen Erkrankungen, insbesondere Depressionen, Schizophrenien, soziale Phobien oder Zwangsstörungen.

Hilfe bei sozialer Isolation und Einsamkeit

Wann sind soziale Isolation und Einsamkeit gefährlich? Wie kann man dem vorbeugen?

Da soziale Isolation nur einen objektiven Status des Alleinseins beschreibt und viele Menschen die Einsamkeit genießen, wird es erst gefährlich, wenn jemand beginnt, unter der Isolation zu leiden – wenn er sich einsam fühlt. Auch Menschen, die sich eventuell unbewusst immer weiter zurückziehen, keine Bindungen pflegen, sich selbst vernachlässigen oder nicht mehr vor die Tür gehen, sollten therapeutische Hilfe suchen bzw. diese aktiv angeboten bekommen. Auch wer plötzlich in eine Situation gerät, in der er allein gelassen wird zum Beispiel, wenn die Bezugsperson stirbt, finanzielle Probleme die aktuelle Wohnsituation nicht mehr ermöglichen oder eine Krankheit den Kontakt zur Außenwelt schwinden lässt), sollte man nach Unterstützung fragen.

Gefährlich wird es auch dann, wenn sich Menschen nicht eingestehen wollen, dass sie einsam sind. Viele Betroffene reden sich ein, allein auch gut zurechtzukommen, wünschen sich aber insgeheim doch den Kontakt zum sozialen Umfeld.

Gehört man zu einer Risikogruppe wie ältere Menschen, Studenten, Straftäter, Arbeitslose oder Menschen mit Behinderung, ist die Aufrechterhaltung einer Tagesstruktur beispielsweise in Form ehrenamtlicher Tätigkeiten oder eines Hobbys wichtig. Darüber hinaus ist eine aktive Beziehungsgestaltung eine wichtige Präventionsmaßnahme. So sollte man beispielsweise auch als Student in der Prüfungsphase freie Zeit einplanen, die man mit Freunden verbringt, um weiterhin am gesellschaftlichen Leben teilnehmen zu können.

Was kann man bei sozialer Isolation tun?

Oft folgt die soziale Isolation erst auf eine psychische Erkrankung, beispielsweise der soziale Rückzug eines depressiven Patienten. Daher besteht in dem Fall die Notwendigkeit der Behandlung der Depression – in erster Linie mit Psychotherapien, sofern es nicht anders möglich ist, auch über die Zugabe von Medikamenten. Liegt der sozialen Isolation zum Beispiel eine Angsterkrankung zugrunde, kann diese über eine kognitive Verhaltenstherapie behandelt werden.

Darüber hinaus gibt es ambulante Hilfsmöglichkeiten, zum Beispiel betreutes Wohnen oder teilstationäre Arbeitstherapien, insbesondere bei psychischen Erkrankungen. Wenn man sich an niemanden wenden kann und Kontakt zur Außenwelt möchte, kann man sich auch bei der Telefonseelsorge Hilfe holen und mit anderen Menschen reden.

5.3 Welche Faktoren können die emotionale Isolation und Einsamkeit beeinflussen?

Die folgenden Faktoren können dazu beitragen, dass sich Menschen einsam fühlen:

- Viele Menschen leben allein, ihr Leben ist zurückgezogen und beziehungslos, diese Menschen sind isoliert.
- Viele Menschen leben in der Großstadt. Der Kontakt zu den Angehörigen wird oder kann nicht mehr so gepflegt werden. Außerdem ist die Anonymität in einer Stadt größer als auf dem Land.
- Jede dritte Ehe zerbricht und hinterlässt zunächst einmal zwei alleinstehende Menschen.
- Die Lebenserwartung steigt. Da Frauen länger leben, gibt es im zunehmenden Alter auch mehr alleinstehende Frauen.
- Die Menschen setzen sich immer mehr Ziele, legen ihren Schwerpunkt auf Erfolg und Leistung, denken zunächst einmal an sich selbst. So werden Partnerschaften erschwert oder die Bildung von Partnerschaften vernachlässigt.

- Der Einzug des Computers in den beruflichen und privaten Bereich erschwert die soziale Kommunikation. Menschen sind es nicht mehr gewohnt, miteinander zu sprechen und aufeinander ein- und zuzugehen.
- Es ist für viele junge Menschen unmodern, sich in einem Verein oder ehrenamtlich zu engagieren.
- Viele Eltern sind beide berufstätig, so dass sie wenig Zeit haben, mit ihrem Kind zu sprechen, es in der sozialen Kommunikation zu schulen. Sie können dem Kind nur schwer ein Gefühl des Geborgenseins und der Annahme vermitteln.
- Mangelnde Selbstliebe: wer sich selbst nicht genügt, der braucht andere, um das Gefühl zu haben, liebenswert zu sein.

5.4 Gefühl der Einsamkeit – ein früher Vorbote der Altersdemenz

Wer im Alter unter sozialer Isolation leidet, hat ein erhöhtes Risiko, an Alzheimer zu erkranken. Über diesen rein statistischen Zusammenhang hinaus konnten jetzt amerikanische Mediziner eine ganz konkrete Verbindung zwischen häufigen Gefühlen von Einsamkeit und dem Vorstadium der Demenz nachweisen: Alte Menschen, bei denen trotz normaler Gedächtnisleistung bereits größere Mengen des für Alzheimer typischen Amyloid-Eiweißstoffs im Gehirn erkennbar waren, fühlten sich öfter einsam als Amyloid-negative Vergleichspersonen. Demnach könnte das Gefühl sozialer Isolation durch dieselben krankhaften Veränderungen im Gehirn ausgelöst werden, die auch ein frühes Symptom der Alzheimer-Demenz sind, berichten die Forscher im Fachblatt „JAMA Psychiatry". Dieser Befund wäre möglicherweise für die Früherkennung der Krankheit von Bedeutung.

„Unsere Ergebnisse zeigen, dass Einsamkeit als neuropsychiatrisches Symptom für das Frühstadium der Alzheimer-Demenz relevant ist", erklären Nancy Donovan und ihre Kollegen vom Brigham and Women's Hospital in Boston. An ihrer Studie beteiligten sich 79 Männer und Frauen im Alter zwischen 65 und 90 Jahren, bei denen es keine Anzeichen von Demenz oder einer psychischen Störung gab. Mit Hilfe einer speziellen Form der Positronen-Emissions-Tomographie (PET) machten die Forscher Ansammlungen von Amyloiden in der Großhirnrinde sichtbar. Größere Ablagerungen dieser Eiweißstoffe sind ein typisches Merkmal der Alzheimer-Krankheit. Die Beantwortung von Fragen eines psychologischen Tests lieferte ein Maß für das empfundene Gefühl von

Einsamkeit. Dabei ergab sich für sämtliche Probanden ein Durchschnittswert von 5,3 auf einer Skala von 3 bis 12. Zusätzlich überprüften die Mediziner Anzeichen von Depressionen und Angststörungen und ermittelten Träger des sogenannten ApoE4-Gens, die generell ein erhöhtes Alzheimer-Risiko haben.

Bei 25 Teilnehmern wurden Amyloide im Gehirn entdeckt, 22 Personen waren durch das ApoE4-Gen genetisch vorbelastet und 15 Probanden litten stark unter Einsamkeit. Dieses Gefühl trat bei den Amyloid-positiven Menschen deutlich häufiger auf als bei den anderen. Der Zusammenhang war bei den Trägern des ApoE4-Gens stärker ausgeprägt. Für die Amyloid-positiven Personen erhöhte sich die Wahrscheinlichkeit, unter Einsamkeit zu leiden, um den Faktor 7,5 im Vergleich zu den Amyloid-negativen. Ob die Ergebnisse generell auf alle älteren Menschen übertragbar sind, muss noch überprüft werden. Die Teilnehmer dieser Studie hatten meist einen hohen Bildungsstand und waren in überdurchschnittlich guter geistiger und körperlicher Verfassung.

Die Untersuchung zeigt, dass individuell empfundene Einsamkeit ein Symptom einer beginnenden Amyloid-Ablagerung sein könnte. Es sei nach Ansicht der Autoren auch nicht auszuschließen, dass die Erfahrung sozialer Isolation die krankhaften Ablagerungen beschleunigt.

5.5 Warum kann Einsamkeit auf Dauer für Körper und Psyche gefährlich werden?

Wann beginnt die Einsamkeit? „Der Mensch ist ein soziales Wesen. Er braucht den Kontakt und den Austausch mit anderen Menschen", sagte einst der Psychologe Alfred Adler. Der Wunsch nach Gemeinschaft stellt also für viele ein grundlegendes Bedürfnis dar. Laut dem Statistischen Bundesamt lebt in 41 Prozent aller deutschen Haushalte jedoch nur eine Person. Das macht 16 Millionen der gesamtdeutschen Bevölkerung aus. Trotzdem ist Einsamkeit auch in unserer heutigen Gesellschaft häufig noch ein Tabu-Thema. Nur wenige geben zu, dass sie niemanden haben, mit dem sie ihre Zeit verbringen oder den sie um Hilfe bitten können.

Psychologen definieren Einsamkeit als einen Zustand, bei dem Menschen sich ausgeschlossen und verlassen fühlen, unabhängig davon, ob sie alleine sind oder im Beisammen sein von anderen Personen. Man kann sich also auch trotz

5. Wenn Einsamkeit zur Krankheit wird

der Anwesenheit vieler Menschen einsam fühlen. Oft werden Einsamkeit und Alleinsein gleichgesetzt. Dies ist jedoch nicht ganz richtig: Während Einsamkeit ein inneres Gefühl darstellt und immer negativ konnotiert ist, beschreibt „alleine sein" einen Zustand ohne sozialen Austausch. Dieser wird häufig als befreiend empfunden und kann auch freiwillig gewählt sein. Allein zu sein bedeutet also nicht zwingend, sich auch einsam zu fühlen.

Einsamkeitsgefühle hängen also nicht mit dem sozialen Umfeld oder dem Alleinsein zusammen, sondern lassen sich vielmehr auf das persönliche Befinden zurückführen. Fehlende Beachtung oder Anerkennung von Mitmenschen oder die Unzufriedenheit mit bestehenden Beziehungen zu Partner, Familie oder Freunden können ausschlaggebend sein. Pessimismus, die Angst vor Ablehnung, mangelndes Selbstbewusstsein und ein schlechtes Selbstwertgefühl machen besonders anfällig. Frauen sind davon deutlich häufiger betroffen als Männer.

Einsamkeit kann ernsthaft krank machen

Auch heute, in Zeiten von sozialen Netzwerken, die das Kontakte knüpfen augenscheinlich vereinfachen, hat Einsamkeit viele Gesichter. Oft handelt es sich um verwitwete Senioren, deren Familien und Freunde sich abgewandt haben. Aber auch junge Menschen, die neu in eine fremde Stadt gezogen sind oder Ü40er, die eine Scheidung oder eine schwere Krankheit hinter sich haben, können sich allein fühlen - es gibt vielerlei Gründe. Ein signifikanter Lebenswandel ist oft ein Warnsignal. Einsamkeitsgefühle können jedoch auch bei glücklich verheirateten Menschen mit einem tollen Job und vielen Freunden auftreten. Laut einer Umfrage des Instituts für Demoskopie fühlen sich rund zwei Prozent aller Deutschen dauerhaft einsam, vier von fünf Deutschen immerhin ab und an. Am häufigsten betroffen sind Menschen ab 86 Jahren: Jeder Fünfte hat schon einmal Einsamkeit erlebt. Doch auch 14 Prozent der 46-55-Jährigen und der junge Erwachsene fühlen sich häufig einsam. Ein kurzer Selbsttest verrät, ob man selbst auch betroffen sein könnte.

Sich einsam zu fühlen ist meist eine Reaktion auf einen Lebenswandel und kann zu Anfang sogar helfen, sich an die neuen Umstände zu gewöhnen. Kritisch wird es, wenn die Einsamkeit zum ständigen Begleiter wird. Kontakt aufnehmen und Beziehungen pflegen wird zur Herausforderung. Chronische Einsamkeit, die schwerste Phase, kann über einen langen Zeitraum anhalten. Das Vertrauen in die eigenen Fähigkeiten schwindet, Beziehungen zu anderen

6. Strategien zur Befreiung von der Einsamkeit

Menschen gehen in die Brüche. Sozialer Rückzug und das Gefühl, überflüssig zu sein, bestimmen den Alltag.

Chronische Einsamkeit wirkt sich sowohl auf die psychische als auch auf die körperliche Gesundheit negativ aus. Körper und Psyche sind dauerhaft belastet und reagieren darauf mit anhaltendem Stress.

So fanden Forscher in den USA beispielsweise heraus, dass einsame Menschen ein um 50 Prozent höheres Risiko haben, früh zu sterben. Das liegt daran, dass der Dauerzustand zu Depressionen und Angststörungen führen kann, die unbehandelt schlimmstenfalls sogar im Suizid enden können. Besonders gefährdet sind hier laut der Ärzte Zeitung ältere Männer. Die Deutsche Depressionshilfe bietet Betroffenen Unterstützung an. Zudem ergab eine globale Studie, dass Einsamkeit und soziale Isolation ein ebenso großes Sterberisiko wie Rauchen und Adipositas bergen. Häufig leben einsame Menschen nämlich ungesünder, bewegen sich wenig und ersticken den Kummer in Essen oder Suchtmitteln wie Zigaretten oder Alkohol. Die häufigen Folgen: Übergewicht sowie Sucht- und Herz-Kreislauf-Erkrankungen. Auch Schlafstörungen sind keine Seltenheit.

Zusammen ist man weniger allein

Die meisten einsamen Menschen geraten ohne eigenes Verschulden in eine Einsamkeitsspirale. Dennoch haben Betroffene es selbst in der Hand, die Initiative zu ergreifen und sich aus der Einsamkeit zu lösen. Viele stellt dies vor eine große Herausforderung. In schweren Fällen ist es daher sinnvoll, sich professionelle Hilfe zu suchen. Ob bei der Telefonseelsorge anzurufen oder im nächsten Schritt mit einem Psychologen zu sprechen - beides sind erste Schritte in die richtige Richtung. Gemeinschaftliche Aktivitäten, z.B. in einem Verein, verhindern das Alleinsein.

6. Strategien zur Befreiung von der Einsamkeit

Strategie 1: Warum man allein auch glücklich sein kann

6. Strategien zur Befreiung von der Einsamkeit

Können wir allein glücklich sein? Oder sind wir zur Einsamkeit verdammt, sobald uns Freunde und Partner den Rücken kehren? Hier zeige ich dir, wie du das Beste aus Phasen des Alleinseins machen kannst, um auch allein glücklich sein zu können.

Ohne Frage: Beziehungen zu anderen Menschen machen glücklich. Doch nicht immer sind wir von anderen umgeben. Manchmal finden wir uns unvermittelt allein wieder. Beziehungen sind auseinandergebrochen, Freunde wurden aus den Augen verloren oder der Job hat einen in die Fremde geführt.

Wie soll es nun weitergehen? Kann man auch allein glücklich sein?

Wenn die Vorstellung allein zu sein dir den Angstschweiß ins Gesicht treibt, dann vielleicht, weil bislang immer jemand da war.

Wenn du jahrelang in einer festen Beziehung gelebt und immer alles mit deinem Partner zusammen gemacht hast, dann bist du es nicht mehr gewohnt, allein zu sein. Dann weißt du vielleicht nicht mehr, wer du ohne deinen Partner bist und hast Angst, allein nicht zurechtzukommen.

Gerade, wenn wir nichts mit uns anzufangen wissen, ist die Furcht vor dem Alleinsein groß. Wie kann ich allein glücklich sein, wenn ich sonst immer von Menschen umgeben bin? Was fange ich mit meiner Zeit an? Womit beschäftige ich mich?

Je schlechter wir uns selbst kennen, desto größer die Ratlosigkeit und desto beängstigender der Gedanke, allein zu sein.

Vielleicht hast du aber auch Angst vor dem Alleinsein, weil du dich vor dem fürchtest, was zu Tage treten könnte, wenn du nicht länger abgelenkt wirst. Wer allein ist, wird mit sich selbst konfrontiert und das kann auch schmerzhafte Erkenntnisse mit sich bringen.

Und dann ist da noch das Problem, dass wir uns selbst oft nicht genug sind. Wir halten uns für minderwertig und fehlerhaft und wollen schon allein deshalb keine Zeit mit uns verbringen.

Doch Alleinsein bringt auch Vorteile, die dir folgendes ermöglichen:

- dich so zu verhalten, wie du willst, ohne Rücksicht auf andere zu nehmen
- zu machen, wonach dir der Sinn steht, ohne Angst davor zu haben, was andere denken
- in Kontakt mit deinen Gedanken und Gefühlen zu kommen,
- in Ruhe über dich, dein Leben und deine Ziele nachdenken, ohne von außen beeinflusst zu werden,
- dich ungestört und unabgelenkt deinen wichtigsten Projekten zu widmen,
- zu entspannen und zu meditieren,
- deinen eigenen Rhythmus zu finden und voll auszuleben,
- eine neue Perspektive einzunehmen,
- die grenzenlose Freiheit genießen.

Alleinsein kann daher ein äußerst spannender, produktiver und kreativer Zustand sein, der nicht umsonst von vielen freiwillig aufgesucht wird.

Alleinsein ist auch nicht gleichbedeutend mit einsam sein.

Einsam sind wir, wenn wir das Gefühl haben nicht dazuzugehören. Wer einsam ist, fühlt sich anders als andere Menschen.

Folgende Tipps sind für Deine Entscheidung, allein und glücklich zu sein, wichtig:

1. Entscheide dich, allein sein zu wollen

Wenn du allein glücklich sein willst, entscheide dich zunächst, alleine sein zu wollen. Solange du dir nämlich einredest, dass es furchtbar ist, alleine zu sein, wirst du deinen Zustand nicht genießen können. Darum lass dich darauf ein. Auch, wenn du es nicht freiwillig gewählt hast. Entscheide dich, das Beste aus deiner Situation zu machen und die Zeit für dich aktiv zu nutzen.

2. Werde unabhängig

Ängste werden geringer, wenn wir uns ihnen stellen. Suche daher gezielt Situationen auf und unternimm Dinge, die du bislang nur mit anderen gemacht hast. Warst du bisher immer nur mit deiner Freundin auf der Kirmes? Geh dieses Jahr allein hin! Dein Partner hat die Bilder in deiner Wohnung aufgehängt? Schlag selbst ein paar Nägeln in die Wand!

Auf diese Weise kannst du die Erfahrung machen, auch allein wunderbar zurechtzukommen. Du gewinnst neues Selbstvertrauen, wirst unabhängiger und eigenständiger.

3. Lerne dich selbst besser kennen

Alleinsein bietet die unglaubliche Chance, dich frei von äußeren Einflüssen kennenzulernen. Wer bist du unabhängig von deiner Beziehung, deinem Freundeskreis, deinem Job, deiner Heimat oder deiner Familie?

Was zeichnet dich aus? Was sind deine Wünsche, Interessen, Werte und Ziele?

Was kannst du gut? Was ist dir wichtig?

Nimm dir Zeit, dich selbst zu ergründen, zum Beispiel, indem du Tagebuch schreibst. Auch Meditation kann dir helfen, einen Zugang zu dir selbst zu gewinnen. Hier geht's zur Schritt-für-Schritt-Anleitung zum richtig meditieren.

4. Nutze das Alleinsein für deine Selbstfürsorge

Allzugern machen wir unser Lebensglück von anderen Menschen abhängig. Wir glauben, nur dann glücklich sein zu können, wenn wir den idealen Partner haben und verlangen von diesem unsere Bedürfnisse ungefragt zu erfüllen. Doch damit geben wir die Verantwortung für unser Wohlergehen ab.

Wer allein ist kann endlich Verantwortung für sich selbst übernehmen.

Darum finde heraus, wonach du dich sehnst und was du brauchst und erfülle dir diese Bedürfnisse. Wenn du dich nach Entspannung sehnst, gönn dir häufiger ein warmes Bad, lass dich massieren, leg die Beine hoch, höre Hörbücher oder gehe spazieren. Sehnst du dich nach Trost, rede dir selbst gut zu, verwöhne deinen Körper und gönne dir Genuss. Verlangt es dich nach Abenteuer, unternimm etwas Aufregendes, lerne etwas Neues und suche dir ein Hobby.

Du wirst merken, dass du niemand anderen brauchst, um deine Bedürfnisse zu erfüllen und dass du allein glücklich sein kannst.

5. Plane deine Zukunft

Phasen des Alleinseins sind der ideale Zeitpunkt, um dein Leben zu reflektieren. Wo stehe ich und wo möchte ich hin? Wie will ich leben? Wie soll es weitergehen?

Mach dir Gedanken zu deiner Zukunft, lege Ziele und Meilensteine fest und setze die ersten Schritte um. (Hier findest du Vorlagen, zum Festsetzen deiner Ziele).

Wenn du bereit bist, dich mit dir selbst auseinanderzusetzen, offen für neue Erfahrungen bist und gut mit dir umgehst, kannst du allein glücklich sein. Dann wirst du merken, dass du selbst genug bist, deine Angst vor dem Alleinsein verlieren und anderen Menschen mit einem ganz neuen Selbstverständnis und Selbstvertrauen begegnen.

Auch, wenn du dein Alleinsein nicht freiwillig gewählt hast, hast du jederzeit die Möglichkeit die vorübergehende Abwesenheit von anderen Menschen als Chance zu betrachten:

Eine Chance, um dich selbst besser kennenzulernen. Eine Chance, um die Beziehung zu dir selbst positiv zu gestalten. Eine Chance, um deinem Leben eine neue Richtung zu verleihen.

Eine Chance, um allein glücklich zu sein.

Strategie 2: Welche Präventionsmaßnahmen können Einsamkeit vorbeugen?

Einsamkeit ist nicht nur ein bedrückendes Gefühl. Einsamkeit kann krank machen. Und es hat schon viele Menschen in den Suizid getrieben.

Deshalb ist es ratsam präventiv gegen Einsamkeit vorzugehen.

Ab und zu einsam zu sein, etwa wenn der Partner einen verlässt, ist normal. Das gehört zum Leben dazu.

Was aber, wenn man immer öfter einsam ist und die Gefahr besteht, völlig zu vereinsamen?

6. Strategien zur Befreiung von der Einsamkeit

Sie haben es in der Hand. Sie selbst können aktiv werden und Maßnahmen ergreifen, dass Sie nicht von der Einsamkeit komplett überrollt werden. Wie bei fast allem, was man erreichen oder abwehren möchte, ist es auch in dieser Angelegenheit ratsam, nach Plan vorzugehen. Und genau dazu sind die folgenden Tipps für erfüllte soziale Kontakte so wertvoll:

Wenn Sie unter Einsamkeit leiden, gibt es mehrere Möglichkeiten, selbst etwas dagegen zu tun:

Bestehende soziale Kontakte pflegen: Achten Sie darauf, dass Ihr soziales Netz nie ganz verschwindet. Zumindest eine feste Bezugsperson sollte jeder Mensch haben.

Sich Ziele setzen, die man für sich selbst erreichen möchte: Das können sehr kleine Ziele sein, z.B. das Lösen eines Kreuzworträtsels bis hin zu den täglichen Herausforderungen des Alltags oder größeren Projekten (z.B. eine Weiterbildung oder eine Reise).

Täglich etwas für sich tun: Z.B. durch Entspannung oder Bewegung. Vielleicht finden Sie Gleichgesinnte, die mitmachen.

Auf Menschen im näheren Umfeld zugehen: Vielleicht wollten Sie schon immer jemanden näher kennenlernen, haben sich aber nicht getraut, aktiv zu werden.

Blickkontakt in Gesprächen halten: Dadurch signalisieren Sie Interesse.

Lächeln üben: Wenn Sie lange nicht mehr gelächelt haben, üben Sie es. Alleine durch die Tätigkeit, die Mundwinkel nach oben zu verziehen, können sich positive Gefühle einstellen. Zudem kommt ein Lächeln meist gut bei den Mitmenschen an. Das bedeutet allerdings nicht, dass Sie immer lächeln müssen, obwohl Ihnen nicht danach ist.

Rückschläge nicht allzu persönlich nehmen: Möchten Sie etwa eine neue Freundin/einen neuen Freund gewinnen, wird wahrscheinlich nicht aus jedem Versuch eine engere Freundschaft werden. Das Gegenüber kann mehrere Gründe haben, den Kontakt mit Ihnen nicht zu vertiefen, z.B. Zeitnot.

Anderen Zeit und eine Chance geben: Nehmen Sie sich Zeit, neue Leute kennenzulernen, und überdenken Sie Ihre Ansprüche. Oft werden große Erwartungen gehegt, die nur schwer zu erfüllen sind.

6. Strategien zur Befreiung von der Einsamkeit

Aus Feedback lernen: Wie Sie auf andere wirken, können Sie als Möglichkeit zur Weiterentwicklung nutzen. Hören Sie etwa immer wieder von Ihrem Gegenüber den Wunsch, sich aussprechen zu wollen, könnten Sie Ihre Fähigkeit zuzuhören schulen. Oder jemand kritisiert Ihre Unzuverlässigkeit. Dies können Sie nutzen und versuchen, z.b. pünktlicher zu Treffen zu erscheinen. Feedback sollte immer gegenseitig möglich sein. Erfahren Sie mehr zu konstruktiver Kommunikation unter Kommunikation in der Familie und Konstruktive Konfliktkultur.

Authentisch sein: Seien Sie Sie selbst! Wer sich verstellt, wird meist nach einer gewissen Zeit „entlarvt". Dann stellen sich häufig Missverständnisse oder Enttäuschung ein. Zudem sollten Sie von potenziellen neuen Mitgliedern Ihres Freundeskreises das Gefühl haben, akzeptiert und wertgeschätzt zu werden.

Sich über Möglichkeiten zum gegenseitigen Austausch in der Umgebung informieren: Gibt es z.B. Möglichkeiten, sich in Vereinen zu engagieren (z.B. Sportverein, Seniorenklub etc.)? Auch Angebote von sogenannten „Gesunden Gemeinden" oder Nachbarschaftsinitiativen können eine gute Möglichkeit sein, den Bekanntenkreis zu erweitern. Hier finden Sie hilfreiche Tipps zur Nachbarschaftspflege.

Vorsicht bei Kontakten im Internet: Die neuen Medien bergen Chancen, sich mit anderen auszutauschen, jedoch auch Risiken. Nähere Informationen finden Sie unter Social Media im Internet.

Psychologinnen/Psychologen bzw. Psychotherapeutinnen/Psychotherapeuten sind Ansprechstellen für seelischen Leidensdruck: In geschütztem Rahmen können Sie bei einer psychologischen Beratung/Behandlung oder einer Psychotherapie mehr über sich selbst erfahren und einen anderen Umgang mit dem Thema Einsamkeit erlernen. Eine Gruppenpsychotherapie oder Selbsthilfegruppe erleichtert außerdem die Möglichkeiten, das soziale Netz zu vergrößern. Unter Wenn die Psyche Hilfe braucht finden Sie hilfreiche Infos, Links und Adressen.

Hin und wieder eine Auszeit von den Mitmenschen kann auch wohltuend sein. Der wichtige Aspekt dabei ist die sogenannte Selbstwirksamkeit. Mit dieser ist die Möglichkeit zur Handlungsfreiheit und Kontrolle über das eigene Leben verknüpft. Wer das Alleinsein von sich aus sucht, kann daraus Kraft schöpfen oder Erkenntnisse gewinnen – z.B. jene, dass ihr/ihm das soziale Umfeld mehr bedeutet als bisher gedacht.

6. Strategien zur Befreiung von der Einsamkeit

Tipps für selbst gestaltete Rückzugsmöglichkeiten

Sie mögen Ihre Mitmenschen und verbringen gerne Zeit mit ihnen? Aber hin und wieder suchen Sie förmlich Ruhe und Einsamkeit? Alles ist Ihnen zu laut und schnell, Sie brauchen eine Rückzugsmöglichkeit? Folgende Tipps sollen Ihnen helfen, persönliche Auszeiten zu gestalten und für sich zu nutzen.

Bewusst Zeit für sich selbst einplanen: Tragen Sie sich einen Termin ein – z.B. mit dem Titel „Zeit für mich". Diese Zeit muss nicht spektakulär gestaltet sein. Ein Spaziergang oder ein heißes Bad sind nur zwei von vielen Möglichkeiten, sich etwas zurückzuziehen.

Kleine Auszeiten: Wenn Sie die Möglichkeit haben, eine längere Auszeit, z.B. ein paar Tage an einem ruhigen Ort zu verbringen, nutzen Sie diese. Sprechen Sie mit Ihrer Familie oder Ihrer Partnerin/Ihrem Partner darüber und erklären Sie Ihre Bedürfnisse. Manchmal kann es schwer sein, diesen Raum für sich ohne schlechtes Gewissen zu schaffen. Wichtig ist die Vermittlung, dass der Rückzug keine Kränkung für das Gegenüber darstellt.

Ruhe kann auch ein „innerer Ort" sein: Mittels Meditationstechniken, Achtsamkeitsübungen oder Selbsterfahrung bei professionell geschulten Kräften, z.B. Psychotherapeutinnen/Psychotherapeuten, werden Techniken vermittelt, die einen „inneren Rückzug" leicht und ohne großen Zeitaufwand ermöglichen.

Ziehen Sie sich jedoch nicht vollkommen zurück. Menschen brauchen Menschen – auch wenn es manchmal nicht so erscheint.

Strategie 3: Einsamkeit treibt Blutdruck hoch – hoher Blutdruck kann therapiert werden

Wenn Menschen sich allein fühlen, wirkt sich das langfristig auf ihren Blutdruck aus. Wissenschaftler sehen Einsamkeit als eigenständigen Risikofaktor für Bluthochdruck.

Forscher der Universität von Chicago haben erstmals einen direkten Zusammenhang von Einsamkeit und Bluthochdruck festgestellt: Unabhängig von anderen Risikofaktoren wie Alter, Übergewicht oder Rauchen, treibt Einsamkeit an sich den Blutdruck allmählich hoch. Die Wissenschaftler konnten auch den Verdacht zerstreuen, dass die mit Einsamkeit verbundenen depressiven Gefühle oder Stress die eigentlichen Ursachen für Bluthochdruck seien. „Einsamkeit zeigt sich als eigenständiger Risikofaktor für die Gesundheit", fasst Studienautorin Louise Hawkley das Ergebnis zusammen.

Die Wissenschaftler untersuchten vier Jahre lang 229 Frauen und Männer. Die Teilnehmer einer übergeordneten Langzeitstudie über das Altern waren zu Studienbeginn zwischen 50 und 68 Jahre alt. Den Grad der Einsamkeit stellten die Forscher mit einem ausführlichen Fragebogen fest. Den Blutdruck maßen sie in regelmäßigen Abständen. Dabei zeigte sich, dass die Ausgangswerte sich in den ersten beiden Jahren nicht wesentlich veränderten, dann aber bis zum Ende der Beobachtungsperiode kontinuierlich anstiegen. Am stärksten erhöhte sich der Blutdruck bei den einsamsten Studienteilnehmern, aber auch diejenigen, die als mäßig einsam galten, hatten nach vier Jahren höhere Blutdruckwerte.

Louise Hawkley, die schon seit Jahren Einsamkeit als Risikofaktor für die Gesundheit erforscht, hält die individuelle Wahrnehmung sozialer Kontakte für den unterschwelligen Auslöser des erhöhten Blutdrucks. Einsamkeit kennzeichnet sich nach Ansicht der Wissenschaftlerin weniger durch tatsächliches Alleinsein, sondern vielmehr durch unbefriedigende zwischenmenschliche Kontakte. „Der Wunsch, sich mit anderen auszutauschen, gerät in Konflikt mit der Befürchtung, zurückgewiesen oder enttäuscht zu werden", sagt sie. „Eine übergroße Vorsicht gegenüber sozialen Bindungen zeichnet Einsamkeit aus. Wir gehen davon aus, dass dadurch physiologische Funktionen aus dem Gleichgewicht geraten, auch der Blutdruck."

Ein hoher Blutdruck fällt oft erst im Rahmen einer Routineuntersuchung auf. Dass sich eine blutdrucksenkende Therapie lohnt, haben zahlreiche Studien bewiesen. Mit einem gesunden Lebensstil und erprobten Medikamenten gehen Sie wirkungsvoll gegen Ihren Bluthochdruck vor und reduzieren so das Risiko für andere Herz-Kreislauf-Erkrankungen.

So profitieren Sie von einem gesunden Blutdruck

Etwa 20 bis 30 Millionen Bundesbürger haben laut Schätzungen einen zu hohen Blutdruck, was als Top-Risikofaktor für eine Vielzahl von Herz-Kreislauf-Erkrankungen gilt. Umgekehrt senken Sie mit einem gesunden Blutdruck Ihr Risiko, zum Beispiel einen Schlaganfall oder Herzinfarkt zu erleiden.

6. Strategien zur Befreiung von der Einsamkeit

Normal ist ein oberer Wert von höchstens 130 mmHg und ein unterer Wert von höchstens 85 mmHg. Zeigen mehrere Messungen zu unterschiedlichen Zeitpunkten, dass Ihr Blutdruck zu hoch ist, bespricht Ihr Arzt mit Ihnen das weitere Vorgehen. Liegt dem Bluthochdruck eine bekannte Ursache zugrunde, zum Beispiel eine verengte Nierenarterie, wird diese in Angriff genommen. Zu 90 Prozent lässt sich keine Ursache für den Bluthochdruck finden. Dann erfolgt eine symptomatische Behandlung. "Die erfolgreiche Therapie des Bluthochdrucks besteht aus zwei Behandlungswegen, die sich gegenseitig ergänzen", erklärt Petra Rudnick vom TK-Ärztezentrum. "Der konsequente Einsatz von blutdrucksenkenden Medikamenten und nichtmedikamentöse Maßnahmen sind die Säulen der Bluthochdrucktherapie", ergänzt die Allgemeinmedizinerin.

Persönlicher Lebensstil kann den Blutdruck senken

Ein gesunder Lebensstil ist das Fundament der Blutdrucktherapie. Einige anerkannte Risikofaktoren für Bluthochdruck haben Sie selbst in der Hand:

- Reduzieren Sie Ihren Salzkonsum.
- Bewegen Sie sich ausreichend.
- Ernähren Sie sich gesund und ausgewogen.
- Achten Sie auf ein normales Körpergewicht.
- Verzichten Sie auf Nikotin.

Besonders bei hochnormalem Blutdruck können Sie auf diese Weise ohne Medikamente schon bessere Messwerte erzielen. Auch die Wirkung der Arzneimittel verbessert sich durch einen gesunden Lebensstil. Im Artikel "Blutdruck senken - das können Sie tun" erhalten Sie Tipps, wie Sie Ihren Blutdruck aktiv senken können.

Wirksame Medikamente

Es stehen viele gut erprobte Medikamente zur Verfügung, um Ihren Blutdruck weiter zu senken. Bei Messwerten ab 160/100 mmHg raten Experten neben der Umstellung der Lebensgewohnheiten zu einer medikamentösen Therapie. Auch bei niedrigeren Werten können die Vorteile überwiegen, zum Beispiel wenn andere Risikofaktoren wie bestehende Herz-, Gefäß- oder Nierenerkrankungen oder ein Diabetes mellitus hinzukommen. Weitere Risikofaktoren sind fortschreitendes Alter, erhöhte Blutfettwerte, Rauchen oder Herz-Kreislauf-Erkrankungen bei nahen Angehörigen. Um Ihre Gefäße und

6. Strategien zur Befreiung von der Einsamkeit

Ihr Herz zu schützen, erarbeiten Sie gemeinsam mit Ihrem Arzt einen individuellen Therapieansatz.

Blutdruckkontrollen offenbaren Therapieerfolg

Besonders am Anfang der Therapie tasten Sie sich langsam an den richtigen Blutdruck heran. "Um den Blutdruck und die Wirkung der Medikamente zu kontrollieren, sollten Sie Ihren Blutdruck regelmäßig messen", empfiehlt Petra Rudnick vom TK-Ärztezentrum und ergänzt: "Am Anfang der Therapie ist dies zweimal täglich ausreichend. Ist der Blutdruck stabil eingestellt, reicht es aus, den Blutdruck seltener, zum Beispiel etwa dreimal in 14 Tagen, zu messen", so Rudnick. Der Vorteil: Ihren Erfolg erkennen Sie an den langsam sinkenden Werten.

In der Regel sinkt der Blutdruck, wenn Sie die Ihnen verordneten Medikamente konsequent einnehmen, einen gesunden Lebensstil pflegen und eine gegebenenfalls zugrunde liegende Erkrankung behandelt wird. Daneben sind invasive Methoden wie die sogenannte renale Denervation in der Erprobung: Durch die Verödung von Nerven in der Nierenarterie sollen blutdrucksteigernde Impulse unterbunden werden.

Strategie 4: Demenz macht einsam und krank – Einsamkeit vorbeugen

Demenz macht einsam

Ein Satz den viele von der Krankheit Betroffene bejahen. Ein Satz den viele Angehörige denken. Einsamkeit bedeutet abgeschnitten sein von sozialen Kontakten. Ungewollte Einsamkeit macht auf Dauer krank.

Viele Menschen mit der Diagnose beginnen den sozialen Rückzug.

Sie wollen damit vermeiden, dass ihre Unzulänglichkeiten vor allem gegenüber vertrauten Personen offenbar werden. In unserer Leistungsgesellschaft stempeln dich Fehler und Misserfolge automatisch zum Außenseiter. Wer möchte ständig auf seine Schwächen hingewiesen oder gar ausgelacht und verspottet werden? Um solchen negativen Auseinandersetzungen zu entgehen, vermeiden Menschen mit Demenz daher sehr oft das gesellige Beisammensein.

6. Strategien zur Befreiung von der Einsamkeit

Demenz macht einsam. Auch pflegende und begleitende Angehörige kennen diese negative Empfindung.

Auch sie trifft die Diagnose unerwartet. Sie müssen mit vielen Veränderungen fertig werden. Jeden Tag auf neue Situationen einstellen. Mit der Veränderung der Persönlichkeit des geliebten Menschen zurechtkommen. Den Alltag so umstellen, dass eine optimale Betreuung gegeben ist. Und die Folge davon? Innerhalb kürzester Zeit nach Ausbruch der Krankheit ist man gewollt oder ungewollt in der Einsamkeit gelandet.

Demenz macht einsam. Und dieses negative Gefühl nagt. Und daraus entstehen oft schwere oder chronische Krankheiten. Pflegende Angehörige haben somit automatisch einen hohen Risikofaktor für Depressionen und Herzerkrankungen. Viele greifen zu einem Suchtmittel, um diesem schlechten Gefühl zu entkommen.

Erkrankte Personen brauchen Unterstützung, damit sie nicht vereinsamen. Aber auch Angehörige benötigen Rückhalt, um nicht in Isolation zu geraten.

Schutz vor Demenz: mit vier Schritten bremsen Sie den Verfall Ihres Gehirns!

1. Seien Sie aktiv

Schon 20 Minuten schnelles Gehen täglich sollen reichen, um Demenz vorzubeugen. Das Erkrankungsrisiko soll laut Gary Small damit drastisch sinken. Sportliche Aktivität setzt Proteine frei, die Hirnzellen dazu anregen, besser miteinander zu kommunizieren. Außerdem produziert der Körper bei Aktivität Endorphine, die sich wiederum positiv auf die allgemeine Stimmung auswirken – also glücklich und zufrieden machen.

2. Ernähren Sie sich gesund

Wer in der Mitte seines Lebens übergewichtig ist, riskiert damit im späteren Verlauf seines Lebens an Demenz zu erkranken. Small erklärt, dass Menschen, die ihr Gewicht reduzieren, dadurch schon nach zwei Wochen erhebliche Verbesserungen in ihrem Gedächtnis feststellen können.

Außerdem sollen Omega-3-Fette aus Fischen oder Nüssen dabei helfen, Entzündungen, die mit einem Abbau innerhalb des Gehirns in Zusammenhang stehen, zu bekämpfen. Früchte und Obst sollen zudem oxidativen Stress bekämpfen, der zum Verschleiß von Hirnzellen beiträgt.

3. Vermeiden Sie Stress

In seinem Buch beschreibt er auch den Einfluss von Gefühlen auf den menschlichen Körper. Wer sich beispielsweise für etwas schämt, läuft häufig rot an. Small erklärt, dass emotionale Zustände einen Wust chemischer Reaktionen im Körper hervorrufen. Wer viel Stress hat, schüttet jede Menge zugehöriger Hormone aus, beispielsweise Cortisol. Das kann nicht nur Herz und Magen schaden, sondern auch dem Gehirn. Menschen, deren Gehirne chronisch vermehrt Cortisol ausgesetzt sind, haben demzufolge ein höheres Risiko für Krankheiten wie Alzheimer.

Sein Tipp: Fahren Sie den Körper regelmäßig herunter, indem Sie Sportarten wie Yoga oder Tai-Chi praktizieren oder meditieren. Ebenso positiv wirkt sich der Kontakt zu guten Freunden, guter Schlaf und regelmäßiger Geschlechtsverkehr auf den Körper aus. Denn beim Orgasmus schüttet der Körper Endorphine und andere Hormone aus, die nachweislich positive Effekte auf die Gesundheit - auch des Gehirns - haben.

4. Trainieren Sie Ihren Geist

Gute Kontakte zu Freunden machen nicht nur glücklich, sondern trainieren auch das Gehirn. Schon eine zehnminütige, anspruchsvolle Konversation kann das Gedächtnis verbessern, wie Forscher in Michigan herausgefunden haben. Wer sich zudem über ein emotionales Thema unterhält, baut dabei Stress ab und schützt die Neuronen im Gehirn.

Um das Gehirn auf Trab zu halten, rät Small außerdem dazu, Spiele zu spielen und zu reisen. Beides aktiviere Zellen im Hirn. Wer außerdem Neues lernt – etwa ein Seniorenstudium an der Universität beginnt –, reduziere sein Risiko für Alzheimer.

Sogar an den digitalen Technologien findet Small etwas Gutes: ihm zufolge gebe es Spiele für Smartphones, die den Ausbau von Fähigkeiten wie

Multitasking und Problemlösungsstrategien begünstigen. Das Benutzen von Online-Suchmaschinen könne zudem neuronale Schaltkreise aktivieren.

5. Grippe-Impfungen können das Alzheimer-Risiko senken

Auf der diesjährigen Alzheimer's Association International Conference im August 2020 wurde berichtet, dass Grippe- und Pneumokokken-Impfungen auf kognitive Krankheiten wie Alzheimer vorbeugend wirken und selbst bei genetisch bedingter Krankheit das Risiko eines Ausbruchs verringern könnten.

Zwei neue Alzheimer-Studien haben ergeben, dass einige Impfungen positive Auswirkung auf kognitive Krankheiten haben und das schon bei einmaligem Gebrauch. Bestätigen sich die vorläufigen Ergebnisse, würde dies einen großen Schritt in der Alzheimer-Forschung bedeuten.

Reduzierung um bis zu 30 Prozent

Eine einmalige Grippe-Impfung habe bei den Studienteilnehmern das Risiko einer Alzheimer-Erkrankung um 17 Prozent reduziert. Eine regelmäßige Medikamenten-Einnahme - insbesondere in jungen Jahren - könnte virale Infektionen vorbeugen, die Auswirkungen auf die Entzündungswege und das Immunsystem haben. Auf diesem Wege würde das Risiko einer kognitiven Krankheit minimiert. Probanden, die in einer Langzeitstudie Pneumokokken-Impfungen erhielten, zeigten im Alter von 65 bis 75 um eine bis zu 30 Prozent geringere Chance, an Alzheimer zu erkranken.

Strategie 5: Raus aus der Alkoholsucht, denn sie macht einsam und krank

Was bedeutet Alkoholsucht?

Alkoholsucht ist ein umgangssprachlicher Ausdruck für die Abhängigkeit von Alkohol. Sie ist gekennzeichnet durch körperliche, psychische und soziale Probleme und führt zu einer Reihe von Folgeschäden. Etwa 1,3 Millionen Menschen in Deutschland sind alkoholabhängig. Für die Diagnose einer Alkoholabhängigkeit gibt es bestimmte Kriterien. Erfüllt ein Betroffener eine gewisse Anzahl dieser Kriterien, gilt er als abhängig (siehe Diagnose).

6. Strategien zur Befreiung von der Einsamkeit

Die Übergänge von "noch normalem" zu risikoreichem oder schädlichen Konsum und Abhängigkeit sind fließend.

Wie wirkt Alkohol?

Der größte Teil des getrunkenen Alkohols wird über die Schleimhäute des Magen-Darm-Traktes in den Körper beziehungsweise den Blutkreislauf aufgenommen. Wie schnell das geschieht, hängt unter anderem davon ab, was gegessen wurde. Bei nüchternem Magen erfolgt die Aufnahme sehr rasch, wohingegen fettreiche Nahrung den Prozess verzögert. Der höchste Alkoholspiegel im Blut ergibt sich im Durchschnitt zirka 45 bis 90 Minuten nach dem Konsum eines alkoholischen Getränkes.

Bei gleicher Alkoholmenge ist die Blutalkoholkonzentration bei Frauen höher als bei Männern. Der Grund: Männer haben selbst bei gleichem Gewicht mehr Muskelmasse als Frauen. Muskeln sind stärker durchblutet als Fettgewebe, daher verteilt sich der zugeführte Alkohol in mehr Flüssigkeit. Abgebaut wird Alkohol zum größten Teil in der Leber.

Wie Alkohol sich auswirkt, ist abhängig von der konsumierten Menge sowie von der individuellen körperlichen und seelischen Verfassung. Bei regelmäßigem Konsum kommt es außerdem zu einem gewissen Gewöhnungseffekt, der auch Toleranz genannt wird. Durch die Gewöhnung reagiert der Körper weniger empfindlich auf Alkohol. Allein der Promille-Wert sagt also nicht unbedingt etwas darüber aus, wie stark der Einzelne durch den Rausch bereits in seinen körperlichen und geistigen Fähigkeiten beeinträchtigt ist.

Körperliche Reaktionen auf Alkoholkonsum sind zum Beispiel:

- Koordinations- und Bewegungsstörungen (zum Beispiel Schwanken)
- undeutliche Aussprache
- Erweiterung der Blutgefäße (gerötetes Gesicht)
- vermehrtes Schwitzen
- gesteigerte Harnbildung ...
- Psychische Reaktionen auf Alkoholkonsum sind zum Beispiel:
- Enthemmung (Abbau von Schüchternheit oder auch erhöhte Aggressivität)
- Rededrang
- gehobene Stimmung
- Konzentrations- und Merkfähigkeitsstörungen
- Desorientiertheit

- teilweise aggressives, fremd- oder eigengefährdendes Verhalten
- manchmal Angst oder depressive Stimmung

Doch immer gilt: Unabhängig davon, ob jemand "viel verträgt" oder schneller betrunken wird, richtet der Alkohol in seinem Körper Schaden an. Denn Alkohol ist ein Zellgift. Das bedeutet, bereits kleine Mengen Alkohol schädigen die Zellen und Organe des Körpers, wie zum Beispiel die Leber oder das Nervensystem. Diese zellschädigende Wirkung entfaltet sich immer, das Ausmaß hängt dabei grundsätzlich und ausschließlich von der Menge an reinem Alkohol ab – egal ob man sich diesen in Form von Schnaps, Bier oder Wein zuführt.

Wann ist Alkoholkonsum gefährlich?

Experten sind sich einig: Risikofreien Alkoholkonsum gibt es nicht. Auch kleine Mengen Alkohol sind schädlich, das Risiko für Folgeerkrankungen steigt jedoch mit zunehmender Konsummenge. Ab welcher Menge Alkohol definitiv schädlich ist, wird in Fachkreisen kontrovers diskutiert. In Deutschland gängig ist folgende Einteilung in "Konsummuster" (in Gramm Reinalkohol am Tag):

Risikoarmer Konsum: Frauen bis 12 g /Männer bis 24 g.

Alles darüber hinaus ist ein riskanter Konsum, was bedeutet, dass bei fortgesetztem Konsum das Risiko für schädliche Folgen steigt. Frauen, die regelmäßig mehr als 40 oder sogar 80 Gramm Alkohol zu sich nehmen oder Männer mit einem Konsum von mehr als 60 beziehungsweise 120 Gramm am Tag haben eine hohe Wahrscheinlichkeit, früher oder später ihren Körper deutlich zu schädigen.

Symptome

Alkoholkonsum hat eine direkte und unmittelbare Wirkung auf den Körper, die bereits kurz nach dem Konsum auftritt. Ein zu hoher Alkoholkonsum über längere Zeit kann darüber hinaus aber auch Schäden hervorrufen, die erst nach Monaten oder Jahren deutlich werden.

Unmittelbare körperliche und psychischen Symptome nach Alkoholkonsum

Dazu gehören die unter "Wie wirkt Alkohol?" genannten Symptome wie Erweiterung der Gefäße, Koordinations- und Bewegungsstörungen, ...

6. Strategien zur Befreiung von der Einsamkeit

Körperliche und psychische Folgen der Alkoholsucht

Darunter fallen zum Beispiel verminderter Appetit und Fehlernährung sowie Entzugserscheinungen wie Unruhe oder Übelkeit, Zittern, erhöhte Reizbarkeit, ...

Folgen des Alkoholkonsums und der Alkoholabhängigkeit

Hoher Alkoholkonsum erhöht das Risiko für viele Krankheiten deutlich. Hierzu zählen unter anderem:

- Leberentzündungen,
- Leberzirrhose,
- Bauchspeicheldrüsenentzündungen,
- Verletzungen, Unfälle,
- Krebs, insbesondere Tumore der Mundhöhle, des Rachens, der Leber und der weiblichen Brust,
- Erkrankung der Speiseröhre und des Magens (Entzündungen, Geschwüre, Krebs),
- Erkrankungen von Herz- und Gefäßsystem (Herzrhythmusstörungen, Herzvergrößerung, ...), Bluthochdruck,
- Folsäuremangel und eine daraus folgende Blutarmut,
- Potenzstörungen,
- Immunstörungen,
- Schäden am Nervensystem,
- vorgeburtliche Schädigungen des Embryos, wie unter anderem Minderwuchs, geistige Behinderung oder Herzfehler.

Zu den sozialen Folgen gehören oft Schwierigkeiten in der Familie und Probleme am Arbeitsplatz, Verlust von Freunden und Bekannten, Führerscheinentzug oder Konflikte mit dem Gesetz. Alkoholsucht führt in vielen Fällen auch zum sozialen Abstieg und verursacht enorme gesellschaftliche Folgekosten.

Die Phasen der Alkoholabhängigkeit

Eine Alkoholsucht verläuft oft in bestimmten Phasen mit jeweils charakteristischen Verhaltensweisen. Obwohl sich die individuellen Formen der Erkrankung oft sehr unterscheiden, gilt daher folgender Verlauf als typisch:

1) Zunächst wird immer häufiger getrunken, um Probleme zu bewältigen und bestimmte Situationen besser erträglich zu machen. Ein täglicher Alkoholkonsum kann die Folge sein. Zu einem Rausch muss es dabei nicht kommen.

2) In einer nächsten Stufe wird Alkohol immer wichtiger, die Gedanken kreisen fast nur noch um das Thema Trinken und darum, sich Alkohol zu beschaffen und die eigenen Trinkgewohnheiten vor Freunden, Familie und Kollegen zu verheimlichen. Dazu kommt ein fortschreitender Kontrollverlust: Betroffene greifen zwanghaft zur Flasche, später auch zu jeder Tageszeit. Andere Pflichten, Interessen und soziale Kontakte werden wegen des Alkoholkonsums vernachlässigt. Wird weniger Alkohol als sonst getrunken, treten körperliche und psychische Entzugserscheinungen auf.

3) Schließlich beherrscht die Alkoholsucht weitgehend den Tagesablauf und das Verhalten der Betroffenen. Geistige Fähigkeiten wie Kritik- und Urteilsfähigkeit lassen oft nach. In vielen Fällen erfolgt spätestens dann ein rascher sozialer Abstieg.

Diagnose: Alkoholabhängigkeit erkennen

Es gibt eine ganze Reihe von Anzeichen, die auf eine Alkoholsucht hinweisen können. Dazu gehören unter anderem:

- Ein starkes Verlangen oder eine Art Zwang, Alkohol zu trinken,
- Verminderte Fähigkeit zu kontrollieren, wann und wieviel konsumiert wird,
- Entzugserscheinungen, wenn der Konsum reduziert oder ausgesetzt wird,
- Trinken, um die Entzugssymptome zu mildern,
- Toleranzentwicklung, das heißt, um den gewünschten Effekt zu erreichen, müssen die Betroffenen immer größere Mengen Alkohol konsumieren,
- Eingeengte Verhaltensmuster: So wird zum Beispiel getrunken, ohne dabei die gesellschaftlich üblichen Regeln noch zu beachten,
- Zugunsten des Alkoholkonsums werden immer stärker andere Interessen vernachlässigt. Alkohol zu beschaffen und zu konsumieren erfordert einen erhöhten Zeitaufwand,

- Anhaltender Konsum wider besseres Wissen, also obwohl die schädlichen Folgen im körperlichen und psychischen Bereich bereits deutlich werden,
- dazu gehören auch Probleme in Familie, am Arbeitsplatz und im sozialen Umfeld.

Nicht alle dieser Symptome müssen zutreffen, um abhängig zu sein! Es gibt Alkoholabhängige, die nicht täglich trinken oder die auch keine Entzugssymptome verspüren, dafür jedoch andere Nachteile in Kauf nehmen.

Der Arzt stellt die Diagnose auf Grundlage eines ausführlichen Gesprächs und einer körperlichen Untersuchung. Dabei werden auffällige Verhaltensweisen, körperliche sowie psychische Symptome des Patienten berücksichtigt. Der Mediziner versucht, sich ein Bild über die Lebenssituation des Betroffenen und über die Entwicklung seines Alkoholkonsums zu machen. Veränderungen bestimmter Blutwerte können dem Arzt einen Hinweis darauf geben, dass möglicherweise ein erhöhter Alkoholkonsum besteht.

Therapie: Hilfe für Alkoholiker

Schwerpunkt der Therapie von Alkoholabhängigen ist es, sie in einer Behandlung zu halten, ihre Motivation zur Veränderung zu erhöhen und ihnen und ihren Angehörigen ein Leben in guter Qualität zu ermöglichen. Die meisten Alkoholabhängigen befassen sich dabei früher oder später mit dem Ziel einer dauerhaften Abstinenz oder einer Reduktion der Trinkmenge. Die medizinische Betreuung alkoholbedingter Beschwerden und Erkrankungen erfolgt meist durch niedergelassene Ärzte oder stationär im Krankenhaus.

Bei der Behandlung der Alkoholsucht selbst werden mehrere Phasen unterschieden. Die erforderlichen Therapiemaßnahmen erfolgen im Allgemeinen entweder ambulant oder stationär. Je nach Symptomatik werden Beratung und Therapie auch durch Selbsthilfegruppen oder Beratungsstellen geleistet. Im Idealfall ergänzen sich verschiedenen Teile des Suchthilfenetzwerks.

Gerade in Krisensituationen ist die Rückfallgefahr für die Betroffenen erhöht. Dann ist es besonders wichtig, dass sie von Angehörigen, Therapeuten und Selbsthilfegruppen Unterstützung erfahren. Insgesamt ist es sehr schwierig bis unmöglich, eine Prognose über den Erfolg der Therapie abzugeben, da der Verlauf im Einzelnen immer sehr unterschiedlich und kaum vorhersehbar ist. Wichtig ist dabei, dass ein Misserfolg ("Ausrutscher", "Rückfall") nicht das Versagen der Therapie bedeutet.

Die Therapiephasen

Grundsätzlich werden vier Therapiephasen unterschieden. In jeder Phase wird versucht, die Behandlung der individuellen Situation des Betroffenen anzupassen.

Kontaktphase: Die Betroffenen nehmen Kontakt zu Beratungsstellen, einer Selbsthilfegruppe oder einem Arzt auf. Sie – und möglichst auch ihre Angehörigen – werden ausführlich informiert. Wichtig ist es in dieser Phase, das Trinkverhalten des Abhängigen als Problem zu benennen und ihn zu motivieren, selbst an der Lösung mitzuarbeiten, also Verantwortung zu übernehmen.

Reduktionsphase: Die Behandlung mit dem Ziel der Trinkmengenreduktion ist für Alkoholabhängige Patienten geeignet, die sich zunächst nicht vorstellen können, ganz auf Alkohol zu verzichten. Einige Betroffene ändern ihr Ziel im Laufe der Behandlung und möchten doch die Abstinenz erreichen.

Entzugsphase: Falls die Trinkmengenreduktion nicht stabil oder aus medizinischen Gründen nicht sinnvoll erreicht werden kann, ist oft eine körperliche Entgiftung notwendig. Steht der Suchtstoff dem Körper nicht mehr zur Verfügung, sind körperliche (zum Beispiel Verwirrtheit, Schwitzen, Blutdruckerhöhung, beschleunigter Herzschlag, leichte Übelkeit, Zittern) und psychische Entzugserscheinungen (zum Beispiel psychomotorische Unruhe, Reizbarkeit, Ängstlichkeit) die Folge.

Der Alkoholentzug findet meist im Krankenhaus statt, denn im Rahmen einer schweren Entzugssymptomatik, dem sogenannten Delir, drohen unter anderem Bewusstseinsstörungen bis hin zum Koma, Halluzinationen oder auch Störungen des Herz-Kreislauf-Systems, die ein sofortiges ärztliches Eingreifen nötig machen können. Auch epileptische Entzugsanfälle sind gefürchtet, da der plötzliche Bewusstseinsverlust zu Stürzen mit unter Umständen schweren und lebensbedrohlichen Verletzungen führen kann.

- Entwöhnungsphase: Ist der Körper von der Droge Alkohol entgiftet, müssen noch weitere wichtige Hürden genommen werden, um die Alkoholabhängigkeit zu behandeln. Eine Entwöhnungsbehandlung erfolgt meist über einen Zeitraum von mehreren Wochen bis Monate in einer Fachklinik, kann aber oft auch ambulant, teilstationär oder als Kombination dieser Möglichkeiten durchgeführt werden. Der Betroffene soll lernen, den Alltag auch ohne Alkohol wieder zu meistern. Zudem soll sein Wunsch, abstinent zu bleiben, gestärkt und er selbst psychisch soweit gefestigt werden, dass der Abschied vom Alkohol gelingen kann.

- Nachsorge- und Adaptationsphase: Der Übergang von der oft stationären Entwöhnungsbehandlung zurück in den Alltag kann schwierig sein. Die Betroffenen werden wieder mit ihren alten Problemen und Ängsten konfrontiert, können sich damit überfordert fühlen. Experten befürworten deshalb in dieser Phase eine engmaschige ambulante Nachbetreuung. Hierfür kommen Suchtambulanzen, Suchtberatungsstellen oder Fachärzte infrage. Als weiterer wichtiger Baustein gilt die regelmäßige Teilnahme an Selbsthilfegruppen.

Unterstützend können Medikamente eingesetzt werden. Sie sollen das Verlangen nach Alkohol mindern (zugelassen sind in Deutschland Acamprosat, Naltrexon, Nalmefen). Solche Medikamente können Beratung und Therapie jedoch keinesfalls ersetzen, sondern diese lediglich ergänzen.

Stationäre oder ambulante Entwöhnungstherapie?

Stationäre Entwöhnungstherapien werden in speziellen Fachkliniken durchgeführt. Die Therapiemaßnahmen finden häufig in Gruppen statt. Diverse psycho- und sozialtherapeutische Verfahren kommen hier zur Anwendung. Dazu zählen unter anderem Entspannungstechniken, Partner- und Familien- oder Bewegungstherapie.

Teilnehmer an ambulanten Maßnahmen müssen bereit und fähig sein, ihren Therapieplan einzuhalten. Ein intaktes und unterstützendes soziales Umfeld ist dabei von großem Vorteil. Leiden Betroffene bereits an schweren körperlichen oder psychischen Bergleiterkrankungen, sind ambulante Therapien nicht angezeigt.

6. Strategien zur Befreiung von der Einsamkeit

Selbsthilfegruppe

Gemeinsam stark: Selbsthilfegruppen bieten Rückhalt

Einen Rückfall vermeiden

Es gibt bestimmte Lebenssituationen, die alkoholabhängige Menschen vor besondere Herausforderungen stellen. Dazu zählen:

- Situationen in denen Alkohol leicht verfügbar ist, also zum Beispiel in Gaststätten oder auf Feiern

- Situationen, in denen die Gefahr besteht, dass in alte Gewohnheiten zurückgefallen wird: Also etwa die Lust auf das gewohnte Bier am Feierabend

- Wenn es Stress mit dem Partner gibt

- Wenn andere Situationen psychischen Druck auslösen, wie etwa Ärger am Arbeitsplatz oder enttäuschte Hoffnungen.

- Zu große Selbstsicherheit: Betroffene glauben oft, ein kleines Gläschen zwischendurch könne nicht schaden, gefährde nicht die mühsam erkämpfte Abstinenz. Manchen gelingt es anfangs zunächst, den Konsum zu kontrollieren. Meist wird dann die Selbstsicherheit größer, der Konsum wird regelmäßiger und über einen gewissen Zeitraum hat sich wieder das alte Muster eingeschlichen. Andere beginnen gleich ab dem ersten Glas wieder mit derselben Konsummenge wie zuvor.

Angehörige oder Freunde von Alkoholsüchtigen sollten darauf achten, kein Verhalten zu entwickeln, das die Abhängigkeit des Betroffenen eher fördert als überwinden hilft. Dazu gehört der Versuch, dem Alkoholiker alle Probleme abzunehmen, ihn aus der Verantwortung für seine Situation zu entlassen, sein Verhalten zu entschuldigen oder gar zu decken. Es hilft nicht, das Alkoholproblem zu verheimlichen, um Schaden von der Familie abzuwenden. Eine konsequente Behandlung kann hingegen helfen. Die Medizin spricht in solchen Fällen von Co-Abhängigkeit.

Prognose

Eine klare Prognose für den Erfolg oder Misserfolg einer Behandlung ist nur sehr eingeschränkt möglich, denn zu mannigfaltig sind die individuellen

6. Strategien zur Befreiung von der Einsamkeit

Voraussetzungen jedes Betroffenen. Wichtig ist, dass Hilfe und Unterstützung möglichst frühzeitig angenommen werden.

Die Abstinenzrate nach stationären Behandlungen ist besser, als allgemein oft angenommen wird, unterliegt aber auch Schwankungen. Eine Übersicht verschiedener Studien zeigt einerseits, dass nach 12 bis 18 Monaten etwa jeder zweite Patient noch abstinent war. Andererseits gibt es Untersuchungen (unter Berücksichtigung auch internationaler Ergebnisse), wonach im längerfristigen Bereich noch ein Drittel bis ein Viertel der Betroffenen weiter dem Alkohol entsagte. Dabei ist zu berücksichtigen, dass ein (kurzer) Rückfall nicht automatisch bedeutet, dass alles umsonst war.

Ursachen

Es gibt aus wissenschaftlicher Sicht keine befriedigende Antwort auf die Frage, warum manche Menschen abhängig werden und andere nicht. Die Ursachen für eine Alkoholabhängigkeit werden meist in einer Wechselwirkung zwischen

- den individuellen Voraussetzungen eines Menschen (biologische Faktoren, psychologische Einflussgrößen, persönliche Lebensgeschichte),
- der umgebenden Gesellschaft (Kultur und soziales Umfeld) und
- der spezifischen Wirkung der Substanz Alkohol

gesehen. Dass Alkoholkonsum in bestimmten sozialen Gruppen oder manchmal auch in Familien gehäuft auftreten kann, erklären sich Experten neben den genetischen Effekten in Familien damit, dass Kinder beziehungsweise Jugendliche das vorgelebte Verhalten der Erwachsenen erlernen oder sich an den Gewohnheiten ihrer Gruppe orientieren.

Vorbeugen

Mediziner raten: Wer wegen seines eigenen Alkoholkonsums ins Grübeln gerät, ihn als zu hoch empfindet oder merkt, dass er immer schwerer auf Alkohol verzichten kann, der sollte eine Beratungsstelle oder einen Arzt aufsuchen. Denn in dieser Phase sind Hilfe und Therapie noch einfacher als später, wenn das soziale und berufliche Leben zunehmend unter dem Konsum leidet. Ein deutliches Warnzeichen ist es auch, wenn Angehörige, Freunde oder Kollegen einen auf den Alkoholkonsum ansprechen.

6. Strategien zur Befreiung von der Einsamkeit

Strategie 6: Die Angst vor der Einsamkeit besiegen!

Zwei von fünf Menschen in Deutschland leiden unter leichten Ängsten, jeder 10. wird im Alltag durch seine Angst stark eingeschränkt.

Es gibt viele unterschiedliche Angsterkrankungen, die wir in drei Kategorien einteilen können:

- die Angst vor Dingen und Örtlichkeiten, wie etwa die Angst vor Tieren, Höhen, Tunnels, Brücken usw.,
- zwischenmenschliche und soziale Ängste, wie z.B. die Angst vor Ablehnung, Bindungsangst, Angst vor Kritik, Angst vor Misserfolg, Angst vor Autoritäten, Angst vor dem Alleinsein,
- Panikstörungen wie Panikattacken mit und ohne Agoraphobie sowie die Angst vor der Angst.

Einsamkeit überwinden: Die große Angst vor dem Alleinsein

Die Einsamkeit zu überwinden fällt oft schwer. Denn dieses Gefühl ist wie ein Tunnel aus negativen Emotionen. Er scheint über eine dunkle Anziehungskraft zu verfügen, die uns Menschen ganz natürlich Angst bereitet. Das Gefühlschaos aus dem es besteht: Leere, Verzweiflung, das Empfinden ausgeschlossen und ungeliebt zu sein. Dabei scheint dieses Thema keinesfalls nur Menschen einer bestimmten Altersgruppe oder ausschließlich Singles zu betreffen.

Laut unserer Parship-Studie zum Thema Einsamkeit gaben 60,9 Prozent der 18- bis 29-Jährigen an, sich häufig oder hin und wieder allein zu fühlen. Bei den 60- bis 69-Jährigen sind es dagegen „nur" 26,1 Prozent. Zwar führen knapp über 55 Prozent der Alleinstehenden an, häufig oder hin und wieder einsam zu sein, doch auch 47 Prozent der Menschen in unehelichen Partnerschaften fühlen sich einsam – trotz Beziehung. Doch welche Faktoren sind dafür verantwortlich und wie entsteht Einsamkeit eigentlich?

Der erste Schritt Einsamkeit zu überwinden: „Wieso fühle ich mich einsam?"

Grundsätzlich verstehen wir darunter das subjektive Gefühl, allein zu sein. Zeitgleich wird dieser Umstand als fehlerhaft empfunden und kann echte Schmerzen auslösen. Die spezifischen Auslöser dafür sind unterschiedlich. Das erklärt unter anderem auch, wie es sein kann, dass dieses Gefühl durch alle Schichten, Geschlechter und Beziehungsformen hindurch jeden treffen kann.

6. Strategien zur Befreiung von der Einsamkeit

Wenn das Single-Dasein einsam macht

Das Singleleben besteht nicht nur aus spannenden Dates und aufregenden Phasen zwischen Affären und Beziehung. Die meisten erleben Zeiten, in denen sie allein auf dem Sofa sitzen und sich an einem Freitagabend einen Film ansehen. Und zwar öfter als ihnen lieb ist. Besonders bedrückend wird das Gefühl der Einsamkeit nach einer Trennung. In solchen Momenten kann die Abwesenheit des Partners als belastend wahrgenommen werden. So gaben laut Parship-Studie 48 Prozent der Befragten an, dass sie sich zuletzt einsam gefühlt haben, weil sie Single waren und keinen passenden Partner finden konnten. Dabei liegt der Schlüssel dafür, seine Einsamkeit zu überwinden nicht unbedingt darin, sich in einen Neuanfang nach der Trennung zu stürzen.

Eine unglückliche Beziehung als schwarzes Loch

Nicht nur Singles kennen diese innere Leere, viele Menschen fühlen sich trotz Beziehung einsam. Insbesondere dann, wenn sie in ihrer Partnerschaft unglücklich sind – wie ein Viertel der liierten Befragten in der Parship-Studie angab. Haben sich die Partner auseinandergelebt und gelangt man langsam, aber sicher zur Frage „Trennung ja oder nein?", scheint die Einsamkeit besonders groß. Das Gefühl unverstanden und ungeliebt zu sein beginnt schleichend und bringt das emotionale Gleichgewicht durcheinander.

Einsamkeit überwinden, denn es gibt keine Zeit für soziale Kontakte

Neben Beziehungen – ob schlichte Nicht-Existenz oder Unausgewogenheit – können noch weitere Gegebenheiten Einsamkeitsgefühle auslösen. Wie beispielsweise der Umstand, kaum Zeit für soziale Kontakte zu finden. Rund ein Viertel der Liierten sowie 18 Prozent der Singles fühlen sich aus diesem Grund häufiger allein. Um glücklich zu sein, sollte ein Treffen mit anderen Menschen in ausgewogenem Maße stattfinden und nicht zu kurz kommen.

Fehlende Nähe zu Freunden und Familie

Eine entscheidende Rolle spielt auch die Nähe zu unseren Liebsten – ob Freunden oder Familie. In unserer heutigen Gesellschaft ist es keine Seltenheit, dass Menschen aufgrund von Schule, Studium und Arbeit aus ihrem sozialen Umfeld gerissen werden. In solchen Fällen scheint es besonders schwer die

Einsamkeit zu überwinden. So verwundert es auch nicht, dass ein Viertel der Befragten mit einem Partner sowie rund 18 Prozent der Alleinstehenden angaben, sich aus genau diesem Grund einsam zu fühlen.

Zu finanzschwach für soziale Teilhabe

Es ist wichtig, diese vielen Faktoren zu beachten, wenn es darum geht, einen persönlichen Weg aus der Einsamkeit zu finden. Denn auch der finanzielle Aspekt kann dazu beitragen, sich ausgegrenzt zu fühlen. Beispielsweise, wenn das Gefühl dominiert, aufgrund fehlender finanzieller Mittel nicht am sozialen Leben teilnehmen zu können. Laut unserer Parship-Studie gilt das für 29 Prozent der Singles und 20 Prozent der Befragten mit Partner. Insbesondere, wenn die eigene finanzielle Situation stark von der des sozialen Umfeldes abweicht, ist der Druck groß.

Bevor Sie die Einsamkeit überwinden, machen Sie sich bewusst, wie sie entsteht

Es ist ein Unterschied, ob wir uns gelegentlich einsam fühlen oder ob wir chronisch daran leiden. Grundsätzlich definiert sich Einsamkeit zunächst als Prozess, den wir durch unsere Denkmuster beeinflussen. Viele Menschen empfinden sich in bestimmten Situationen fehl am Platz. Ob nach einer Trennung oder innerhalb einer Beziehung – das Gefühl der Einsamkeit zu überwinden fällt stets schwer. Problematisch wird es, wenn diese negativen Emotionen bleiben und zum unwiderruflichen Dauerzustand werden. Denn am Ende dieses Weges steht eine Chronik – ein belastender Zustand für die Betroffenen. Dabei beginnt die Erkrankung schleichend und hält über drei Phasen Einzug in unsere Gefühlswelt.

Phase: temporäre Einsamkeit

Fast jeder hat schon einmal das Gefühl erlebt. Meist packt es uns, wenn das Leben nicht ganz so verläuft, wie wir uns es wünschen. Ein Umzug, ein Krankenhausaufenthalt, plötzliche Arbeitslosigkeit, der Auszug der Kinder oder ein turbulentes Liebesleben können beispielsweise Auslöser dafür sein. Dabei schadet es uns nicht, wenn wir in solchen Momenten Einsamkeit verspüren. Denn das negative Gefühl kann Motivation sein, uns den Umständen

6. Strategien zur Befreiung von der Einsamkeit

anzupassen und dient uns dabei als Antrieb. So entscheiden sich zum Beispiel Singles, die nach einer Trennung von Einsamkeit eingenommen sind, sich bei einer Partnerbörse anzumelden und ihr Glück selbst in die Hand zu nehmen. Doch was passiert, wenn ein Rückschlag auf den anderen folgt und es einfach nicht besser zu werden scheint?

Phase: langsamer Rückzug

An diesem Punkt beginnt es zu einem Problem zu werden die Einsamkeit zu überwinden. Denn anstatt, den Absprung zu schaffen, gerät der Betroffene in eine Abwärtsspirale. Die Einsamkeit wird zu einem erdrückenden Begleiter des Dauersingles. Die Fähigkeit, mit anderen in Kontakt zu treten oder Frauen bzw. Männer anzusprechen, scheint zu verkümmern. Alltägliche Unterhaltungen und lockerer Small-Talk, die früher Freude bereitet hätten, erscheinen anstrengend und mühsam. Sie erreichen eine gegenteilige Wirkung: Die Belastung nimmt zu, und anstatt den Weg aus der Einsamkeit anzugehen, beginnt sie oder er sich zurückzuziehen.

Phase (Endstadium): chronische Einsamkeit

Wird dieses Verhaltensmuster nicht durchbrochen, kann der Zustand chronisch werden. Es kann Monate oder sogar Jahre andauern. Betroffene sind dabei in einem Teufelskreis gefangen: Sie verlernen, den Kontakt mit anderen aufzunehmen und aufrecht zu erhalten, können keine Anerkennung annehmen oder geben und wirken auf ihre Umwelt zunehmend isoliert. Ihre Umgebung reflektiert ihre psychische Verfassung und kann nicht mehr auf die einsame Seele eingehen. Diese endgültige Abkapselung beschreibt das Endstadium des ungesunden Verlaufs.

7 Wege aus der Einsamkeit – zurück ins Leben

Wie kann man diese scheinbar unüberbrückbare Einsamkeit doch überwinden? Auch, wenn die Betroffenen sie als hart empfinden: Es gibt mehrere hilfreiche Strategien, damit es Ihnen wieder besser geht.

Wichtig: Zunächst kommt es darauf an zu erkennen, in welcher Phase Sie sich befinden.

Um eine temporäre Einsamkeit zu überwinden hilft es bereits, sich einen der folgenden Tipps zu Herzen zu nehmen. Ist der Zustand bereits chronisch, sollten Sie sich an einer Kombination aus mehreren Lösungswegen versuchen.

6. Strategien zur Befreiung von der Einsamkeit

Was dagegen wirklich hilft:

1. Lieben Sie sich selbst

Es mag vielleicht abgedroschen klingen, doch sich selbst zu lieben und gut zu behandeln hilft wirklich. Horchen Sie einfach in sich hinein und überlegen Sie, womit Sie sich selbst eine Freude bereiten können. Denn es fällt leichter, die Einsamkeit zu überwinden, wenn Sie sich gut fühlen. Tatsächlich half es den Befragten wesentlich dabei, sich selbst etwas Gutes zu tun. Ob sie zum Zeitpunkt der Befragung nun in einer Partnerschaft lebten (rund 42 Prozent) oder Single waren (rund 50 Prozent), sich selbst zu lieben sehen viele als hilfreichen Tipp.

Beispiele: Gönnen Sie sich einen Wellness-Tag und schenken Sie sich eine Massage. Wenn Sie kein Fan von Wellness sind, können Sie sich auch mit einem guten Essen belohnen.

2. Nehmen Sie gezielt Kontakt zu anderen auf

Die Einsamkeitsspirale droht Sie hinabzuziehen oder hat es schon geschafft? Dann suchen Sie gezielt den Kontakt mit den Menschen in ihrem sozialen Umfeld. Erwiesenermaßen hilft der Kontakt zu engen Vertrauten, die Einsamkeit zu überwinden. Ein großer Bekanntenkreis ist dazu gar nicht nötig. Manchmal genügt schon ein Telefonat mit Eltern oder Geschwistern. „Mit Familie und Freunden telefonieren und chatten", half 45 Prozent der befragten Singles. Auch die Befragten in einer Partnerschaft gaben zu 52 Prozent an, so den Weg aus der Einsamkeit gefunden zu haben.

Beispiele: Rufen Sie gute Freunde oder Verwandte an und sprechen Sie mit Ihnen über Ihren Alltag. Oder verabreden Sie sich einfach gleich zu einem persönlichen Treffen

3. Setzen Sie keine zu hohen Erwartungen in Ihre Umwelt

Arbeiten Sie an Ihrer Einstellung und Ihren Erwartungen an Ihre Umwelt, um die Einsamkeit zu überwinden. Sie können nicht grundsätzlich davon ausgehen, dass Ihre Mitmenschen Ihr Verhalten als Folge von Einsamkeit deuten und voller Verständnis auf Sie zugehen. Kommunizieren Sie Ihre Gefühle deutlich und versuchen Sie sich auf Ihre Umgebung einzulassen. Rückschläge jeglicher

6. Strategien zur Befreiung von der Einsamkeit

Art sollten Sie hinter sich lassen und nicht als Entschuldigung sehen, sich zurückzuziehen.

4. Setzen Sie sich kleine Ziele, um Einsamkeit zu überwinden

Sie sind mit Ihrem Leben unzufrieden, fühlen sich einsam und verloren? Dann setzen Sie sich mit neuen Dingen auseinander. Besonders hilfreich kann es sein, sich bestimmte Ziele zu setzen. Dabei geht es nicht um die ganz großen Erfolge, sondern um kleine Etappen, die Sie meistern wollen.

Beispiel: Wie wäre es damit, ein neues Hobby auszuprobieren, wie beispielsweise Wandern? Ein mögliches und realistisches Ziel: in einem halben Jahr eine größere Wandertour zu unternehmen.

5. Akzeptieren Sie sich selbst

Wer dauerhaft allein ist, entwickelt oft Minderwertigkeitsgefühle. Vor allem bei Einsamkeit nach einer Trennung machen sich Betroffene Gedanken darüber, was sie an ihrer Persönlichkeit oder ihrem Äußeren ändern sollten, um von anderen geliebt zu werden. Solche Gedanken sind Gift für Ihre Gefühlswelt. Akzeptieren Sie sich selbst, wie Sie sind. Machen Sie sich klar, dass Sie sich nicht ändern müssen, um nicht mehr einsam zu sein. Sie müssen nur wieder lernen, aus sich herauszukommen und andere Menschen an sich heranzulassen.

6. Verzichten Sie eine Weile auf soziale Medien

Ursprünglich sollten uns soziale Medien vernetzen. Doch oftmals bewirken Sie das Gegenteil, gerade wenn man versucht die Einsamkeit zu überwinden. Kollegen, die um die Welt reisen. Paare, die ihre Liebe öffentlich zur Schau stellen. Soziale Medien wie Facebook und Instagram dienen mittlerweile als Darstellungsplattformen und vermitteln uns vermehrt das Gefühl, dass uns in unserem Leben etwas fehlt.

Beispiel: Verzichten Sie einfach einmal zwei Wochen auf die Netzwerke. Sie werden feststellen, wie viel freier und zufriedener Sie sich fühlen werden.

6. Strategien zur Befreiung von der Einsamkeit

7. Chronisch Einsame sind nicht wirklich allein – es gibt viele Betroffene

Sie denken nicht, dass Sie allein die Kraft dazu haben, Ihre Einsamkeit zu überwinden? Dann können Internetforen weiterhelfen. Denn auch, wenn Sie das Gefühl haben, mit Ihren Problemen vollkommen allein dazustehen und sich unverstanden fühlen – dem ist nicht so. Nutzen Sie das Internet und nehmen Sie Kontakt mit anderen Betroffenen auf. Denn wie schon das alte Sprichwort sagt: Geteiltes Leid ist halbes Leid.

Erstaunliches Ergebnis der Parship-Studie zum Thema Aktivitäten gegen das Allein sein

Ein aktives Vorantreiben der Partnersuche hilft nur wenigen dabei, die Einsamkeit zu überwinden. Also ein Beweis dafür, dass der Beziehungsstatus nichts darüber aussagt, ob eine Person einsam ist oder nicht.

Fazit: Einsamkeit überwinden durch persönliche Wertschätzung und Motivation

Fassen wir noch einmal zusammen: Das Gefühl von Einsamkeit kann jeden treffen. Ganz unabhängig vom jeweiligen Alter, Geschlecht oder auch Beziehungsstatus. Manche Menschen fühlen sich trotz einer Beziehung einsam, andere verlieren sich nach einer Trennung in Einsamkeit, wieder andere sehen sich von der Gesellschaft ausgegrenzt und leiden dadurch daran einsam zu sein. Dabei ist das grundlegende Gefühl erst einmal nicht schlecht und kann uns dazu motivieren, uns unserer Situation anzupassen. Zum Problem wird es erst, wenn es zum Dauerzustand wird.

Strategien und Tipps die Einsamkeit zu überwinden

- Sich selbst etwas Gutes tun,
- Gezielt Kontakt zu anderen aufnehmen,
- Keine zu hohen Erwartungen an die Mitmenschen haben,
- Realistische Ziele setzen und auf diese hinarbeiten,
- Sich selbst akzeptieren,
- Verzicht für eine Weile auf soziale Netzwerke,
- Kontakt zu Gleichgesinnten aufnehmen,
- Glückstreffer für Zweisamkeit.

6. Strategien zur Befreiung von der Einsamkeit

Einsamkeit überwinden ist für Leidende nicht immer einfach, doch sehr wohl möglich. Mit etwas Mühe und einer offenen Lebenseinstellung schaffen auch Sie es, wieder glücklich und zufrieden mit Ihrem Leben zu sein.

Strategie 7: Einsam als Single oder doch glücklich zu zweit?

Auch die Partnersuche hat sich im Laufe der Jahre stark verändert und führt immer mehr zu Einsamkeit denn zur Zweisamkeit. Zum einen fehlt den meisten Berufstätigen schlicht weg die Zeit für unterhaltsame Freizeitaktivitäten, vor allem wenn sie alleinerziehend sind und sich um ihre Kinder kümmern müssen. Zum anderen verkriechen sind Singles mehr und mehr in der Anonymität des Internets. Statt auszugehen, gehen sie online. Welche Tipps sollten Singles beachten?

1. Tipp: Für einsame Singles

Mach mit beim Internethype. In der Anonymität stecken auch Chancen. Vielleicht fällt es dir per E-Mail oder Chat leichter, dich zu öffnen. Zumindest leichter als im direkten Gespräch, wo dich die Schüchternheit überkommt. Jedoch solltest du beim Online-Dating nicht deine wahre Natur verkennen.

Sei so ehrlich wie du es von anderen erwartest.

Durch den Online-Kontakt kannst du dich vorsichtig ans Flirten herantasten. Weder beurteilt jemand, was du gerade anhast, noch ob du die ganze Zeit nervös zappelst. Sicherlich gibt es auch unseriöse Angebote. aber da stehst du doch einfach drüber. Widme dich den Kontaktanfragen, die dich neugierig machen und traue dich, selbst die Initiative zu ergreifen.

2. Tipp: Für einsame Singles

Geh einfach öfter unter Leute. Viele Singles trauen sich schon gar nicht mehr, allein in die Diskothek zu gehen oder auf Partys, wenn nicht ein ganzer Schwarm Freunde zur Unterstützung dabei ist. So gelingt es nur selten, das von der Meute behütete Nesthäkchen anzusprechen.

Als Single aber kannst du wunderbar allein durch Ausstellungen flanieren, dich in ein Café oder an die Bar setzen und dabei hin und wieder einladend in die Runde schauen. Manchmal musst du das Glück eben auffordern, zu dir zu kommen. Um ins Gespräch zu kommen, genügt schon ein kleiner, gemeinsamer Konsens. Vielleicht läuft gerade ein Lied im Radio, dass ihr beide mögt oder ihr könnt über denselben Witz lachen oder habt das gleiche Getränk bestellt. Ein kurzer Aufhänger reicht, um die Sache ins Rollen zu bringen.

Einsam im Beruf

Selbst wenn Familie und Freunde dir zur Seite stehen, kannst du dennoch im Berufsleben vereinsamen. Die Aufgaben, die du dort bewältigen musst, lassen sich zum Teil nur bedingt Außenstehenden erklären. Wahrscheinlich weiß nicht einmal dein Partner genau, was du auf Arbeit den ganzen Tag machst. Vertrauenswürdige Kollegen zu finden ist allerdings auch nicht immer leicht.

3. Tipp: Für Einzelkämpfer im Beruf

Ich werde zur Schnittstelle. Freunde am Arbeitsplatz findest du nicht, indem du alle möglichen unliebsamen Projekte auf dich lädst, und dabei still und heimlich hoffst, man würde es dir danken.

Im Gegenteil: Deine Kollegen werden es schnell als selbstverständlich betrachten und dich weiter belasten. Bis du nicht mehr kannst...

Als Schnittstelle jedoch delegierst du Aufgaben und findest den richtigen Ansprechpartner, wenn jemand eine Frage hat, weißt du wo die Lösung zu finden ist, jedoch ohne dich selbst auf die Suche danach zu begeben. Du weist quasi nur den Weg und trägst dadurch zur Lösung mit bei. Um das zu erreichen, solltest du dein Unternehmen in allen Grundzügen kennen sowie welche Mitarbeiter für bestimmte Themen zuständig sind. Deine Kollegen werden sich häufiger an dich wenden, wenn sie wissen, dass du sie nicht im Regen stehen lässt. Sie werden dich aber auch nicht ausnutzen, denn darauf lässt du dich nicht ein.

Ich werde zum Kommunikationsprofi! Sprichst du nur, wenn du gefragt wirst? Behältst du deine Ideen lieber für dich aus Angst dich zu blamieren? Damit katapultierst du dich automatisch ins Abseits!

Gegen die Einsamkeit im Berufsalltag kannst du nur mit Eigeninitiative und Kommunikation angehen.

Durch Beteiligung an teamübergreifenden Projekten und regem Interesse bei Meetings bringst du dich ein. Mal abgesehen davon, dass dein Engagement der Führungsebene imponiert, unterstützt du alle Mitarbeiter.

6. Strategien zur Befreiung von der Einsamkeit

Betrachte deine Kollegen nicht als unantastbare Institution, sondern als Menschen, denen ebenso Fehler passieren, die auch Zweifel haben und die nicht immer Lust haben, auf Arbeit einsam zu sein.

Hin und wieder hilft es, sich gegenseitig vom Job abzulenken und wenigstens für einen Moment über vollkommen belanglose Themen zu plaudern. So entdeckst du womöglich in dem ein oder anderen Mitarbeiter einen Freund.

Einsam im Alter

Ein großes Problem der Einsamkeit ist es, einen Gesprächspartner zu finden, der dich versteht. Einen solchen Menschen zu finden ist schon nicht leicht. Ihn ein Leben langzuhalten, das ist die wahre Herausforderung des Lebens. Im Alter werden sich selbst die Ehepaare dessen bewusst, die sich jahrein, jahraus nur gezofft haben und aus purer Gewohnheit trotzdem zusammenblieben.

Doch wenn einer von ihnen gehen muss, sie es durch Tod oder den Umzug ins Seniorenheim, dann kommt das Gefühl der Verbundenheit mit aller Macht zurück. Und gleichzeitig die Einsamkeit.

Wenn du nach zig Jahren Partnerschaft, unzähligen Höhen und Tiefen, plötzlich auf dich allein gestellt bist. Die Kinder sind längst erwachsen und führen ihr eigenes Leben. Die Welt ist auch nicht mehr das, was sie alles einmal war. Diese Veränderungen können unglaublich erschreckend und einschüchternd sein, vor allem wenn du selbst altersbedingt nicht mehr so gut mithalten kannst.

Im Alter noch einmal Einsamkeit überwinden zu müssen, ist durchaus möglich. Und wichtig. Aber keinesfalls einfach.

4.Tipp: Für Alters-Einsame

Die leider gute Nachricht! So wir dir geht es dann vielen Menschen im Alter. Es muss nicht gleich der Tod sein, der dein Leben erschüttert. Selbst wenn einer ins Pflegeheim muss, der andere aber nur ins Betreute Wohnen umziehen kann, weil die Pflegestufe fehlt, werden zwei Seelen auseinander

gerissen, die so fest miteinander verwoben waren, dass sie es selbst kaum realisiert haben.

Ab einem bestimmten Alter sprichst du vielleicht über das Ableben oder die letzte Station Seniorenheim. Aber wirklich vorstellen kannst du es dir wahrscheinlich trotzdem nicht. In einem solchen Fall hilft es dir, mit jemandem zu reden, der ein ähnliches Schicksal durchgemacht hat. Ganz gleich ob Seniorenheim, Rentner-AG oder Hospiz: Jeder, der dort landet, kämpft gegen das Alleinsein an. Gemeinsame Mahlzeiten, Spaziergänge, Spielnachmittage oder einfach nur vor sich hin plaudern, vertreibt die Zeit und das Gefühl, einsam zu sein. Die Einsamkeit im Alter sollte nicht den Lebensabend verderben, sondern noch einmal dazu anstiften, jeden Tag zu genießen.

Nicht nur die Senioren selbst müssen mit der neuen Situation zurechtkommen und sich den Veränderungen stellen. Auch die Angehörigen leiden mit ihnen, vermissen ihre Eltern oder Geschwister und wissen gar nicht so recht, mit wem sie darüber reden oder wie sie ihren Verwandten helfen können.

Natürlich sind regelmäßige Besuche und Telefonate sowie Unterstützung bei dem ganzen Papierkram sehr wichtig. Dennoch greift die Trauerbewältigung ungeahnt um sich. Wenn du deine Eltern in einem Seniorenheim unterbringen musstest, belaste dich auf keinen Fall mit Schuldgefühlen.

Such dir Rat beim Pflegepersonal und bei den zuständigen Ämtern, wie die Situation so angenehm wie möglich gestaltet werden kann. Und so wie sich die alten Herrschaften noch einmal zusammen tun, kannst du dich mit den Angehörigen der anderen Familien austauschen, gemeinsame Besuchszeiten vereinbaren, eine Runde gemeinsam spazieren oder ihr bringt im Wechsel Kuchen und Kaffee mit. Erzählt euch alte Geschichten, die vielleicht besonders peinlich oder romantisch waren, zeigt euch Fotos von damals und erinnert euch gemeinsam.

Einsam trotz Beziehung und Ehe

Ob ihr nun 6 oder 60 Jahre ein Paar seid, spielt kaum einer Rolle. In jeder Beziehung gibt es Phasen, in denen ihr euch einsam fühlt. Häufig geht es dabei in erster Linie darum, dass du dich missverstanden fühlst und glaubst, du könntest dich deinem Partner nicht richtig anvertrauen beziehungsweise er vertraut sich dir nicht an. So entstehen die ersten Zweifel.

Zwischen der Hektik im Berufsleben, Terminen, Kinderbetreuung (selbst wenn diese längst erwachsen sind, oder gar eigene Kinder mitbringen) und dem ganz normalen Wahnsinn, geht die Zeit für den Partner einfach verloren. Wann wart ihr das letzte Mal chic essen, im Kino oder habt euch einfach aufs Sofa gekuschelt und seid bei einem Film Arm in Arm eingeschlafen?

5. Tipp: Für Einsame in der Zweisamkeit

Plane einen romantischen Ausflug über Wochenende. Vielleicht ein kleines Hotel am See, eine kleine Zugreise oder eine Wanderung. Nur ihr beide. Keine Telefone, keine Nachrichten, keine Ablenkungen.

Nur so könnt ihr euch bewusst Zeit füreinander nehmen. Es gibt so viele Themen, die eben nicht beiläufig zwischen Tür und Angel besprochen werden können oder für die es nicht genügt, mit einem halben Ohr zuzuhören.

Anstatt dass sich jeder in seiner eignen Einsamkeit verschanzt, voller Wut und Schuldzuweisungen, lernt, zu zweit die Einsamkeit zu genießen. Sprecht euch in Ruhe aus, so dass alles einmal gesagt werden kann. Überschlaft die Dinge und dann redet auch n jeder über ganz banale Themen, die weniger frustrierend oder anstrengend sind. Das lockert die Gedanken und ihr könnt euch neu sortieren und wieder zueinander finden.

6. Tipp: Für Einsame in der Zweisamkeit

Geht zusammen aus, zu einer Veranstaltung, die euch beiden gefällt. Es heißt nicht umsonst, Gegensätze würden sich anziehen. In einer Partnerschaft treffen oftmals unterschiedliche Interessen aufeinander. Manche sehen sich gerne ein Fußballspiel im Stadion an, andere hingegen besuchen lieber das Theater. Findet stattdessen Aktivitäten, die euch beiden zusagen.

Tanzen ist wohl mit das beste Heilmittel für Einsamkeit in der Beziehung. Und wenn ihr euch noch so unbeholfen gegenseitig auf die Zehen tretet: In einem Tanzkurs lernt ihr die richtigen Schritte. In der Regel sitzen die ersten Bewegungen bereits nach einer Übungseinheit. Wenn ihr nach und nach lernt euren Rhythmus einander anzupassen und auf die Intuition des anderen zu achten, kann zusätzlich mehr Schwung in die Sache gebracht werden. Bei einigen Tänzen kommt echte Romantik auf, so nah steht ihr euch. Dieses Miteinander Auge in Auge, statt Nebeneinander mit Tunnelblick, lässt euch alles andere vergessen. Schafft euch eine eigene kleine Welt, in der ihr unter euch seid.

Einsam nach der Trennung

6. Strategien zur Befreiung von der Einsamkeit

Überhaupt sollten sich paare viel öfter ansehen. vielleicht spürst du nicht mehr dieses Kribbeln im

Bauch, wie beim ersten Mal, doch irgendetwas war da, dass dir gefallen hat. Sonst wärt ihr wohl kaum ein Paar geworden. Wenn aber der Zeitpunkt kommt, an dem keinerlei Gefühle mehr da sind oder nur noch Schmerz und Wut, ist es mitunter besser, die Beziehung zu beenden. Es kommt vor, dass aus Liebe Hass wird, aus Vertrauen Verachtung. Bevor ihr euch gegenseitig weiter verletzt, kann eine Trennung sinnvoll sein. Doch sie bringt auch die Einsamkeit mit sich.

7. Tipp: Für getrennt Einsame

Wenn die Beziehung nicht einvernehmlich beendet wird, ist es häufig der Fall, dass der Verlassene sich einsam fühlt, während der andere das Alleinsein genießt. Hier wird der Unterschied besonders deutlich, ob du dich bewusst für die Situation entscheidest oder in sie hineingedrängt wirst.

In beiden Fällen empfiehlt es sich einen klaren Schlussstrich zu ziehen. Sprich dem Ex nicht weiter nachzuspionieren, die Freunde auszufragen oder sporadisch Kontakt zu halten. Selbstverständlich gibt es viele Paare, die sich auch nach der Trennung noch gut verstehen, einen gemeinsamen Freundeskreis haben oder allein schon wegen der Kinder in Verbindung bleiben. Auch das ist o k, solange ich euch nicht weiter verletzt oder verletzbar fühlt. Spätestens wenn einer von beiden aber einen neuen Partner hat, wird die Lage wieder heikel. ohne ein hohes Maß an Verständnis, könnte einer der Betroffenen in der Einsamkeit landen. Immerhin ist es auch für die neue Liebschaft kein Zuckerschlecken permanent mit dem Ex-Partner konfrontiert zu werden. Da helfen nur klare abgesteckte Grenzen und Prioritäten.

8. Tipp: Für getrennt Einsame

Sobald Kinder von der Trennung betroffen sind, lassen sich derartige Grenzen weitaus schwerer festlegen. Steht dann auch noch ein Umzug an und damit die räumliche Trennung, erscheint die Einsamkeit noch viel schlimmer. Jede

6. Strategien zur Befreiung von der Einsamkeit

verfügbare Minute, die als Familie zusammen verbracht wird, drängt dazu bestmöglich genutzt zu werden und das im Idealfall ohne Streitigkeiten. Hast du dich schon in der Beziehung allein gefühlt, dann jetzt erst recht.

Dagegen hilft nur, den Druck von den Schultern zu nehmen oder ganz salopp formuliert: ,, Glück ist wie furzen... Erzwingst du es, kommt nur scheiße raus!"

Versuche also nicht, jeden Moment mit den Kindern perfekt zu machen. Wenn diese zum Beispiel selbst den Bund fürs Leben schließen, ihr aber frisch getrennt seid, dann zwingt euch, zum Wohle aller, euch auf das Wesentliche zu konzentrieren. Dazu musst du vielleicht schön zurückstecken und deine Einsamkeit eine Weile regelrecht niederringen. Wenn du das schaffst und damit schöne Erinnerungen für alle zulässt, kannst du stolz auf dich sein. Deine Kinder werden es dir eines Tages danken und dich eben nicht einsam und allein lassen.

Einsam nach dem Auszug der Kinder

Die Kinderbetreuung hat all die Jahre deinen Alltagsrhythmus bestimmt. seit der Geburt warst du für ihr Wohlergehen zuständig, hast dich gesorgt und bemüht, ihnen ein gutes Leben zu ermöglichen. Dann kommt der Tag, an dem sie ausziehen und ihre eigenen Wege gehen. und eine riesengroße Lücke hinterlassen. Sie sind nicht gleich aus der Welt, aber eben auch nicht mehr jeden Tag bei dir. Plötzlich hast du ungewohnt viel Zeit. Für dich allein und für deinen Partner.

Was habt ihr euch ohne Kinder noch zu sagen?

9. Tipp: Für die Zeit nach den Kindern

Das Kinderzimmer ausgeräumt, stille überall, keine Termine mehr und abends ein Gedeck weniger: wie seltsam das doch anmutet. Mit der Leere kommt jedoch auch der Platz für Neues. Nutzt den Raum für ein gemeinsames Projekt, zum Beispiel ein kleiner Sportbereich mit Geräten und Yogamatte, wo ihr wieder aktiv werden könnt. Richtet euch eine Bibliothek ein oder ein Gästezimmer, damit die Kinder möglichst oft zu Besuch kommen. Hauptsache ihr gestaltet den Bereich neu, damit er euch nicht so verlassen vorkommt.

10. Tipp: Für die Zeit nach den Kindern

6. Strategien zur Befreiung von der Einsamkeit

Sind die Kinder aus dem Haus, habt ihr nicht nur räumlich gesehen neue Optionen, sondern könnt auch eure Freizeit neu einteilen beziehungsweise überhaupt erst einmal wieder richtig nutzen.

Nehmt euch Zeit als Paar (Stichwort zweiter Frühling...) sowie für individuelle Aktivitäten, um die Einsamkeit gar nicht erst zu zulassen, habt ihr allerhand Möglichkeiten: Reisen, Hobbys, Fremdsprachen oder Instrumente lernen, Geht mit Freunden aus und freundet euch damit an, erwachsen aber noch lange nicht alt zu sein.

Teilt eure Erlebnisse mit den Kindern und tauscht euch gegenseitig aus, sei es am Telefon, per E-mail oder bei Besuchen. um den Kontakt zu halten, müsst ihr interessant bleiben. So findet ihr immer neue Themen zum Besprechen und könnt neuerdings sogar eure Kinder um Rat bitten und sie dadurch einbeziehen. Umgedreht werden sie nach wie vor noch oft genug eure Unterstützung benötigen und sei es bei der nächsten Generation, damit diese nicht einsam aufwächst.

Vereinsamung in der Gesellschaft

Wie zu Beginn erwähnt, ändern sich die Zeiten und damit die Beweggründe für Einsamkeit. In unserer heutigen Gesellschaft stehen Leistungsdruck, finanzielle Herausforderungen und Anonymität an erster Stelle als Ursache für die zunehmende Vereinsamung.

Trotz Kulturangeboten, Singlebörsen und Familienveranstaltungen fühlen sich Menschen einsam mit ihrem Schicksal. Es scheint schon beinah ein gesellschaftlicher Trend zu werden, den inneren Rückzug anzutreten, um sich vor dem Überangebot, dem Druck und all den Lasten, zu schützen.

Einerseits herrscht zu viel Überreizung, andererseits zu wenig Individualität. Wer mit den Massen schwimmt, geht als einzelne Persönlichkeit unter. Diese vermeintlich unscheinbare Form der Einsamkeit betrifft fast jeden Menschen, denn wir bauen sie als Schutz auf und verpassen den Ausstieg, wenn es darauf ankommt. Doch du kannst lernen, wie sich diese Einsamkeit überwinden lässt:

11. Tipp: Für alle Einsamen da draußen

Sharing ist Caring heißt es so schön. Mit anderem Wort, wer teilt, hilft. Anstatt dein übrig gebliebenes Hab und Gut zu verkaufen und alles, was noch du

6. Strategien zur Befreiung von der Einsamkeit

irgendwann einmal gebrauchen könntest, ungenutzt zu bunkern (und sei es dein Wissen und deine Fähigkeiten) - teile es mit denen, die es brauchen über diverse Plattformen und Tauschbörsen schließen sich immer mehr Menschen zusammen, um das Miteinander wieder zu erleben

Da werden Werkzeuge ausgeliehen, zu viel gekochtes Essen verschenkt, alte Haushaltsgeräte repariert, auf Haustiere während der Urlaubszeit aufgepasst, und vieles mehr. Du wirst überrascht sein, wie dankbar deine Hilfe angenommen wird und wie viel dir diese Kontakte zurückgeben. Freundschaft, Hilfsbereitschaft und den Ausstieg aus der Einsamkeit, indem du dich wieder als nützliches Mitglied der Gemeinschaft siehst.

12. Tipp: Für alle Einsamen da draußen

Beteilige dich an gemeinnützigen Organisationen, sei es als Ehrenamtlicher oder als Vereinsmitglied. Viele Interessenverbände sind auf derart freiwillige Unterstützungen angewiesen. Kinder- und Jugendeinrichtungen genauso wie Umwelt- und Tierschutzvereine oder Sportclubs. Auf die Art nimmst du wieder Anteil am unmittelbaren gesellschaftlichen Leben, kannst dich kreativ entfalten und stark machen für etwas, das dir wirklich am Herzen liegt.

13. Tipp: Für alle Einsamen da draußen

Pack deine Koffer und verreise. Nicht in den Pauschalurlaub an die Hotelbar, sondern ganz klassisch eigen organisiert. Sei es mit dem Auto von einer Stadt zur nächsten, mit dem Zug in die Berge oder per Flugzeug in ferne Ländern. Nimm deine Wanderstiefel mit und beschreite neue Wege. Überall auf der Welt wirst du Menschen begegnen, die eine interessante Geschichte zu erzählen haben und mit denen du deine Storys teilen kannst. Du kannst allein reisen, mit einer Freundin oder dich einer Pilgergruppe anschließen.

14. Tipp: Für alle Einsamen da draußen

Eine Reise könnte dich auch für längere Zeit in ein Kloster fuhren. Dort erfährst du Einsamkeit in einer völlig anderen Form, nämlich als heilenden und reinigenden Prozess. Historisch gesehen waren Initiationsrituale wie das Schweigegelübde dazu da, um Achtsamkeit zu üben, sich dem Inneren zu

zuwenden und zu lernen, wer man eigentlich ist. Eremiten halten es Ähnlich: Durch Enthaltsamkeit und Altruismus lernen sie, in der Einsamkeit inneren Frieden zu finden.

15. Tipp: Für alle Einsamen da draußen

6. Strategien zur Befreiung von der Einsamkeit

Du fühlst Dich einsam und allein? Erprobte Tipps für dein Leben!

Bestrafe dich nicht durch Einsamkeit. Nicht grundlos wird Isolation als Strafmaßnahme eingesetzt.

Sei es das Kind, das sich in die Ecke stellen muss oder der Häftling, der in Einzelhaft verlegt wird.

Durch Abschottung von sozialen Kontakten zerbrechen wir innerlich, denn uns fehlt der Halt und das Vertrauen. Wenn du glaubst, dich trifft Schuld, dann kläre die Situation, aber ziehe dich nicht aus ihr zurück. Deine Probleme folgen dir ohnehin, die lassen sich nicht isolieren. Wenn dir der Mut fehlt, dich deinen Ängsten zu stellen, denk nur an die Furcht vor der Einsamkeit. Was ist dir lieber?

16. Tipp: Für alle Einsamen da draußen

Hast du schon mal etwas von Schmittah gehört? Hilft wunderbar, Alleinsein zu lernen, ohne sich einsam zu fühlen. Gemeint ist das Sabbatjahr, das ursprünglich dem Ackerland als Ruhejahr eingeräumt wurde, damit der Boden sich erholen und mit frischen Nährstoffen anreichern konnte. Auch für dich könnte ein Jahr Auszeit genau das Richtige sein, um einen „Ausstieg auf Zeit" in Anspruch zu nehmen. Ein Jahr lang eine Auszeit vom Job nehmen, ins Ausland verreisen, pilgern oder dich einem Kloster anschließen - in einigen Branchen wird das Sabbatjahr sogar vom Arbeitgeber unterstützt.

17. Tipp: Für alle Einsamen da draußen

Lerne die Gefahren und ersten Anzeichen der Einsamkeit erkennen. Nur so kannst du sie rechtzeitig verhindern beziehungsweise eingrenzen und auflösen, bevor du noch völlig aufgelöst endest. Durch Autogenes Training, gelebte Achtsamkeit, Meditation und ähnliche Übungen setzt du dich regelmäßig mit deinem Inneren auseinander, lernst deine Gefühle und Gedanken besser kennen und wie sie beeinflusst werden. Je besser du den Weg zu dir selbst findest, desto besser erkennst du die Gefahren, die dich davon abbringen könnten.

18. Tipp: Für alle Einsamen da draußen

Nimm am Leben teil. Dazu lässt sich kaum mehr sagen, denn im Grunde genommen geht es letztlich exakt darum: Das Leben empfängt dich mit offenen Armen, es ist nicht immer leicht, nicht immer voller Glückseligkeit. Aber in jedem Moment liegt Schönheit, Erfahrung prägt dich und deine Persönlichkeit. Dennoch kannst du selbst bestimmen, was für ein Mensch du sein möchtest.

Ein einsamer oder einer, der mitten im Leben steht.

Strategie 8: Respekt in der Partnerschaft - Wie man achtsam miteinander umgeht

Liebe ist nicht genug." So lautet die Aussage verschiedener Paarpsychologen, wenn es um die ideale Basis für eine langfristige Beziehung geht. Es braucht mehr, nämlich: Vertrauen, Nähe – und Respekt. Gerade am Respekt mangelt es aber, wenn Paare schon lange zusammen sind oder die Machtbasis in einer Beziehung sehr unterschiedlich ausfällt.

Sie sind so typisch für langjährige Beziehungen, Sätze wie: „Musst du immer krümeln beim Essen?", „Jetzt sei doch mal ruhig und lass mich weitererzählen!", „Was du dich wieder aufregst, hab dich halt nicht so!" oder auch „Ja, ja, passt schon!"

Sie sind leicht dahingesagt, wiegen in der Summe aber schwer. Denn sie zeigen, wie sich schleichend der Respekt aus einer Beziehung verabschiedet. Anders als Liebe, die einem als Hormoncocktail quasi in den Schoß fällt, muss Respekt erst erarbeitet und verdient, später auch gepflegt werden.

Will man Respekt definieren, dann wird oft von Achtung, Wertschätzung und Aufmerksamkeit gesprochen:

Respekt (lateinisch respectus „Zurückschauen, Rücksicht, Berücksichtigung") bezeichnet eine Form der Wertschätzung, Aufmerksamkeit und Ehrerbietung gegenüber einem anderen Lebewesen (Respektsperson) oder einer Institution. (Quelle: Wikipedia)

Respekt ist etwas, das über reine Höflichkeit gegenüber Fremden oder der Freundlichkeit gegenüber Bekannten deutlich hinausgeht: Der Partner oder die Partnerin wird gesehen, so wie sie oder er ist, wahrgenommen, geachtet und geschätzt.

Paarpsychologen sehen darin einen der Grundsteine für dauerhafte, langfristige Beziehungen, neben Vertrauen und einer gemeinsamen Wertebasis. Aber jeder einzelne dieser Grundsteine kann bröckeln – und dann gerät das Fundament der Beziehung in eine Schieflage. Bei mangelndem Respekt wird es besonders schnell und nachhaltig deutlich.

Neun sichere Anzeichen für Achtsamkeit und Respekt in der Beziehung

Nun hat jeder manchmal bessere und manchmal schlechtere Momente, ist mal weniger aufmerksam und mal zu gestresst, um seinem Liebsten oder der Liebsten empathisch zu begegnen. Grundsätzlich zeigen aber diese neun Punkte, dass Intimität und Gefühle in der Beziehung Vorrang haben:

- Zuhören – Antworten – Ausredenlassen sind keine bloßen Floskeln, sondern fester Bestandteil der Paarkommunikation,
- Unterschiedliche Sichtweisen werden akzeptiert, so wie sie sind,
- Zuverlässigkeit und Verlässlichkeit spielen eine große Rolle,
- Auch schmerzhafte Wahrheiten werden ausgesprochen, Lügen haben hier keinen Platz,
- Rückmeldungen und Meinungen des Partners zu wichtigen Punkten im Job oder in der Familie werden ganz offen erbeten – und auch gegeben,
- Entschuldigungen werden ausgesprochen, gehört – und akzeptiert,
- Der Partner/die Partnerin wird nicht als selbstverständlich angesehen – sondern als jemand, für den man sich auch nach 10, 20 oder 30 Jahren ins Zeug legen würde,
- Eifersucht spielt keine oder kaum eine Rolle, denn man vertraut sich,
- Mitgefühl für die Ängste und Nöte des Partners wird gelebt, seine Befürchtungen werden nicht einfach beiseite gewischt.

Diese neun Punkte spiegeln einen achtsamen, aufmerksamen Umgang miteinander wider. Wer Kinder hat, prägt unter anderem auch damit die künftigen Beziehungsmuster der eigenen Kinder. Denn Kinder lernen vor allem über Beobachtung und Nachahmung. Zeigen die Eltern offen ehrliche Wertschätzung füreinander und auch im Umgang mit den Kindern, wird dieses respektvolle Miteinander aufgenommen und weiter in die Welt getragen.

Kommunikation in Paarbeziehungen – unverzichtbar!

Die dauerhaft glücklichen Beziehungen sind diejenigen, in denen besonders viel kommuniziert wird. Und damit sind keine Gespräche über das Wetter, den

Besuch der Schwiegereltern oder die Noten der Kinder gemeint. Sondern tiefergreifende Gespräche über das, was die Partner bewegt, interessiert und die ihnen wichtig sind. Das können natürlich auch die Schulnoten oder die Wetterentwicklung sein. Meist sind die Themen aber versteckter:

Bemerkt der Partner meine Bemühungen in der Familie, in der Partnerschaft, auf der Arbeit?

- Werde ich als Person geschätzt und geliebt?
- Kann ich mich auf meinen Partner/meine Partnerin verlassen, auch wenn wir uns uneins sind?
- Verfolgen wir weiterhin die gleichen Ziele im Leben?
- Was wünscht sich mein Partner/meine Partnerin vom Leben – und von unserer Partnerschaft?

Die Antworten auf diese und ähnliche Fragen bieten dann erst den Raum, um die Beziehung immer wieder neu zu denken. Wer aber konsequent die Kommunikationswünsche des Partners abwiegelt, der handelt respektlos. Das greift schnell um sich, und es beschädigt die Beziehung dauerhaft. Das „Nicht-gesehen-" oder „Nicht-gehört-werden" kommt dabei besonders häufig vor:

Da sitzt ein langjähriges Paar beim Essen, sie erzählt von einem Besuch bei Freunden und einer weiteren Verabredung, die auch für den Partner schön wäre. Er liest eigentlich nur die Zeitung und antwortet mit einem abwesenden „Hmmm, jaja, sicher!"

Gegenüber keinem Geschäftspartner, gegenüber keinem guten Freund würde man sich so verhalten – unter Paaren schleicht sich das Nicht-Zuhören und auch das Nicht-Ansehen dagegen schnell ein. Wesentlich wertschätzender wäre in so einer Situation, entweder

1. Die Zeitung beiseite zu legen, aktiv zuzuhören und konkret die eigentliche Frage hinter der Erzählung zu beantworten, beispielsweise mit einem „Das können wir gerne zusammen machen!"

oder

2. Kurz um eine Unterbrechung des Gesprächs zu bitten, um diesen Absatz oder den Artikel in der Zeitung gerade noch fertig lesen zu können – damit man dann ganz und gar für die Unterhaltung offen ist.

6. Strategien zur Befreiung von der Einsamkeit

Regeln für einen respektvollen Umgang miteinander

Zu den gängigen, eigentlich selbstverständlichen Kommunikationsregeln gehören außerdem

- den Liebsten/die Liebste ausreden zu lassen – statt zu unterbrechen,
- Augenkontakt bei Gesprächen zu halten – statt weiter auf den Fernseher zu achten,
- eigene Tätigkeiten wie lesen, fernsehen etc. kurz zu unterbrechen, wenn der Partner oder die Partnerin ein Anliegen hat – statt einfach weiter zu machen,
- bei Unklarheiten nachzufragen, was gemeint war – statt zu schmollen und Böswilligkeiten zu unterstellen,
- in Streitereien sachlich zu bleiben - statt mit Beschimpfungen und Beleidigungen um sich zu werfen.

Hapert es an diesen Grundlagen, ist der Weg zu weiteren Respektlosigkeiten gar nicht mehr weit. Dann werden gemeinsame Termine verschlampt, in Erzählungen gegenüber Freunden ist der ehemals geschätzte Partner plötzlich faul, nervig oder schlampig. Das mindert beim Erzählenden die Wertschätzung des Partners. Und beim Gegenpart wird das Selbstwertgefühl beschädigt.

Ehen können an scheinbaren Kleinigkeiten zerbrechen, wie liegen gelassenen Kleidungsstücken und verpassten Vereinbarungen. Tatsächlich ist es aber die Respektlosigkeit, mit der die Wünsche und Vorstellungen des Partners oder der Partnerin unbeachtet bleiben.

Selbsttest: Wie respektvoll ist die Beziehung wirklich?

Für den Selbsttest haben sich einige Fragen bewährt, um sich den aktuellen Stand in der Beziehung anzuschauen:

- Was passiert, wenn wir streiten?
- Wie viel Aufmerksamkeit schenke ich meinem Partner/meiner Partnerin?
- Wie viel Aufmerksamkeit erhalte ich von meinem Partner/meiner Partnerin?
- Wann habe ich zuletzt gelobt?
- Wann wurde ich zuletzt gelobt?
- Habe ich das Gefühl, von meinem Liebsten/meiner Liebsten wirklich gesehen zu werden?

- Erhalte ich Rückendeckung gegenüber anderen von meinem Partner/meiner Partnerin?
- Dazu gehört auch eine Frage aus der Paarberatung, die so einfach gestellt und oft schwer zu beantworten ist: Was tue ich, damit es besser wird?

Strategien, um achtsam miteinander umzugehen

Nun lässt sich fehlender Respekt leider nicht einfach einfordern, zu tief haben sich respektlose Handlungsweisen oft schon in der Beziehung etabliert. Mit kleinen Schritten kann man als Paar aber durchaus daran arbeiten, wieder achtsam und aufmerksam miteinander umzugehen.

Dafür braucht es zunächst einen klaren Schnitt und die gemeinsame Entscheidung, alte Verletzungen durch respektloses Verhalten hinter sich zu lassen. Individuelle Grenzen sollte man am besten schriftlich festhalten: Manchmal ist dem Partner/der Partnerin gar nicht bewusst, wie verletzend es sein kann, immer und immer wieder unterbrochen zu werden. Ähnlich sieht es damit aus, wenn sich der Partner/die Partnerin nicht um die Wünsche nach mehr Ordnung schert. Diese kleinen Unachtsamkeiten graben sich tief ein und führen langfristig zu größerer Frustration. Deshalb macht es Sinn, solche Dinge einmalig niederzuschreiben und gemeinsam festzulegen, wie man damit umgehen kann.

Lösungsideen sind beispielsweise:

• Kurze Zeichen oder Signalwörter ausmachen

Kurzes Antippen, Handheben oder Ähnliches kann hilfreich sein, um zum Beispiel den langatmigen Monolog des Partners an einem bestimmten Stellen zu unterbrechen – ohne unhöflich direkt hineinzupoltern. So lässt sich der Satz oder der Gedankengang noch beenden, bevor er abrupt unterbrochen wird. Das funktioniert im Übrigen auch hervorragend mit Kindern, die am liebsten sofort losprudeln und nur schwer warten können, wenn sich Erwachsene ausgiebig unterhalten möchten.

• Klare Regeln für Zuständigkeiten im Haushalt, bei der Kinderbetreuung oder Ähnlichem treffen

So lassen sich enttäuschende Momente vermeiden, wenn der Liebste oder die Liebste wieder den Geschirrspüler vergessen hat, sich der- oder diejenige dafür aber gar nicht zuständig fühlte.

- Bewusst Gesprächszeiten einplanen

Vielleicht ist morgens die Facebook-Timeline spannender als das Gegenüber, vielleicht ist abends schon die ganze Energie verbraucht, um sich beim Abendessen zwischen Kindern und Fernsehen noch zu einem Dialog aufzuraffen. Trotzdem sind solche Momente wichtig, um mit dem Partner auf eine Wellenlänge zu gelangen: Wie war der Tag?, Was ist für morgen geplant?, Woran muss man in der nächsten Zeit denken? Das sind Fragen, die jeden Tag gestellt und beantwortet werden sollten. Ob das nun morgens, abends oder zwischendurch in einer ruhigen Minute passiert, ist vergleichsweise unwichtig.

- Lernen, Emotionen in Worte zu fassen

Gerade gestandenen Erwachsenen fällt das erstaunlich schwer: eigene Verletzungen in klare Worte zu fassen. Statt bei einem heftigeren Streit konkret zu sagen, dass das Gesagte verletzend und respektlos ankommt, wird oft grummelnd der Rückzug angetreten. Diese oft schon in der Kindheit erlernten Verhaltensmuster übertragen sich dann auf die Beziehung – und man schluckt die eigenen Tränen hinunter. Wem es anfangs schwerfällt, Emotionen zu benennen, der kann sich zunächst auch gut mit Zetteln behelfen oder kurze Nachrichten per Smartphone schicken. Wichtig ist dabei: Der Gegenpart darf hier nicht relativieren, verneinen oder die Gefühle absprechen. Denn ob sie berechtigt sind oder nicht – Gefühle sind individuell und so, wie sie sind, genau richtig.

Wenn man sich tiefer mit der achtsamen Kommunikation beschäftigen möchte, eignet sich auch die „gewaltfreie Kommunikation" als vollständige Methodik gut. Grob zusammengefasst benennt man hier sowohl die eigene Beobachtung als auch die erlebte Emotion – und äußert schließlich einen Wunsch oder fordert zu einer bestimmten Handlung auf.

Ein Beispiel: „Ich habe gesehen, dass du nach dem Kochen alles liegen gelassen hast. Das macht mich wütend, denn ich habe die Küche gerade erst aufgeräumt. Bitte räum beim nächsten Mal die benutzten Töpfe und Gerätschaften direkt weg!"

Klingt allemal besser als ein schnippisches: „Oh, hast du gekocht? Sieht man ..." und hinterlässt ein wesentlich weniger unangenehmes Gefühl.

6. Strategien zur Befreiung von der Einsamkeit

Strategie 9: Emotionale Berührung und Vertrauen schützt vor Einsamkeit

Warum Liebe gesund und Einsamkeit krank macht Kuscheln, in den Arm genommen, gestreichelt werden und die damit vermittelten Gefühle von Zuwendung, Trost, Geborgenheit, Liebe: Berührung ist ein Mittel, auf das das „Kuscheltier Mensch" nicht verzichten kann. Und doch krankt unsere Gesellschaft gerade heute an einem Mangel an Körperkontakt jenseits von Sex, wie Experten diagnostizieren. Lesen Sie, warum Berührung für die seelische und körperliche Gesundheit so wichtig ist, dass sie eigentlich ärztlich verordnet werden sollte.   Von Mag. Alexandra Wimmer

Wenn an trüben Wintertagen sogar die Sonne ihre Streicheleinheiten einstellt, jeder sich in den eigenen vier Wänden einigelt und zum Kuscheln nur Omas Wolldecke bleibt, trifft Singles die Einsamkeit besonders hart. Berührung in ihren vielen Facetten und Nuancen ist schließlich ein elementarer Bestandteil des Lebens. Babys, die an der mütterlichen Brust nuckeln; Liebespaare, die eng aneinander gekuschelt einschlafen; die herzliche Umarmung unter Freunden; der freundschaftliche Händedruck; das flüchtige Begrüßungsbussi; das aufmunternde Schulterklopfen: Positiver Körperkontakt geht buchstäblich unter die Haut, gibt Sicherheit, emotionalen Halt, Geborgenheit und Trost, er nährt, beruhigt und entspannt uns. Kurzum: Berührung ist ein (Über)Lebensmittel, auf das das „Kuscheltier Mensch" nicht verzichten kann.

Die Macht der Berührung

Berührt werden und Berühren ist von Anfang an essenziell: In der „Kuschelhöhle" Mutterleib ist der Tastsinn der erste, den wir entwickeln. Ab der Geburt signalisiert der Körperkontakt mit den Eltern dem Neuankömmling: „Wir nehmen dich wahr. Gut, dass du da bist. Wir stehen zu dir." Indem Babys alles angreifen (= aktiver Tastsinn), lernen sie buchstäblich, sich selbst und die Umwelt zu begreifen, über das Berührt werden (= passiver Tastsinn) entwickeln Kinder ihre Identität, ihr Körper- und Selbstbewusstsein. „Erst über den Körperkontakt zu anderen wissen wir, dass wir da sind", erklärt Dr. Dipl. Psych. Martin Grunwald von der Universität Leipzig, der sich als Haptiker intensiv mit der Bedeutung des Tastsinnessystems und der Macht der Berührung auseinandersetzt.

6. Strategien zur Befreiung von der Einsamkeit

Berührung „sagt" uns: Es hat Sinn, da zu sein. „Fehlt dieser Kontakt, sieht der Organismus keinen Sinn darin, sich weiterzuentwickeln und groß und stark zu werden." Entsprechend fatal wirkt sich Berührungsmangel speziell in der ersten Lebenszeit aus. „Die psychologisch-biologisch orientierte Forschung hat deutlich zeigen können, dass Berührungslosigkeit in der frühen Kindheit letztlich zum Tod des Organismus führt", berichtet der Haptiker und Psychologe Grunwald. „Bei einem nicht berührten Organismus sind zudem die Hirn- und die körperliche Entwicklung verzögert oder finden gar nicht statt."

Fatale Vereinsamung

Umso alarmierender die Diagnose, die Experten unserer Gesellschaft stellen: Berührung kommt viel zu kurz – der Mensch hatte noch nie so wenig Haut-zu-Haut-Kontakt wie heute. „Sex ist allgegenwärtig, aber wir berühren einander nicht mehr", beschreibt der Haptik-Forscher einen gegenwärtigen Widerspruch, unter dem das Gefühl von Verbundenheit und letztlich unsere Gesundheit leidet. „Ich denke, ein Großteil unserer Erkrankungen ist die Folge von Vereinzelung und Vereinsamung, von Berührungs- und Körperlosigkeit", so der Psychologe. Zum einen nimmt in der leistungs- und karriereorientierten Gesellschaft die Bereitschaft, Bindungen einzugehen, ab. Andererseits lockt das Internet mit seinen Möglichkeiten verstärkt in die virtuelle – und damit körperlose – Welt.

„Doch bei all den technischen Möglichkeiten des Austauschs hat jeder eigentlich vor allem das elementare Bedürfnis nach direktem Kontakt", betont Grunwald. „Wir sind darauf angewiesen, dass uns jemand oder etwas berührt." Dieses Bedürfnis wird vielen der rund 1,3 Millionen alleinstehenden Österreicherinnen und Österreicher besonders in der Winter- und Weihnachtszeit schmerzlich bewusst.

Lebenselixier Beziehung

Schließlich profitieren jene, die in einer harmonischen, vertrauensvollen Beziehung leben, am meisten von der Kraft der Berührung. „Der innige Kontakt in einer stabilen Liebesbeziehung lässt sich nicht kompensieren", ist Grunwald überzeugt. „In einem harmonischen Zusammenleben finden sehr viele kleinere und größere Berührungs- und Kommunikationsmomente statt: der Kontakt

6. Strategien zur Befreiung von der Einsamkeit

beim abendlichen Einschlafen, sich aneinander zu kuscheln, sich zu halten, die Wärme."

Auch aus (tiefen)psychologischer Sicht gilt „eine gute, vertrauensvolle Zweierbeziehung als die gesündeste Lebensform", erklärt der Wiener Psychiater und Psychotherapeut Prim. Univ. Prof. Dr. Michael Musalek. Da wir „Nähe vorzugsweise über Berührung ausdrücken", sei Körperkontakt essenziell für das vertrauensvolle Miteinander. „Zum einen vermittelt man dadurch Zuneigung und Sicherheit", erläutert der Facharzt. Andererseits deckt Berührung den großen Bereich von Sexualität und Erotik ab.

Vertrautheit, Zuwendung und Geborgenheit sind weitere Zutaten, die Liebespaare besonders gesund sein und länger leben lassen: Studien zufolge wirkt sich eine stabile Beziehung bei Männern insbesondere auf die körperliche Gesundheit, bei Frauen auf die psychische Stabilität aus.

Berührungsarme Zeiten

Den (Kurzzeit-) Singles zum Trost: Vorübergehende Durststrecken bezüglich Streicheleinheiten seien „relativ gut verkraftbar", so Musalek. „Wenn man allerdings über lange Zeit auf Berührung verzichten muss, kommt es zum Versiegen der emotionalen Kräfte. Das heißt: Wenn man Gefühle nicht nährt, dann spürt man sie immer weniger."

Manche suchen dann auf Umwegen den für sie so wichtigen Hautkontakt. „Einige werden krank, um berührt und wahrgenommen zu werden", berichtet die Wiener Allgemein- und Sexualmedizinerin Dr. Elia Bragagna. „Das sind Lösungsmodelle der Seele, um emotional nicht zu verhungern."

Dabei gebe es für berührungsarme Zeiten „gute Ersatzhandlungen", führt die Medizinerin aus. „Man kann sich selbst Berührung schenken, indem man sich eincremt, massiert oder massieren lässt." Auch die Verbundenheit mit einem Haustier könnte guttun. „Viele tanken im Zusammensein mit den Enkelkindern auf – bei einer Umarmung, einem Spaziergang Hand in Hand. " Für alte, kranke oder pflegebedürftige Menschen wünscht sich die Ärztin, „dass in Krankenhäusern und Pflegeheimen vermehrt Massagen angeboten werden. Man könnte auch in Gruppen gemeinsame Pflegerituale durchführen, indem man einander zum Beispiel den Rücken abrubbelt."

Kuscheln auf Rezept

Schließlich streichelt körperliche Zuwendung nicht nur die Seele, sie stärkt auch den Körper. Und da der Körperkontakt immer ein Austausch ist, profitiert auch derjenige, der streichelt oder massiert, von der heilsamen Kraft der Berührung – eigentlich sollte sie ärztlich verordnet werden: Berührung beeinflusst unser Hormon- und Immunsystem, das Herz-Kreislaufsystem sowie den Stoffwechsel günstig. Sie senkt die Produktion von Stresshormonen wie Cortisol und fördert die Ausschüttung von Prolaktin, das u. a. für Entspannung zuständig ist.

Auch das „Kuschelhormon" Oxytocin wird beim Streicheln, Kuscheln oder Küssen ausgeschüttet. „Dadurch wird die Atmung ruhig, die Muskeln entspannen sich, das Gehirn kommt in einen ruhigen Rhythmus", berichtet Martin Grunwald. Speziell bei Neugeborenen und Kleinkindern ist das Hormon außerdem für Entwicklung und Wachstum zuständig.

Im Übrigen zeigen oft schon kleine Berührungen große Wirkung: das Streicheln über den Arm, das sanfte Kraulen des Rückens, das Auflegen der Hände. Wie eine Studie an Patienten am Wiener Wilhelminenspital zeigt, werden durch Handauflegen Schmerzen und Depressionen gelindert, Entspannung und innere Ruhe gefördert. „Händchenhalten" wiederum fördert nicht nur den Zusammenhalt Verliebter, es gibt auch Kranken im wahrsten Sinne des Wortes Halt: Patienten empfinden eine Behandlung als weniger unangenehm, wenn ihnen dabei die Hand gehalten wird.

Mit der Haut „sehen"

Ob wir nun gestreichelt, gekrault oder massiert werden – an bestimmten Körperpartien sind Berührungen besonders angenehm. Warum? „Der Kopfbereich ist zum Beispiel ein gut mit Nerven versorgter Bereich zentral am Gehirn, weshalb der Berührungsreiz im Gesicht quasi schneller im Gehirn ist als die Berührung der Füße", erklärt Haptik-Experte Grunwald. Daneben gebe es individuelle Vorlieben, was Körperpartien, Druckstärke, Art und Dosis der Berührung angeht.

Um das ganze Berührungsspektrum wahrnehmen zu können, sind wir mit einer hochkomplexen, feinsinnigen Empfangsanlage – der Haut – ausgestattet, die selbst feinste Nuancen registriert. „Der Mensch hat insgesamt rund fünf Millionen Haare", verdeutlicht Grunwald. Die Mehrzahl befindet sich in Form feinster Härchen verteilt am ganzen Körper. „Die feinen Haare wachsen in Haarfollikeln, von denen jeder von cirka 50 Rezeptoren, quasi feinen Antennen, für Temperatur, Dehnung, Streckung, Zug, Rotation umgeben ist." Insgesamt registrieren 250 Millionen Rezeptoren auf zwei Quadratmetern Haut feinste Signale und leiten sie an das Gehirn weiter, wo Art und Ort der Empfindung identifiziert werden.

Diese gute Ausstattung des „Kuscheltiers Mensch" legt nahe, dass wir für Körperkontakt geschaffen sind: Wir begreifen und „sehen" die Welt mit Haut und Händen und wir merken z. B., ohne hinzusehen, ob uns jemand liebevoll oder gedankenlos streichelt. Dieses Feingespür hat einen evolutionsbiologischen Hintergrund: „Die längste Zeit war der Mensch sprachlos und auch da musste er kommunizieren", berichtet der Forscher. „Da wurde viel über körperliche Interaktion geregelt." Damit sich das „Kuschel- und Herdentier Mensch" nicht zunehmend zu einer Herde einsamer Einzelkämpfer entwickelt, appelliert Psychologe Grunwald an unseren „Mut zu menschlichen Bindungen und dazu, die eigenen körperlichen Bedürfnisse ernst zu nehmen".

Haut an Haut, intime Zärtlichkeiten, erregendes Streicheln: Körperliche Zuwendung beim Sex hat einen ganz besonderen Stellenwert und setzt eine Reihe gesundheitsförderlicher Prozesse in Gang: „Wenn man sich berührt und Berührung vom anderen annehmen kann, werden Bindungshormone ausgeschüttet", erklärt die Wiener Sexualmedizinerin und Psychotherapeutin Dr. Elia Bragagna. Neben Oxytocin wird das „Glückshormon" Serotonin frei. „Berührung aktiviert außerdem das Belohungssystem, sodass mehr Dopamin freigesetzt und ein freudiger Reiz ausgelöst wird."

Diese positiven Wirkungen treten allerdings nur ein, wenn man „positiv konditioniert ist", so Bragagna. „Für jene, die früher körperliche Vernachlässigung oder auch Überfürsorglichkeit erlebt haben, kann der Körperkontakt eine Erinnerung an den Schmerz von damals sein." Die Art und Weise sowie die Dosis, in der wir als Kinder körperliche Zuwendung bekamen, beeinflussen also auch das spätere Sexualleben. „Im Fall von negativen Erfahrungen schützen die Betreffenden sich vor zu viel Nähe und Intimität, indem sie auf Distanz gehen oder sogar ein Schutzschild aufbauen." Doch Berührung kann vor allem genießen, wer berührbar ist und sich auf den anderen einlässt. Diese Fähigkeit zur Hingabe zeigt sich besonders deutlich beim Orgasmus.

6. Strategien zur Befreiung von der Einsamkeit

Für Babys und Kleinkinder ist körperliche Zuwendung lebensnotwendig. „Bevor man mit einem Kind adäquat sprechend kommunizieren kann, bleibt nur der Körper für den Austausch und als Ausdrucksorgan", verdeutlicht der Psychologe und Haptik-Forscher Dr. Dipl. Psych. Martin Grunwald von der Universität Leipzig. „Auch das Urvertrauen in die Welt wird körperlich vermittelt." Entsprechend hat ein Mangel an körperlicher Zuwendung fatale Folgen und kann zu körperlicher, geistiger und sozialer Verkümmerung und sogar zum Tod führen. „Kinder, die etwa von der Mutter nicht oder nur wenig berührt wurden, haben im Vergleich zu anderen Kindern eine verzögerte emotionale Entwicklung", betont der Wiener Psychiater und Psychotherapeut Prim. Univ. Prof. Dr. Michael Musalek.

Auch das „Kontaktorgan Haut" reagiert sichtbar verletzt auf das Fehlen von Streicheleinheiten. „Aufgrund verschiedener Studien wissen wir, dass Kinder mit Hauterkrankungen wie Neurodermitis viel weniger Haut-zu-Haut-Kontakt als andere haben", so Musalek. Weiters gelten (die dramatisch zunehmenden) Essstörungen als Konsequenz einer berührungsarmen Kindheit. „Gerade die Magersucht steht in direktem Zusammenhang mit einer körperlosen Erziehung, mit Kälte und einer maßlosen Leistungsorientiertheit", sagt Grunwald. Das bedeutet aber nicht, dass man den hungernden Teenager mit „Berührung ohne Ende" füttern sollte. Wie viel Nähe ein Kind braucht, hängt auch von der jeweiligen Entwicklungsphase ab: Während man Babys kaum zu viel berühren, streicheln, halten kann, gilt es, bei älteren Kindern und Jugendlichen den „Körpereinsatz" gut zu dosieren und Überfürsorglichkeit im Auge zu behalten.

Strategie 10: Wie kann man Depression als Ursache von Einsamkeit bewältigen?

Auslöser und Ursachen für Einsamkeit sind vielfältiger. Eins der dominierenden Auslöser kann Depression sowie nachfolgend diese im Einzelnen in ihrer Wechselwirkung zur Einsamkeit dargestellt und Wege aufgezeigt werden, wie die Symptome bzw. Auslöser durch therapeutische Maßnahmen eingedämmt und die Einsamkeit behoben werden kann.

Ursachen und Auslöser der Depression als Folge von Einsamkeit
Was bedeutet eine Depression und wie entsteht sie?

6. Strategien zur Befreiung von der Einsamkeit

Was ist eine Depression?

Eine Depression ist eine weit verbreitete psychische Störung, die durch Traurigkeit, Interesselosigkeit und Verlust an Genussfähigkeit, Schuldgefühle und geringes Selbstwertgefühl, Schlafstörungen, Appetitlosigkeit, Müdigkeit und Konzentrationsschwächen gekennzeichnet sein kann.

Sie kann über längere Zeit oder wiederkehrend auftreten und die Fähigkeit einer Person zu arbeiten, zu lernen oder einfach zu leben beeinträchtigen. Im schlimmsten Fall kann eine Depression zum Suizid führen. Milde Formen können ohne Medikamente behandelt werden, mittlere bis schwere Fälle müssen je-doch medikamentös bzw. durch professionelle Gesprächstherapie behandelt wer-den.

Für eine verlässliche Diagnose und Therapie im Rahmen der primären Gesundheitsversorgung sind keine Spezialisten erforderlich. Die spezialisierte Versorgung ist allerdings für eine kleine Gruppe der Menschen mit komplizierten Depressionen oder für diejenigen erforderlich, die nicht auf die Behandlungen der primären Gesundheitsversorgung ansprechen.

Depressionen setzen oft in einem jungen Alter ein. Sie betreffen häufige Frauen als Männer und Arbeitslose sind ebenfalls stärker gefährdet.

Wie entstehen Depressionen?

Wegbereiter für Depressionen können biologische Faktoren (z. B. Stoffwechselveränderungen im Gehirn), familiäre Bedingungen (z. B. Eltern mit Depressionen) oder belastende Lebenserfahrungen in der Vergangenheit sein. Kommen aktuell belastende oder einschneidende Lebensumstände hinzu (z. B. Trennungen, Tod eines wichtigen Menschen, Arbeitsplatzverlust), können diese „das Fass zum eines Überlaufen bringen".

Auch manche körperlichen Erkrankungen (z.B. Schilddrüsenunterfunktion), bestimmte Medikamente (die „Pille", Antibiotika), oder Alkohol- bzw. Drogenmissbrauch können Depressionen auslösen.

Oft es ist für Betroffene selbst zunächst schwierig, die Erkrankung zu akzeptieren. Sie fühlen sich von ihrem Umfeld unverstanden. Gut gemeinte Empfehlungen wie „Reiß dich zusammen" oder Aufmunterungen wie „Kopf hoch, es wird schon wieder" helfen jedoch nicht. Die Anzeichen einer Depression kommen oft „wie aus heiterem Himmel" und ohne erkennbaren Anlass. Viele fühlen sich deswegen schuldig oder schlecht und denken: „Es ist doch alles in Ordnung, warum geht es mir so schlecht?"

Niemand ist an seiner Depression „selbst schuld". Diese Erkrankung kann jeden treffen. Das Risiko an Depressionen zu erkranken, ist in Abhängigkeit von den genannten Auslösern mehr oder weniger hoch. Bricht die Erkrankung aus, kennt man aber oft aber den Grund nicht oder versteht nicht, warum es gerade jetzt da-zu gekommen ist. Unterstützung von anderen (z.B. in einer Psychotherapie) kann aber helfen, diese Gründe herauszufinden oder Bereiche am eigenen Leben zu ändern, die Depressionen auslösen oder aufrechterhalten.

14. Welche Formen von Depression gibt es?

Major Depression = Unipolare Depression

Die Major Depression zeigt sich vor allem durch Niedergeschlagenheit und/oder Verlust von Interesse und Freude an den gewöhnlichen Aktivitäten. Die Symptome treten an den meisten Tagen auf und dauern mindestens zwei Wochen. Die Symptome einer Depression beeinträchtigen alle Bereiche des Lebens, ein-schließlich Arbeit und soziale Beziehungen und können leicht, mittelgradig und schwer sein.

Dies ist die häufigste Form der Depression. Dabei bestehen über mindestens zwei Wochen mehrere typische Anzeichen wie Niedergeschlagenheit, Erschöpfung, Freud- und Antriebslosigkeit. Je nachdem, wie viele Symptome auftreten und wie stark sie sind, unterscheidet man zwischen einer leichten, mittleren und schweren Depression. Die unipolare Depression, auch Major Depression genannt, ist die häufigste Form der Depression. Typisch sind Niedergeschlagenheit, Freudlosigkeit, Antriebslosigkeit, Verlangsamung, Schuldgefühle, Appetitlosigkeit und Schlafstörungen. Die Krankheit schleicht sich meist über Wochen ein und tritt öfter in so genannten Episoden auf.

Psychotische Depression

6. Strategien zur Befreiung von der Einsamkeit

In manchen Fällen verlieren Menschen mit einer depressiven Störung das Bewusstsein für die Realität und erleiden eine Psychose. Dazu gehören Halluzinationen (man glaubt, etwas zu sehen oder zu hören, das in Wirklichkeit gar nicht da ist) oder Wahnvorstellungen (unrealistische Annahmen, die von anderen nicht bestätigt werden), sowie der Glaube, man selbst sei böse/schlecht oder man werde beobachtet beziehungsweise verfolgt. Manche Betroffene sind auch paranoid und denken, dass alle gegen sie wären oder meinen, dass sie der Grund von Krankheit oder schlimmen Ereignissen in ihrem Umfeld seien.

Pränatale und postnatale Depression

Während der Schwangerschaft (pränataler Zeitraum) und im Jahr nach der Geburt (postnataler Zeitraum) sind Frauen einem erhöhten Depressionsrisiko ausgesetzt. Auch der Begriff „perinatal" ist vorzufinden. Er beschreibt den Zeitraum ab der Schwangerschaft bis zum ersten Jahr nach der Geburt des Kindes.

Nach einer Geburt erleben viele Mütter unerklärliche Stimmungsschwankungen und Niedergeschlagenheit. Bei manchen Frauen entwickelt sich aus einem solchen „Babyblues" eine sogenannte Wochenbettdepression oder postnatale De-pression. Ihre Symptome unterscheiden sich kaum von denen einer klinischen Depression, wie sie auch in anderen Lebensphasen auftreten kann.

Mütter mit einer Wochenbettdepression können sich so schlecht fühlen, dass es ihnen schwerfällt, sich um ihr Kind zu kümmern. Zudem erleben sie oft völliges Unverständnis, denn nach der Geburt eines Kindes wird erwartet, dass die Eltern glücklich sind. Sind sie es nicht, können Selbstvorwürfe und Schuldgefühle, auch gegenüber dem Baby, übermächtig werden.

Die Ursachen für Depressionen in dieser Zeit können komplex sein und sind oft ein Zusammenspiel aus verschiedenen Faktoren. Während der Tage unmittelbar nach der Geburt erleben viele Frauen den sogenannten „Babyblues" – einem emotionalen Stimmungstief in den ersten Tagen nach der Geburt. Dieser ist ein mit den hormonellen Umstellungen einhergehender Zustand, von dem bis zu 80 Prozent der Frauen betroffen sind. Beim "Babyblues" und dem alltäglichen Stress durch Schwangerschaft und Versorgung eines Neugeborenen handelt es sich um normale Erfahrungen. Diese müssen jedoch von der Depression abgegrenzt werden. Eine Depression hält länger an und kann nicht nur die Mutter, sondern auch ihre Beziehung zum

Baby, die Entwicklung des Kindes, die Beziehung der Mutter zu ihrem Partner und zu anderen Familienmitgliedern betreffen.

Nahezu zehn Prozent der Frauen leiden während der Schwangerschaft unter De-pressionen. Circa 15 bis 20 Prozent der Frauen leiden während des ersten Jahres nach der Entbindung unter einer postnatalen Depression.

Bipolare Störung

Die bipolare affektive Störung ist auch als „manisch-depressive Störung" bekannt, da Betroffene sowohl depressive als auch manische (übertrieben heitere) Phasen erleben. Zwischen diesen Phasen kann der Gemütszustand ausgeglichen sein.

Eine Manie ist das Gegenteil einer Depression und kann unterschiedlich stark ausgeprägt sein. Zu den Symptomen zählen: sich großartig fühlen, voller Energie sein, rasende Gedanken und wenig Schlafbedürfnis haben, schnelles Sprechen, Schwierigkeiten beim Konzentrieren auf Aufgaben, Frustration und Reizbarkeit. In manchen Fällen verlieren Betroffene den Kontakt zur Realität und haben psychotische Zustände. Dabei kann es zu Halluzinationen (das Sehen und Hören von nichtexistierenden Dingen) oder Wahnvorstellungen (zum Beispiel der Glaube an übernatürliche Kräfte) kommen.

Es wird davon ausgegangen, dass die bipolare Störung, im Vergleich zu anderen psychischen Erkrankungen, häufiger familiär bedingt ist. Bei Menschen mit dieser Veranlagung können Stress und Konflikte extreme Stimmungsveränderungen auslösen. Es kommt zudem vor, dass bipolare Störungen fälschlicherweise als Depression, Alkohol- oder Drogenmissbrauch, Aufmerksamkeits-Defizit-Syndrom mit Hyperaktivität (ADHS) oder Schizophrenie diagnostiziert werden.

Die Diagnose ist vor allem dann schwer zu stellen, wenn Betroffene bisher noch keine manische Phase erlebt haben. Es ist daher nicht ungewöhnlich, dass es bei manchen Menschen Jahre dauert, bis sie die richtige Diagnose erhalten. Sind Sie also in Behandlung und haben diese Stimmungsschwankungen erlebt, dann ist es wichtig dies ihrer Ärztin beziehungsweise ihrem Arzt, Ihrer Therapeutin beziehungsweise Ihrem Therapeuten zu erzählen. Circa zwei Prozent der Bevölkerung sind von bipolaren Störungen betroffen.

Menschen mit einer bipolaren Störung durchleben wechselnde Phasen extremer Stimmungsschwankungen: In der einen Phase zeigen sich die typischen Symptome einer Depression. In der anderen Phase schlägt ihre

Stimmung ins Gegenteil um: Sie sind plötzlich in Hochstimmung, sehr reizbar und aktiv, dabei selbstbewusst bis zum Größenwahn. Sie schäumen über vor Ideen, sind aber zerstreut und schlafen oft wenig. In diesen euphorischen Phasen verlieren viele Betroffene den Bezug zur Wirklichkeit und geraten in Schwierigkeiten, zum Beispiel wenn sie sich in riskante Abenteuer stürzen oder stark verschulden.

Zyklothyme Störung

Die zyklothyme Störung wird häufig als eine weniger ausgeprägte Form der bipolaren Störung bezeichnet. Betroffene haben über einen Zeitraum von mindestens zwei Jahren chronische Stimmungsschwankungen, wobei sich Phasen der Hypomanie (eine leichte bis mittelgradige Stufe der Manie) und Phasen mit depressiven Symptomen abwechseln. Dazwischen werden sehr kurze Phasen der Normalität erlebt (nicht länger als zwei Monate). Die Symptome sind von kürzerer Dauer, weniger auffällig und nicht so regelmäßig.

Dysthymie

Die sogenannte neurotische Depression weist die gleichen Symptome wie die Major Depression auf. Hier sind sie jedoch weniger ausgeprägt. Bei der neurotischen Depression dauern die Symptome allerdings länger an. Von einer Dysthymie spricht man, wenn eine Person mehr als zwei Jahre diese mildere Ausprägung der Depression hat.

Jahreszeitlich bedingte affektive Störung („Herbst-Winter-Depression")

Bei der saisonal bedingten affektiven Störung handelt es sich um Stimmungsschwankungen, die sich nach den Jahreszeiten richten. Die Ursache der Störung ist unklar. Man geht allerdings davon aus, dass sie mit den Lichtveränderungen der verschiedenen Jahreszeiten zusammenhängt. Kennzeichnend sind Stimmungsstörungen (entweder depressive oder manische Phasen), die in einer bestimmten Jahreszeit beginnen und enden. Am häufigsten wird dabei die Depression beobachtet, die mit Winteranbruch beginnt und mit dem Ende der Jahreszeit aufhört. Gewöhnlich wird die Störung diagnostiziert, wenn die betroffene Person über mehrere Jahre hinweg im Winter die gleichen Symptome zeigt. Betroffene fühlen sich im Allgemeinen energielos, schlafen

6. Strategien zur Befreiung von der Einsamkeit

und essen zu viel, nehmen zu und haben Appetit auf Kohlenhydrate. Die saisonal bedingte affektive Störung kommt häufiger in Ländern mit kürzeren Tagen und längerer Dunkelheit vor, wie in den kalten Klimazonen auf der nördlichen Halbkugel.

Depressionen überwinden - Mit alternativen Therapien zurück ins Leben

Eine Depression ist eine krankhafte psychische Störung, die sich besonders durch ausgeprägte Antriebslosigkeit als auch Niedergeschlagenheit charakterisieren lässt. In den meisten Fällen liegt eine Erkrankung des Gehirnstoffwechsels vor. Da die medikamentöse Behandlung mit Antidepressiva zahlreiche negative Nebenwirkungen zur Folge hat, suchen immer mehr Patienten nach natürlichen Heilungsmethoden. Dieser wissenschaftlich fundierte Artikel soll Ihnen alternative Konzepte erläutern und geht speziell auf die Erkenntnisse der revolutionären Mikronährstofftherapie ein.

15. Ursachen und Auslöser der Depression erkennen und behandeln

Die Diagnose wird allein nach Symptomen und Verlauf gestellt, dabei wird das Erkennen von Ursachen einer Depression oft vernachlässigt.

Die Ursachen einer Depression können sehr vielfältig sein. Es können genetische sowie psychosoziale Ursachen sein, aber auch bestimmte Lebenssituationen, die eine Rolle spielen. Welche sind es, die eine Depression auslösen können?

Anders als bei einem gebrochenen Arm beispielsweise kann man eine Depression meist nicht auf eine einzige Ursache oder einen einzigen Auslöser zurückführen. Vielmehr entwickelt sie sich aus dem Zusammenspiel unterschiedlicher Ein-flüsse (Faktoren). Es gibt einerseits Faktoren, die zu einer Veranlagung, d.h. einem erhöhten Risiko depressiv zu erkranken, führen. Weiterhin gibt es aktuelle Auslöser, die bei Menschen mit dieser Veranlagung das Auftreten einer Depression bewirken können. Oft wird von Betroffenen die Frage gestellt, ob Depression eine körperliche oder „seelische" Erkrankung ist. Wie bei einer Medaille kann man bei jedem depressiv Erkrankten zwei Seiten betrachten: die psychosoziale Seite und die neurobiologische Seite.

6. Strategien zur Befreiung von der Einsamkeit

Die beiden Bereiche – psychosozial und neurobiologisch – schließen sich nicht aus, sondern ergänzen sich vielmehr. Das bedeutet, dass eine Depression nicht entweder körperliche (neurobiologische) oder psychosoziale Ursachen hat, sondern vielmehr immer auf beiden Seiten nach Ursachen gesucht und therapeutisch interveniert werden kann. Ähnlich wie bei einer Medaille, die auch immer von zwei Seiten betrachtet werden kann.

Diese alarmierende Zahl zeigt, wie verbreitet Depressionen bei uns sind. Die Diagnose wird allein nach Symptomen und Verlauf gestellt Schwierig wird das Erkennen einer Depression vor allem, weil etwa zwei Drittel der Erkrankten nicht wegen psychischer Symptome zum Arzt gehen, sondern aufgrund körperlicher Beschwerden Zu den häufigsten körperlichen Symptomen zählen Kopfschmerzen, Nacken- und Rückenschmerzen, Schwindel, Magenprobleme und Schlafstörungen.

Zur Behandlung der Depression werden neben Antidepressiva auch reine Psychotherapien ohne Medikation, wie beispielsweise tiefenpsychologische oder verhaltenstherapeutische Verfahren eingesetzt Da aber Termine bei Psychotherapeuten rar und die Wartezeiten oft sehr lang sind, wird bei Depressiven oft schon zu Beginn in die Medikamentenkiste gegriffen Dabei sollte uns bewusst sein, dass bei Patienten mit Depression die Rate der Medikamentenverweigerer bei 50 Prozent liegt! Hier gibt es in der naturheilkundlich basierten Erfahrungsmedizin einige sehr erfolgreiche Therapieansätze, wodurch chemische Medikamente häufig vermieden werden können.

Die Ursachen einer Depression können vielfältig sein - körperliche, genetische sowie psychosoziale Aspekte spielen hier eine Rolle Aber auch die aktuelle Lebenssituation ist von Bedeutung Folgende Ursachen können u.a. eine Depression auslösen.

Körperliche Ursachen

- chronische Erkrankungen bzw. Schmerzen,
- Störungen im Hormonhaushalt und/oder des Hirnstoffwechsels,
- Schwere Erkrankungen, wie z.B. Krebs oder HIV.

Psychische Ursachen

6. Strategien zur Befreiung von der Einsamkeit

- Schicksalsschlage wie z B Tod eines Familienmitglieds oder eines Bekannten
- Dauerhaft Stress im Privat- oder Berufsleben,
- Streitigkeiten und Konflikte in der Partnerschaft,
- Einsamkeit.

Genetische Ursachen

- Einfluss von Umweltfaktoren auf die Genetik,
- Erbliches Risiko eine Depression zu erleiden.

Auch die Symptome einer Depression lassen sich in drei Kategorien einteilen. Eine einzelne Symptomatik lässt in den meisten Fällen noch nicht auf eine Erkrankung schließen. Sollten Sie jedoch mehrere dieser Anzeichen bei sich oder einem Angehörigen bemerken, kann dies auf eine Depression hindeuten. Professionelle Hilfe ist hier entscheidend.

Anzeichen im sozialen Verhalten

- Isolierung; Rückzug aus der Familie oder dem Freundeskreis,
- Probleme in der Partnerschaft.

Körperliche Anzeichen

Schlafstörungen und daraus resultierende Müdigkeit

- Geschwächtes Immunsystem,
- Appetitlosigkeit,
- Übermäßiger Genussmittelkonsum (v.a. Alkohol),
- Verminderte Leistungsfähigkeit.

Psychische Anzeichen

- Geringes Selbstbewusstsein,

6. Strategien zur Befreiung von der Einsamkeit

- Wenig Begeisterungsfähigkeit,
- Pessimismus,
- Vergesslichkeit,
- Gleichgültigkeitsgefühle.

16. Welche Behandlungsmöglichkeiten von Depressionen kennzeichnen den Erfolg?

Zunächst sollte die Frage beantwortet werden: muss eine Depression immer behandelt werden?

Bei leichten und oder beginnenden Depressionen ist es möglich, zunächst abzuwarten und zu beobachten, ob die Beschwerden von selbst wieder zurückgehen. Beobachten bedeutet, nichts zu tun, sondern engen Kontakt zum Arzt aufzunehmen und regelmäßig den Verlauf der Depression zu kontrollieren. Verstärken sich die Beschwerden und halten sie sogar längere Zeit über an, dann ist es not-wendig und an der Zeit, mit therapeutischen Maßnahmen zu beginnen.

Wie lange dauert eine Therapie?

Bei den Behandlungsmethoden unterscheidet man die „Akuttherapie", „Erhaltungstherapie" und die „Langzeitvorbeugung". Die Akuttherapie dauert in der Regel bis zu acht Wochen. Ziel ist es, die Symptome soweit zu lindern, dass ein normaler Alltag wieder möglich ist sowie die Dauer der Beschwerden zu verkürzen und weitere Einschränkungen abzubauen.

Die anschließende Erhaltungstherapie dauert in der Regel vier bis neun Monate. Sie soll die Symptome weiter eindämmen bis sie abklingen und den Therapieerfolg erhalten.

Für Menschen mit einem erhöhten Risiko für das Wiederauftreten von depressiven Episoden kommt eine schützende Langzeitbehandlung infrage, um Rückfällen vorzubeugen.

Welche Behandlungsmöglichkeiten von Depressionen haben sich in der Praxis bewährt?

Eine Depression ist zwar eine häufige, dafür aber relativ gut behandelbare Erkrankung.

Bei leichten Depressionen ist in den meisten Fällen eine ambulante Psychotherapie ausreichend, bei mittelgradigen bis schwere Depressionen kommt dagegen meist eine Kombination aus medikamentöser Behandlung und Psychotherapie zum Einsatz.

Bei einer schweren Depression ist jedoch häufig eine stationäre Behandlung in einer psychiatrischen Klinik sinnvoll. Dort kann der Patient intensiver ärztlich betreut werden und erhält eine feste Tagesstruktur, zudem kann die Medikation unter ärztlicher Überwachung gezielt eingestellt werden.

Neben medikamentöser und psychotherapeutischer Behandlung kommen bei einer stationären Therapie häufig weitere Verfahren zum Einsatz, die die Patienten stabilisieren sollen – zum Beispiel Kunst-, Musik- oder Bewegungstherapie.

Antidepressiva: Behandlung von Depressionen mit Medikamenten

Bei der medikamentösen Therapie der Depression spielen Antidepressiva eine zentrale Rolle. Diese sollen das Gleichgewicht der Botenstoffe Serotonin und Noradrenalin im Gehirn wiederherstellen. Entgegen der Befürchtungen mancher Patienten machen diese Medikamente nicht abhängig und verändern auch nicht die Persönlichkeit. Allerdings entfalten Antidepressiva ihre Wirkung meist erst nach zwei bis drei, manchmal auch erst nach sechs Wochen. Zudem können sie am Anfang zu Nebenwirkungen wie Müdigkeit oder Appetitverlust führen. Die Betroffenen müssen also etwas Geduld mitbringen, bis die gewünschte Wirkung eintritt.

Nach Beginn der Behandlung sollten die Medikamente mindestens vier bis sechs Monate eingenommen werden – selbst dann, wenn die Symptome bereits früher wieder abgeklungen sind. Anschließend sollte man mit einem Arzt besprechen, ob das Medikament allmählich wieder abgesetzt werden kann oder ob es zur Vermeidung von Rückfällen längerfristig eingenommen werden soll.

Derzeit gibt es auf dem Markt eine ganze Reihe Antidepressiva, die zum Teil auf unterschiedliche Art und Weise wirken und auch unterschiedliche

Nebenwirkungen haben können. Welches Medikament für Patienten am besten geeignet ist, sollte in einem ausführlichen Gespräch mit dem behandelnden Arzt geklärt wer-den.

Folgende Gruppen von Medikamenten kommen bei einer Depression zum Einsatz:

Wiederaufnahmehemmer:

Selektive Serotonin-Wiederaufnahmehemmer (SSRI), selektive Noradrenalin-Wiederaufnahmehemmer (SNRI) und selektive Serotonin- und Noradrenalin-Wiederaufnahmehemmer (SSNRI): Diese relativ neuen Medikamente verstärken die Wirkung der körpereigenen Botenstoffe Serotonin und Noradrenalin. Sie zeichnen sich durch verhältnismäßig wenige Nebenwirkungen aus.

Trizyklische Antidepressiva:

Diese Wirkstoffe erhöhen ebenfalls die Wirkung der Neurotransmitter Noradrenalin und Serotonin. Sie sind schon seit längerer Zeit auf dem Markt und führen häufiger zu Nebenwirkungen wie Mundtrockenheit, Müdigkeit oder Verstopfung. Daher werden sie heute seltener verschrieben.

Monoamino-Oxidase-Hemmer (MAO-Hemmer):

Diese blockieren das Enzym Monoamino-Oxidase, welches im Normalfall die Botenstoffe Serotonin und Noradrenalin im Gehirn abbaut. MAO-Hemmer gelten als gut wirksam, allerdings müssen die Patienten bei Einnahme eine strenge Diät einhalten, bei der sie zum Beispiel auf Käse, bestimmte Obstsorten, Fisch und Nüsse verzichten müssen, da es sonst zu einem gefährlichen Blutdruckanstieg kommen kann.

Johanniskrautpräparate:

Diese natürlichen Substanzen wirken auf die gleichen Botenstoffe im Gehirn wie die übrigen Antidepressiva. Allerdings müssen die Präparate eine ausreichend hohe Dosis der wirksamen Stoffe enthalten und eignen sich nur zur Therapie einer leichten Depression.

6. Strategien zur Befreiung von der Einsamkeit

Neuroleptika:

Diese kommen manchmal bei schweren, therapieresistenten Depressionen oder bei Depressionen mit psychotischen Symptomen zum Einsatz, meist in Kombi-nation mit antidepressiven Medikamenten. Niedrigpotente Neuroleptika wirken vor allem beruhigend und werden daher bei ausgeprägter Angst oder Unruhe ein-gesetzt, während hochpotente Neuroleptika vor allem bei psychotischen Symptomen angewendet werden. Die Medikamente können zum Teil erhebliche Nebenwirkungen haben: u.a. Bewegungsstörungen, Müdigkeit, Gewichtszunahme und Hormonstörungen

Psychopharmaka: Antidepressiva

Psychotherapie

In einer Psychotherapie geht es vor allem darum, depressionstypische Denkmuster, negative Gefühle und passive Verhaltensweisen abzubauen und durch aktivere, positivere Verhaltensmuster zu ersetzen. Es werden verschiedene Therapieansätze unterschieden, die wichtigsten sind die kognitive Verhaltenstherapie, die interpersonelle Therapie und psychoanalytische bzw. tiefenpsychologische Ansätze.

Die Wirksamkeit der kognitiven Verhaltenstherapie ist in wissenschaftlichen Untersuchungen bisher am besten belegt. Sie besteht bei der Behandlung der De-pression aus drei zentralen Elementen. Im ersten Schritt sollen die Patienten wieder eine geregeltere Tagesstruktur aufbauen, in die bewusst angenehme Aktivitäten, aber auch Pflichten eingebaut werden. Dies hilft den Betroffenen, sich weniger zurückzuziehen, wieder positive Erfahrungen zu machen und allmählich zu erleben, dass sie die geplanten Aktivitäten (wieder) schaffen können. Regel-mäßige körperliche Aktivität kann dabei dazu beitragen, die Stimmung weiter aufzuhellen.

Der zweite Baustein der Therapie bezieht sich auf den Abbau negativer Denk-muster über sich selbst und die Umwelt – zum Beispiel die Annahme „Ich mache ja sowieso alles falsch, ich kann das nicht". Der Therapeut erarbeitet zusammen mit dem Patienten, woher diese Denkmuster kommen und wie sich diese auf das Verhalten und die Gefühle des Patienten auswirken. Anschließend werden die oftmals einseitigen Sichtweisen systematisch überprüft und schließlich durch angemessenere, realistischere Denkweisen ersetzt. So könnte der Patient nun zum Beispiel zu dem Schluss kommen: „Manchmal schaffe ich etwas noch nicht. Andere Dinge bekomme ich aber schon ganz gut hin."

Da Patienten mit Depression häufig Schwierigkeiten haben, Beziehungen zu anderen Menschen aufzubauen und beizubehalten, konzentriert sich der dritte Aspekt der Verhaltenstherapie darauf, die sozialen Fertigkeiten der Betroffenen zu trainieren. So üben die Patienten in Kommunikationsübungen und Rollenspielen, mit anderen in Kontakt zu treten, aber auch, eigene Wünsche und Meinungen selbstsicherer zu vertreten. Am Ende der Therapie geht es dann darum, den Therapieerfolg zu stabilisieren und Strategien zu erlernen, um Rückfällen vorzubeugen bzw. beim ersten Wiederauftreten von Symptomen rechtzeitig Maßnahmen zu ergreifen

Auch die Wirksamkeit der Interpersonellen Therapie (IPT) ist in mehreren wissenschaftlichen Studien belegt. Hier stehen die Beziehungen des Patienten zu anderen Menschen im Mittelpunkt der Therapie. Gleichzeitig werden bei der Be-handlung schwierige Themen, die mit der Entstehung der Depression zusammenhängen können, aufgegriffen. Dies können der Verlust eines geliebten Menschen oder der Abschluss eines Lebensabschnitts (zum Beispiel das Ausscheiden aus dem Berufsleben) sein, aber auch zwischenmenschliche Konflikte oder Kontaktschwierigkeiten. Diese Themen werden in der Therapie aufgegriffen und in Rollenspielen oder durch den Ausdruck von Gefühlen bearbeitet.

In einer psychoanalytischen bzw. tiefenpsychologisch fundierten Therapie liegt der Schwerpunkt dagegen auf der Analyse der unbewussten inneren Konflikte, die durch negative Erfahrungen in der Kindheit entstanden sind. Diese Konflikte werden bewusst gemacht und sollen dadurch, dass der Patient sie wiederholt durchlebt, aufgelöst werden. Außerdem wird bei dieser Therapieform mehr auf Störungen in den aktuellen sozialen Beziehungen eingegangen

Weitere Therapieformen sind die Gestalttherapie und die Gesprächspsychotherapie. Bei der Gestalttherapie geht es darum, dass der Patient seine Gefühle und Verhaltensweisen bewusster wahrnimmt. Dabei steht die Arbeit an konkreten zwischenmenschlichen Situationen und die Beziehung zwischen Therapeuten und Patient im Mittelpunkt der Therapie. Bei der Gesprächspsychotherapie oder klientenzentrierten Psychotherapie nimmt der Therapeut eine einfühlsame, wertschätzende Haltung ein, die es dem Patienten erleichtern soll, eigene Gefühle, Wünsche und Ziele zu erkennen und selbstbestimmt eine Lösung für seine Schwierigkeiten zu entwickeln.

Auch Kunst-, Musik- oder Tanztherapie können vielen Betroffenen ergänzend zu Medikation und Psychotherapie helfen. Diese Therapieformen kommen vor allem im Rahmen einer stationären Behandlung zur Anwendung. Indem die Patienten zum Beispiel ein Bild malen, musizieren oder sich zur Musik bewegen, haben sie die Möglichkeit, ihre Gefühle, aber auch innere Bilder und Phantasien kreativ auszudrücken. Dies kann bei der Bewältigung negativer Gefühle oder Traumata helfen und zugleich eigene Ressourcen und positive Gefühle fördern

Daneben gibt es verschiedene Behandlungsansätze, die bei Sonderformen der Depression oder bei schweren depressiven Erkrankungen zum Einsatz kommen. Zu diesen gehören:

Schlafentzug:

Dieser wird vor allem bei schweren Depressionen im Rahmen einer stationären Behandlung eingesetzt. Die Patienten bleiben entweder die ganze Nacht oder während der zweiten Nachthälfte wach und dürfen erst wieder in der darauffolgenden Nacht schlafen. Viele Patienten erleben dadurch eine deutliche Stimmungsaufhellung. Diese hält zwar meist nur ein bis zwei Tage an, gibt vielen Betroffenen aber die Hoffnung, dass eine Besserung überhaupt möglich ist.

Elektrokrampftherapie (EKT):

Diese Form der Behandlung kann bei schweren Depressionen zum Einsatz kommen, die auf Medikamente nicht mehr ansprechen. Dabei erhält der Patient unter Narkose einen kurzen elektrischen Stromstoß. Als Nebenwirkung einer EKT können vorübergehende Gedächtnisstörungen auftreten. Nach

6. Strategien zur Befreiung von der Einsamkeit

mehreren Anwendungen kommt es jedoch bei vielen schwer depressiven Patienten zu einem Rückgang der depressiven Symptome. Im Anschluss an die EKT wird dann eine medikamentöse Therapie begonnen, um einen erneuten Rückfall in die De-pression zu vermeiden.

Transkranielle Magnetstimulation (TMS):

Dies ist ein relativ neues Verfahren, bei der die Nervenzellen des Gehirns durch ein Magnetfeld angeregt werden. Ob TMS tatsächlich bei Depressionen wirksam ist, wird im Moment noch in Studien untersucht.

Lichttherapie:

Die Lichttherapie wird häufig bei einer Winterdepression als Ergänzung zu Psychotherapie oder Medikation eingesetzt. Der Patient sitzt dabei täglich etwa 30 Minuten vor einem Leuchtschirm, der Licht mit einer Helligkeit von mindestens 2500 Lux ausstrahlt.

17. Behandlungsform durch bewusste Ernährung und gesunde Lebensweise

Depressionen lassen sich mit der richtigen Ernährung besser heilen – von Forschern bewiesen!

Tieftraurig, einsam, müde – in Deutschland leiden rund vier Millionen Menschen an Depressionen. Depressionen sind eine ernstzunehmende Erkrankung, die vom Arzt behandelt werden muss. Doch Forscher haben jetzt bewiesen: man selbst kann mit der richtigen Ernährung die Heilung nachhaltig unterstützen.

Falsche Nahrung kann Depressionen begünstigen

Wie mehrere unabhängige Studien ergaben, besteht ein Zusammenhang zwischen ungesunder Ernährung und dem Risiko, an einer Depression zu erkranken. Forscher der Universität London haben herausgefunden, dass vor allem stark verarbeiteten Nahrungsmitteln lebenswichtige Stoffe fehlen, die unser Körper – und vor allem unser Gehirn – benötigt, um fit und fidel zu sein. Dieser Nährstoffmangel, über einen längeren Zeitraum manifestiert, kann Depressionen begünstigen.

Auch wenn Depressionen unterschiedliche Ursachen haben können, sind die Auswirkungen auf das Gehirn bei allen Patienten ähnlich: Es fehlen chemische

Botenstoffe, sogenannte Neurotransmitter. Diese sind für die Weiterleitung der Nervenimpulse zuständig. Bekanntester Vertreter dieser Art ist Serotonin, auch als "Glückshormon" bekannt.

Damit Serotonin gebildet werden kann, benötigt der Körper verschiedene Nähr-stoffe, darunter essentielle Fettsäuren, Magnesium sowie die Vitamine B6, B9 und B12. Fehlen diese in der Nahrung, kann es zu einem Serotonin-Mangel kommen, der sich im schlimmsten Fall negativ auf das Gemüt auswirkt.

Serotonin kann nicht direkt über die Nahrung aufgenommen werden. Dafür enthalten bestimmte Lebensmittel die Serotonin-Vorstufe Tryptophan, eine Amino-säure, die zum Beispiel in Schokolade enthalten ist. Allerdings müssten diese Lebensmittel in enormen Mengen gegessen werden, um tatsächlich Einfluss auf den Serotonin-Pegel zu nehmen. Es bringt also (leider) nichts, tafelweise Schokolade zu futtern. Doch mit gesunder, abwechslungsreicher Ernährung können die Stoffe, die zur Serotonin-Produktion nötig sind, leicht aufgenommen werden.

Die wertvollen Omega-3-Fettsäuren finden sich zum Beispiel in Leinsamen und Leinöl, aber auch in fetten Fischsorten wie Lachs und Thunfisch. Wie Untersuchungen ergaben, kann die Kombination aus Omega-3-Fettsäuren und Vitamin D den Serotonin-Stoffwechsel zusätzlich positiv beeinflussen. Vitamin D aktiviert nämlich die Bildung von Serotonin aus dem in Lebensmitteln enthaltenen Tryptophan. Die beste Quelle für Vitamin D ist übrigens Sonnenlicht. Also, ab nach draußen!

Tolle Quellen für Vitamin B6 sind Hühner- und Schweinefleisch, Fisch, Getreideprodukte, Kartoffeln, Kohl, Linsen, Feldsalat und Bananen. Gesundes Vitamin B12 steckt zusätzlich in Milch und Eiern. Vitamin B9, besser bekannt als Folsäure, ist vor allem in Spargel, Spinat, Petersilie, Brokkoli, Nüssen und Vollkornprodukten enthalten. Zu den Top-Magnesium-Lieferanten gehören Haferflocken und Hülsenfrüchte.

Bei akuten Stimmungstiefs hilft übrigens eine reine Kohlenhydrat-Mahlzeit, zum Beispiel ein leckeres Vollkornbrot mit Honig. Eiweißreiche Lebensmittel unter-drücken nämlich die Bildung von Serotonin.

Gesunde Ernährung und Depression – über den Zusammenhang von Nahrungsmitteln und Psyche

Der Mensch ist, was er isst – das wusste schon der deutsche Philosoph Ludwig Feuerbach. Tatsächlich konnte bis heute in zahlreichen Studien ein kausaler Zusammenhang von Ernährung und dem Ausbruch einer Depression nachgewiesen werden. Nicht nur präventiv sollte man deshalb auf seine Ernährung achten. Auch bei einer vorhandenen Erkrankung hat die richtige Ernährung die Macht, diese positiv zu beeinflussen.

Immer mehr Studien untermauern mittlerweile die Überzeugung vieler Wissenschaftler, naturheilkundlicher Ärzte und Heilpraktiker, wonach die Ernährungsweise und depressive Erkrankungen unmittelbar miteinander verbunden sind.

Forscher entdeckten einen entgegengesetzten Zusammenhang zwischen dem Depressionsrisiko und dem Verzehr von Folaten, Omega-3-Fettsäuren, einfach ungesättigten Fettsäuren, Obst, Gemüse, Nüssen und Hülsenfrüchten. Die Ergebnisse zeigten eindeutig, dass die Ernährung und die damit verbundene Nährstoffversorgung das Risiko, an Depressionen zu erkranken verringern kann.

Depressionen können durch vielerlei Faktoren ausgelöst werden: Krisen, Verluste, schlimme Kindheitserfahrungen oder genetische Veranlagung. Dies führt zu einem Ungleichgewicht von biochemischen Stoffen – den Neurotransmittern.

In dieser Nahrung fehlen viele lebenswichtige und hirnrelevante Nährstoffe.

Durch eine gesunde und abwechslungsreiche Ernährung, die auf naturnahe und wenig verarbeitete Bestandteile setzt und nährstoffreich ist, kann das Wohlbefinden positiv beeinflusst werden. Diese Ernährung kann auch in der Therapie psych. Erkrankungen unterstützen.

Praktische Tipps für eine gesunde Ernährung

Damit Sie wissen, mit welchen Lebensmitteln Sie sich gesund ernähren können und welche Nahrungsmittel für die Bildung von Neurotransmittern im Gehirn wichtig sind haben wir Ihnen eine praktische Übersicht erstellt.

Neurotransmitter

Dopamin ist ein Neurotransmitter, der bei Mangel sowohl apathisches Verhalten als auch fehlende Liebesfähigkeit hervorrufen kann. In diesem Zusammenhang empfehlen wir Ihnen, viel Geflügel, Banane, Avocado, Nüsse, Paprika, Mohrrüben sowie Schalentiere zu konsumieren.

Depressionen, Gereiztheit und Schlafstörungen können durch zu wenig Serotonin entstehen. Sie können gegen diese Mangelerscheinung vorgehen, indem Sie Kartoffeln, Fenchel, Feigen, Spinat und Tomaten verzehren. In diesen Lebensmitteln befinden sich Vorstufen des Neurotransmitters.

Wenn Sie das Gefühl haben, dass Sie antriebslos und depressiv sind, dann greifen Sie in Zukunft mehr zu Geflügel, Rindfleisch, Fisch, Käse, grünem Gemüse, Avocado, Hafer, Äpfel, Ananas, Banane oder Mandeln. Diese Lebensmittel enthalten Bausteine, aus denen der Körper Noradrenalin bilden kann. Ein Mangel von Noradrenalin kann außerdem zu Übergewicht führen.

Gamma-Aminobuttersäure sorgt für Entspannung und innere Ruhe. Fehlt dem Körper etwas von diesem Neurotransmitter, so kann sich dies bei manchen Menschen als Angststörung und Unruhe auswirken. Gute Gamma-Aminobuttersäure-Quellen sind Weizenkleie und Fisch.

Gesunde Fette

Für den Auslöser einer Depression können auch Nährstoff- und Vitalstoffdefizite – wie ein Mangel an gesunden Fettsäuren – eine Rolle spielen. Wissenschaftliche Untersuchungen haben deutlich gemacht, dass der Ausbruch einer Depression mit einem Mangel an mehrfach ungesättigten Fettsäuren in

Verbindung gebracht werden kann. Diese gesunden Fettsäuren sind für Gehirn- und Nervenzellen ein wichtiger Baustein.

Verschiedene, wissenschaftlich belegte Studien zeigen, dass eine regelmäßige Aufnahme von Omega-3-Fettsäure zu einer deutlichen Verbesserung von Depression führen kann. Somit scheint es, dass Depression auch die Folge eines Omega-3-Mangels sein kann.

Etwa 60 % des Trockengewichts unseres Gehirns besteht aus Fett. Gesunde, mehrfach ungesättigte Fettsäuren bilden die Basis für ein gesundes Zellwachstum und gesunden Zellstoffwechsel. Als wertvolle Lieferanten bieten sich hochwertige, natürliche und schonend gepresste Öle wie das Leinöl an. Leinöl ist eine der besten Quellen für hochwertige Omega-3-Fettsäuren.

Damit Ihr Körper von den gesundheitsfördernden Eigenschaften des Leinöls profitieren kann, sollten Sie unbedingt auf Qualität achten. Das Öl sollte aus kontrolliert biologischer Landwirtschaft stammen und am besten schon beim Händler kühl und dunkel gelagert werden (auch zuhause!). Jeden Morgen ein bis zwei Esslöffel Leinöl zu Magerquark und frischem, saisonalem Obst bilden die beste Basis für einen gesunden Start in den Tag und für einen langfristig gedeckten Bedarf an Omega-3-Fettsäuren.

Als Faustregel für eine gesunde Ernährung gilt: Kohlenhydrate (auch Zucker und Alkohol) sind eher ungünstig, ungesättigte Fettsäuren und Vitamine tun uns dagegen gut. Wer sich zum Beispiel an eine mediterrane Ernährung mit Olivenöl, frischen Früchten und Gemüse, Fisch und magerem Fleisch hält, hat mehr vom Leben.

Depressionen sind das neue Volksleiden: Nach neuen Schätzungen der "World Health Organization" (WHO) waren allein im Jahr 2015 350 Millionen Menschen von Depressionen betroffen - das sind mehr Menschen als die gesamte Bevölkerung der Vereinigten Staaten.

6. Strategien zur Befreiung von der Einsamkeit

Depressionen können viele Ursachen haben. Manche Forscher vermuten, dass die Ernährung bei der Erkrankung eine Rolle spielt.

Die zehn bekanntesten Mangelerscheinungen beeinträchtigen beispielsweise die Gehirnfunktion und das Gedächtnis. Außerdem können sie dazu führen, dass sich Stress und Angst verschärfen.

Aus diesem Grund ist es notwendig, auf die Ernährung zu achten, ohne zu vergessen, dass man bei Stimmungsschwankungen und anhaltender Niedergeschlagenheit den Arzt aufsuchen sollte.

Viele Ärzte betonen, wie wichtig eine ausgewogene Ernährung mit Omega-3-Fettsäuren ist. Denn Omega-3-Fettsäuren halten unsere Gehirnzellen fit. Außer-dem schützen sie unser Gehirn vor Entzündungen.

Ihr findet Omega-3-Fettsäuren in fettem Fisch, Eigelb, Öl, Leinsamen und Walnüssen.

Die Vitamine der Gruppe B - wie beispielsweise die Vitamine B 6 und B 12 - sind bekannte Gesundmacher. Sie können helfen, das Risiko eines Schlaganfalls zu verringern, unterstützen das Wachstum der Nägel und befeuchten die Haut - sie können aber auch unsere Stimmungen beeinflussen. Nach Angaben des "National Center for Biotechnology Information" kann ein Mangel an B-Vitaminen die geistige Gesundheit erheblich beeinträchtigen. So legt eine Studie nahe, dass ein Mangel an Vitamin B 12 bei älteren Frauen mit Depression in Zusammen-hang stehen könnte.

Vor allem Meeresfrüchte, grünes Blattgemüse, Bananen, angereicherte Sojaprodukte, Kleie und rotes Fleisch enthalten größere Mengen Vitamin B.

Nach Angaben der Gesundheitsexpertin Therese Borchard reagieren Patienten, die einen Mangel an Folsäure haben, sehr schlecht auf eine antidepressive Behandlung. Mehrere Studien stützen ihre Aussage. Manche Ärzte verschreiben nun ihren Patienten bei Depressionen auch zusätzlich Folsäure. Im Durchschnitt sollten Erwachsene mindestens 400 mcg Folsäure täglich einnehmen.

Lebensmittel, die ein hohes Maß an Folsäure enthalten, sind: gekochte Bohnen und Linsen, Spinat, Avocado, Brokkoli und tropische Früchte.

Zink ist einer der Nährstoffe, die für die Gesundheit von fast jedem Teil des Körpers benötigt werden. Zink unterstützt nicht nur unser Immunsystem, sondern hat auch einen positiven Einfluss auf die psychische Gesundheit. Das liegt daran, dass es für die Produktion und Funktion von Neurotransmittern benötigt wird, wie der Ernährungsberater und Ernährungswissenschaftler Doug Cook berichtet.

Sehr gute Zinkquellen sind gekochtes, mageres Rindfleisch, Spinat, Kürbiskerne und dunkle Schokolade.

Selen ist notwendig, um die Schilddrüse gesund zu halten und erhöht darüber hinaus das psychische Wohlbefinden. Das liegt daran, dass Selen nicht nur die Aktivierung und Deaktivierung von Schilddrüsenhormonen steuert, sondern auch als Baustein für Gehirnbotenstoffe dient. Außerdem gehört Selen zu den wichtigen Antioxidantien, die den Körper vor freien Radikalen schützen.

Selen findet ihr in Lebensmitteln wie Sonnenblumenkernen, Vollkornbrot, Thun-fisch, Paranüssen, Schweinefleisch und Austern.

Magnesiummangel entsteht, weil wir zu viel Alkohol, Zucker, Softdrinks, Antibiotika und Natrium konsumieren - und davon kann jede einzelne Substanz unseren Magnesiumspiegel senken. Experten bezeichnen Magnesium als "Mittel gegen Stress". Das Mineral hilft dem Körper, zu entspannen.

Soja, Linsen, Vollkornprodukte, fettarme Milchprodukte und Nüsse enthalten größere Mengen an Magnesium.

Nicht wenigen Menschen fällt auf, dass sie während der Wintermonate launischer und depressiver werden. Da wir im Winter weniger Sonnenlicht ausgesetzt sind, haben wir oft einen leichten Mangel an Vitamin D. Und dieser Mangel wird mit Depressionen und Angstzuständen in Verbindung gebracht.

6. Strategien zur Befreiung von der Einsamkeit

Die "National Institutes of Health" geben an, dass Erwachsene im Durchschnitt täglich etwa 600 IE Vitamin D erhalten sollten.

Ihr findet Vitamin D beispielsweise in fettem Fisch, Lebertran und Tofu.

Wie Selen ist auch Jod für eine ordnungsgemäße Funktion der Schilddrüse notwendig. Es stärkt das Immunsystem und die Hirnleistung. Darüber hinaus hilft es, die Körpertemperatur zu regulieren. Vor allem aber ist der Nährstoff wichtig für die psychische Gesundheit.

Größere Mengen an Jod enthalten Käse, Salz (angereichert mit Jod), getrocknete Algen, Kartoffeln, Preiselbeeren, Thunfischkonserven, Fischstäbchen und Garnelen.

Vor allem Frauen - insbesondere Schwangere - habe einen erhöhten Bedarf an Eisen. Denn Eisenmangel kann zu Blutarmut führen. Dieser betrifft dann unser Gehirn und macht uns ständig müde.

Wichtige Eisenquellen sind Miesmuscheln, Venusmuscheln, Walnüsse, Kürbiskerne, Sojaprodukte, Geflügelleber und Nüsse wie Cashew-Nüsse und Mandeln.

Aminosäuren sind für unsere psychische Gesundheit essentiell. Jedoch gibt es neun Aminosäuren, die der Körper nicht selbst herstellen kann. Aminosäuren helfen dabei, Neurotransmitter im Gehirn auszugleichen. Sie reduzieren Angstzustände, Panikattacken und Stress.

Aminosäuren findet ihr in Eiern, magerem Fleisch, Milchprodukten und proteinreichen Pflanzen.

Strategie 11: Wie kann man Stress als Ursache von Einsamkeit besiegen?

Einsam und überarbeitet

Auslöser und Folgen von chronischem Stress

6. Strategien zur Befreiung von der Einsamkeit

Stress ist heute allgegenwärtig: Viele von uns stehen ständig unter Zeitdruck, das tägliche Arbeitspensum ist kaum zu schaffen, von anderen Alltagspflichten wie Einkaufen, dem Versorgen von Kindern oder der vom Arzt angemahnten Sportdosis ganz zu schweigen. Andere haben keine Arbeit oder sind chronisch krank und auch dies verursacht Stress. Sie machen sich Sorgen über ihre finanzielle Situation, ob das Geld auch im nächsten Monat noch für die Miete reicht oder die teuren Medikamente. Und auch Beziehungen – oder deren Mangel – gehören heute zu den häufigsten Stressfaktoren.

All dies bleibt nicht ohne Folgen für unsere Gesundheit. Welche Wirkung beispielsweise Einsamkeit auf unseren Organismus hat, haben US-amerikanische Forscher erst im Januar 2013 belegt. Sie fanden heraus, dass das Immunsystem von Menschen, die sich einsam fühlen, sensibler auf akuten Stress reagiert. In ihrem Blut kursieren mehr Entzündungs-Botenstoffe, sie sind schmerzempfindlicher und leiden häufiger unter Erschöpfung als sozial gut integrierte Menschen. Und auch die Abwehr gegen krankmachende Keime ist bei einsamen Menschen geschwächt: Tragen sie latente Herpesviren im Körper, werden diese häufiger aktiv und verursachen die typischen juckenden Lippenbläschen. „Einsamkeit entspricht damit in vielen Dingen einem chronischen Stressfaktor", erklärt Studienleiterin Lisa Jaremka von der Ohio State University.

Herzinfarkt durch Arbeitsstress

Manifeste gesundheitliche Auswirkungen haben Forscher auch längst beim klassischen Arbeitsstress nachgewiesen. 2012 ergab eine europäische Studie an fast 200.000 berufstätigen Frauen und Männern, dass starke psychische Belastungen im Beruf das Herzinfarktrisiko messbar erhöhen. Wer im Beruf eingespannt ist und kaum über Arbeitsabläufe mitentscheiden kann, hat demnach eine 23 Prozent höhere Wahrscheinlichkeit, eine Herzattacke zu erleiden. Selbst wenn man Alter, Geschlecht, Einkommensverhältnisse und Risikofaktoren wie Rauchen oder Übergewicht mit einbezieht, bleibt dieses erhöhte Risiko bestehen, wie die Forscher herausfanden.

Das anhaltende Bombardement mit Stresshormonen schädigt aber nicht nur unseren Körper, es tut auch unserem Gehirn nicht gut: In Versuchen an Ratten haben Forscher beobachtet, dass chronischer Stress bestimmte Andockstellen im Stirnhirn ausdünnt. Dadurch wird ein wichtiges Zentrum des Kurzzeitgedächtnisses, der sogenannte präfrontale Cortex, unempfindlicher gegenüber dem anregenden Hirnbotenstoff Glutamat. Die Folge: Die dauergestressten Ratten hatten messbare Gedächtnis- und Aufmerksamkeits-Störungen. Nach Ansicht der Wissenschaftler lässt sich dieser Befund auf uns Menschen übertragen. Mit anderen Worten: Stress macht uns nicht nur zerstreut und fahrig, sondern auch vergesslicher.

Gehirn: Dauerstress verändert Gedächtnis-Zentrum

Forscher finden die Ursache für stressbedingte Vergesslichkeit

Dauerstress kann nicht nur krankmachen, er beeinträchtigt auch das Gedächtnis. Wie genau dies geschieht, haben US-amerikanische Forscher herausgefunden – und auch, wie sich dieser Effekt möglicherweise verhindern lässt. Bei jungen Ratten beobachteten sie, dass das wiederholte Bombardement mit Stresshormonen die Anzahl wichtiger Andockstellen im sogenannten präfrontalen Kortex verringerte. Dieses Zentrum des Kurzzeitgedächtnisses wurde dadurch unempfindlicher für Glutamat, einen anregenden Hirnbotenstoff. Diese Abstumpfung verursache die Gedächtnisstörungen, berichten die Wissenschaftler im Fachmagazin „Neuron".

Schon seit längerem ist bekannt, dass chronischer Stress die geistige Flexibilität, die Aufmerksamkeit und auch das kurzzeitige Erinnerungsvermögen beeinträchtigt. Zuständig für diese Funktionen ist ein hinter der Stirn liegendes Gehirnareal, der präfrontale Kortex. Welche Veränderungen der Stress dort auf molekularer und physiologischer Ebene bewirkt, haben Eunice Yuen von der State University of New York in Buffalo und ihre Kollegen erst jetzt aufgeklärt.

„Unsere Ergebnisse deuten darauf hin, dass wiederholter Stress die Empfänglichkeit des präfrontalen Kortex für den Botenstoff Glutamat senkt", schreiben die Forscher. Diese Veränderung führe dazu, dass diese Gehirnregion wichtige Funktionen wie das Kurzzeitgedächtnis nur noch eingeschränkt ausführen könne.

Gehirn von Jugendlichen ist besonders stressanfällig

Wie die Forscher berichten, reagiert dabei das Gehirn Heranwachsender besonders sensibel auf kontinuierlich hohe Stresspegel. Denn in der Jugend und Pubertät ist der präfrontale Kortex noch mitten in der Entwicklung. Prägende

Stresserfahrungen könnten daher in dieser Zeit die Weichen stellen für spätere psychische Probleme.

Dank dieser Erkenntnisse hoffen die Forscher auch, zukünftig besser zu verstehen, wie sich psychische Krankheiten entwickeln und welche Rolle der Stress dabei spielt. „Denn Störungen der Glutamat-Übertragung gelten als eines der Kernmerkmale und grundlegenden Ursachen für psychische Krankheiten".

Was ist Stress?

Der Begriff Stress leitet sich vom lateinischen Verb „stringere" ab und bedeutet wörtlich übersetzt „zusammendrücken" oder „zusammenziehen". Damit versteht man im Allgemeinen eine durch bestimmte Situationen oder Anforderungen ausgelöste körperliche und seelische Reaktion, die mit der Ausschüttung von sogenannten Stresshormonen einhergeht. Im konkreten übersetzt meinen wir das Hetzen von Termin zu Termin, Konflikte mit anderen Menschen, emotionale Belastungen, extreme körperliche Anstrengungen etc.

Fazit: unsere Körperreaktion ist nicht mehr der eigentlichen Situation angepasst und die Ausweglosigkeit ist sozusagen programmiert.

Es gibt nur drei Möglichkeiten, um aus dieser Situation herauszukommen:

1. ausreichende körperliche Bewegung und Sport zum Abbau des Stressdrucks,

2. Erholungsphasen, um Kräfte zu sammeln und Mut zu holen, um dem Stress entgegenzuwirken,

3. praktizieren von Entspannungstechniken und Ziele setzen zur gezielten Erholung.

Welcher Unterschied besteht zwischen einem positiven, negativen und chronischen Stress?

Der „positive" Stress, der Eustress, kann eine positiv wirkende Kraft im Leben sein. Der Pionier der Stressforschung, Hans Selye, sagte: „Stress ist die Würze des Lebens". Die Vorsilbe „Eu" kommt aus dem Griechischen und bedeutet „gut". Voraussetzung von positivem Stress ist allerdings, dass es sich wirklich nur um vorübergehende Belastungen handelt, nach denen das Hormonsystem wieder heruntergefahren wird und zur Ruhe kommen kann. Auf den

Energieaufbau muss eine Entladung folgen: „Gefahr vorbei, alles klar" ist das Signal, auf das der Körper wartet. Er fordert Sie auf, aber sie wissen, wie Sie die Situation bewältigen können:

- Sie sind motiviert und leistungsfähig und können zusätzliche Kräfte aktivieren,
- Sie sind entspannt und gelassen,
- Sie sind optimistisch, glücklich und stark.

Der „negative" Stress wird auch als Disstress bezeichnet. „Dis" ist eine lateinische Vorsilbe und steht für „schlecht". Er ist mit all seinen negativen körperlichen, geistigen und seelischen Folgen für den Betroffenen über einen längeren Zeitraum derart belastend, dass er schließlich zu einem Burnout führen kann.

Beim negativen Stress kann man die Anforderungen und Belastungen nicht mehr zur eigenen Zufriedenheit meistern. Die Folge: Man fühlt sich überbeansprucht und aufgezehrt. Typische Beispiele sind Dauererreichbarkeit durch die Digitalisierung, Doppelbelastung durch Kind und Beruf sowie Zukunftsängste durch unsichere Arbeitsverhältnisse.

Typische Merkmale des negativen Stresses sind:

- Sie neigen zu langfristigen, wiederkehrenden Überlastungen,
- Sie sind überfordert, weil Sie sich hilflos und handlungsunfähig fühlen.
- Sie sind gehemmt und blockiert, Probleme können Sie nicht mehr rational lösen.
- Ihnen fehlen Entspannungsphasen,
- Sie sind ständig ängstlich, gereizt und erschöpft.

Die Grenzen zwischen Eustress und Disstress sind fließend. Das bedeutet, eine positive Herausforderung kann sich sehr schnell in negativen Stress umwandeln. Hält eine anfänglich motivierend empfundene Stresssituation zum Beispiel lange an, kann sie plötzlich als Disstress wahrgenommen werden.

Allgemein gilt: Ob man Stressfaktoren als Eustress oder Disstress auffasst, ist individuell sehr unterschiedlich. Es gibt Personen, die von Natur aus belastbarer sind als andere. Trotzdem kann jeder seinen Stress abbauen und lernen gelassener mit stressigen Situationen umzugehen. Systematische

6. Strategien zur Befreiung von der Einsamkeit

Entspannungsmethoden wie zum Beispiel Autogenes Training können dabei helfen, Disstress gezielt vorzubeugen.

Stress vermeiden und Stress bewältigen – wie vermeide ich einen negativen Stress?

- **Höre auf Deinen Bauch!**

Du solltest öfter auf deinen Bauch hören. Wenn sich etwas nicht gut anfühlt, dann lass es. Aus eigener Erfahrung kann ich sagen, dass man Aufgaben, Projekte oder Jobs nicht um jeden Preis annehmen sollte. Kein Geld der Welt ist es wert, seine Gesundheit zu ruinieren.

- **Setze Prioritäten!**

Es ist nicht immer einfach, Prioritäten zu setzen, aber letztendlich kommst du nicht drum herum. Jeder von uns hat meistens viel zu viel zu tun, viel zu viel private und berufliche Verpflichtungen, als dass wir wirklich in der Lage wären, alles zu schaffen. Wenn wir allerdings entscheiden, was wir tun und nicht tun, was wir erledigen und was wir liegen lassen, dann sind wir Herr der Lage, weil wir selbstbestimmt handeln. Ansonsten haben wir ständig ein schlechtes Gewissen und fühlen uns unzulänglich.

- **Sage öfter „Nein"!**

Damit wären wir schon beim nächsten Punkt: dem Nein-Sagen. Du musst lernen, „NEIN" zu sagen. Wenn du dir permanent Aufgaben und Verpflichtungen auf-halsen lässt, wirst du immer unzufriedener und kommst dir ohnmächtig vor. Trau´ dich, auch mal Aufgaben abzulehnen.

- **Suche dir einen Job der Spaß macht!**

Das sagt sich immer so leicht. Man muss nicht gleich den Job wechseln oder sich selbständig machen. Wer weiß, ob es dann wirklich besser würde? Wenn du im Moment Probleme mit deinem Job hast, dann überlege, was du ändern kannst, damit das wieder anders wird. Sprich mit deinem Chef oder deinen Kollegen und auch mit deinen Kunden. Wir sind alle nur Menschen und nichts ist in Stein gemeißelt. Viele Arbeitgeber sind demgegenüber aufgeschlossen, und evtl. hat dein Chef gar nichts dagegen, dass du ggf. die Abteilung wechselst, wenn du dort glücklicher bist. Für die Firma ist es in jedem Fall besser, weil ihr dann dein Knowhow erhalten bleibt. Solltest du kündigen, wäre dein Wissen für den Betrieb verloren.

- **Versuche, positiv zu denken**

6. Strategien zur Befreiung von der Einsamkeit

Auch das mit dem Positiv-Denken hört sich immer so einfach an. Oft malen wir uns die Zukunft oder die Konsequenzen aus zu treffenden Entscheidungen viel zu schwarz aus. Also mach dir etwas von der kölschen Frohnatur zu eigen und verbringe weniger Zeit mit Grübeln, dafür mehr Zeit mit Handeln.

- Manage dich selbst

Naja, über Selbstmanagement und Selbstorganisation muss ich ja jetzt nicht viel sagen, oder? Stöbere doch einfach bei mir auf dem Blog mal etwas herum.

- Gönne Dir kleine Auszeiten

Das heißt nichts anderes als: Denk´ daran, Pausen zu machen.

- Achte auf gesunde Ernährung!

Versuch´, bewusst zu essen. Nimm´ dir für das Essen etwas Zeit. Verzichte auf Fastfood und schädliche Genussmittel.

- Pflege soziale Kontakte!

Vergiss neben der Arbeit die sozialen Kontakte nicht. Der Mensch ist ein soziales Wesen und braucht auf Dauer den Austausch. Denke nochmal über deine

- Mache regelmäßig Sport!

Es ist bewiesen, dass der Sport neben Lachen, Yoga und Entspannungsübungen einer der besten Stress-Killer überhaupt ist. Also beweg dich mal wieder.

- Benutze auch mal den Ausschaltknopf!

Notebooks, Smartphones, Fernseher, Radios haben einen Ausschalter ... wäre es so schlimm, ihn öfter zu benutzen? Schnapp´ dir lieber mal wieder ein Buch.

- Bediene Dich wirksamer Entspannungstechniken!

Wie schon erwähnt, gibt es neben Sport auch noch Meditation, Yoga, die progressive Muskelentspannung, Wellnessbäder und Massagen u.v.m., die zu deiner Entspannung beitragen können.

Warum leiden manche Menschen unter Stress und andere nicht?

Manche können sehr gut mit stressigen Situationen umgehen, weil sie in ihrer Freizeit gut abschalten und entspannen können. Sie machen sich gemeinhin wenig Gedanken über Dinge, die passieren könnten, leben im Einklang mit sich selbst, haben ein gutes Gefühl für die eigene Gesundheit und strahlen deshalb

Ruhe und Zufriedenheit aus. Situationen, die andere als stressig empfinden, nehmen sie als willkommene Herausforderungen an, die es zu meistern gilt.

Leider sind solche Menschen heute eher in der Minderheit. Viele unter uns reagieren dagegen empfindlich auf Stress. Wie Forschungsergebnisse zeigen, werden die Grundlagen dafür bereits im Mutterleib programmiert. So weiß man z. B., dass ein eher geringes Geburtsgewicht mit einer größeren Anfälligkeit für stressbedingte Erkrankungen einhergeht. Ist die Mutter während der Schwangerschaft stark gestresst, scheint dies ebenfalls die Entstehung seelischer Probleme zu begünstigen.

Weitere Grundsteine werden durch die Erziehung gelegt und dadurch, wie unsere Vorbilder, beispielsweise Eltern und Spielkameraden, mit Stressoren und psychischen Belastungen umgehen.

Neben den bereits erläuterten positiven und negativen Stressformen kommt eine Stressform dazu, die ebenfalls für die Praxis von Bedeutung ist, nämlich der psychische Stress. Als psychischer Prozess werden eine Reihe von Reaktionen psychischer Art bezeichnet, die durch akute Bedrohungen, negativer Ereignisse oder besonderer Belastungen ausgelöst werden. Stressoren bewirken die Ausschüttung von Hormonen und Neurotransmitter zur Aktivierung und Mobilisierung, die z. B. bei chronischem Stress auch krankheitsauslösende Wirkung entfalten können.

Als krankmachende Auslöser durch Stress können folgende Reaktionsbereiche genannt werden:

Körperlicher Bereich: Stress kann ernsthafte körperliche Erkrankungen auslösen. Typische Beispiele für körperliche Erkrankungen durch Stress sind:

- Herz-Kreislauferkrankungen wie Bluthochdruck, Herzrhythmusstörungen oder Herzinfarkt
- Magen- und Darmprobleme wie Magenschleimhautentzündungen, Magengeschwüre oder Zwölffingerdarmgeschwüre
- Verdauungsbeschwerden wie Durchfall, Sodbrennen, Übelkeit und Erbrechen
- erhöhte Infektanfälligkeit durch ein geschwächtes Immunsystem (Abwehrschwäche)
- Schlafstörungen
- Kopfschmerzen wie Migräne und Spannungskopfschmerzen
- Viruserkrankungen wie Lippenherpes und Gürtelrose

- Hauterkrankungen wie Neurodermitis und Psoriasis sowie Allergien oder Asthma können durch Stress verstärkt werden.
- Auch bisher nicht diagnostizierte (aber vorhandene) Stoffwechselstörungen wie Diabetes oder Schilddrüsenüberfunktion können durch Stress erstmals Symptome verursachen.

Stress schadet auch der Seele. Beispiele für psychische Erkrankungen durch Stress oder durch Stress begünstigte Erkrankungen sind:

- Burnout
- Angst und Angststörungen
- Tinnitus
- Depressionen
- Nervosität, Unruhe
- Konzentrationsstörungen
- ADS und ADHS.

Der „chronische" Stress: Auswirkungen auf Körper und Psyche

Die körperlichen und seelischen Folgen von chronischem Stress

Welche Auswirkungen hat chronischer Stress auf Körper und Psyche?

Chronischer Stress ist in der modernen Gesellschaft der westlichen Industrienationen ein weitverbreitetes Phänomen, das viele Menschen als unvermeidbar hinnehmen. Bei ersten Anzeichen sollten jedoch umgehend Gegenmaßnahmen gesetzt werden, denn Dauerstress wird für eine Reihe unterschiedlicher physischer und psychischer Erkrankungen verantwortlich gemacht, die die Gesundheit ernsthaft gefährden können und die Lebensqualität erheblich beeinträchtigen. Die ununterbrochene seelische oder körperliche

Überforderung eines Menschen führt nämlich in den meisten Fällen zu einem gestörten Hormonhaushalt, der schwere Depressionen ebenso nach sich ziehen kann wie Herzinfarkt, Krebs oder Schlag-anfall.

Was ist Chronischer Stress?

Stress ist ein Teil des alltäglichen Lebens und bis zu einem gewissen Grad hilfreich, um optimale Leistungen zu erzielen, das Beruf- und Familienleben zu meistern sowie die körperliche und die mentale Aktivität zu steigern. In einer akuten Stresssituation, wie etwa vor einer Prüfung, einem Vorstellungsgespräch oder einer Präsentation werden im Gehirn Stresshormone produziert, die über Hypothalamus und Hirnanhangdrüse sämtliche Organe erreichen. Der Organismus reagiert darauf mit der Bereitstellung von Energiereserven, einer vorübergehenden Aktivierung des Immunsystems und der Ausschüttung verschiedener Hormone wie Adrenalin, Noradrenalin und Cortisol. Zusätzlich steigt der Blut-zuckerspiegel kurzfristig an und sorgt für einen vorübergehenden aufputschenden Effekt.

Wenn der Körper hin und wieder akutem Stress ausgesetzt ist, wirkt sich dies auf die Gesundheit durchaus positiv aus. Solche Stresssituationen dauern in der Regel nur wenige Minuten bis Stunden an und sind eine normale Reaktion auf geistige oder körperliche Herausforderungen. Hat der Organismus jedoch zwischen akuten Stresssituationen keine Möglichkeit, sich im Zuge von Entspannungsphasen ausgiebig zu erholen, kommt es zu einer dauerhaften Belastung des Organismus.

Chronischer Stress bedeutet, dass sich der Körper in andauernder Alarmbereitschaft befindet, was sich langfristig negativ auf den Hormonstoffwechsel auswirkt und die Entstehung unterschiedlicher Krankheiten begünstigt. Eine dauerhafte Stressbelastung führt dazu, dass die oben beschriebenen Reaktionen im Körper ununterbrochen ablaufen. Unter der ständigen Einwirkung von Cortisol findet nicht nur eine erhöhte Ausschüttung von Insulin, sondern auch eine Verminderung der Durchblutung aller Organe, eine langfristige Steigerung des Blut-drucks sowie eine Hemmung der zellulären Immunantwort statt. Ein hoher Cortisolspiegel begünstigt darüber hinaus die Tumorbildung und wird daher mit Krebs in Verbindung gebracht.

Welche Auslöser von chronischem Stress gibt es?

6. Strategien zur Befreiung von der Einsamkeit

Chronischer Stress hat viele Ursachen, die sowohl im beruflichen als auch im privaten Umfeld liegen können. Besonders gefährdet sind Menschen, die einem hohen Leistungsdruck im Beruf ausgesetzt sind und diesem durch lange Arbeits-zeiten, die oft auch die Freizeit beanspruchen, gerecht zu werden versuchen. Das ständige Gefühl, funktionieren zu müssen, führt dazu, dass sich die Betroffenen keine bewussten Erholungsphasen gönnen und langfristig die Lebensfreude verlieren. Die Patienten versuchen, die psychische Belastung, die sich durch die beruflichen Anforderungen ergibt, mit noch mehr Arbeit und Leistung zu kompensieren. Dadurch entsteht ein Teufelskreis, der nur schwer und durch bewusst gesetzte Maßnahmen durchbrochen werden kann.

Oft leiden unter beruflich bedingtem Dauerstress nicht nur die Gesundheit und das seelische Befinden des Betroffenen, sondern auch dessen private Beziehungen. In vielen Fällen kommt es im Familienleben zu Entfremdung, Trennung und Einsamkeit. Probleme im häuslichen Leben, Scheidungen, Krankheit oder Tod eines Angehörigen können jedoch ihrerseits Dauerstress auslösen. Insbesondere Menschen, die einen Pflegefall in der Familie betreuen müssen oder in von psychischer oder physischer Gewalt geprägten Beziehungen leben, sind einem hohen Risiko ausgesetzt, chronischen Stress zu entwickeln.

Ständige Reizüberflutung durch moderne Medien wie Fernsehen, Internet und Computerspiele führt ebenfalls dazu, dass der Körper nicht abschalten kann und vermehrt Cortisol ausschüttet. Auch körperliche Belastungen wie übertriebene sportliche Betätigung kommen als Auslöser von chronischem Stress infrage. Stoffwechselerkrankungen wie Diabetes mellitus und unbehandelte Entzündungsherde wie chronische virale Infekte oder Parodontitis führen ebenfalls häufig zu ununterbrochenem körperlichem Stress. Da jedoch nicht alle Patienten unter den typischen Anzeichen leiden, gehen Mediziner von einer gewissen genetischen Disposition aus.

Seit einigen Jahren wird eine erhöhte Anfälligkeit auf Stressbelastung bei Menschen diskutiert, die als Säuglinge nach der Geburt von der Mutter getrennt oder nicht gestillt wurden. Das in der Muttermilch enthaltene Leptin dürfte neuesten Forschungen zufolge die Stresstoleranz erhöhen, wodurch gestillte Menschen, die bereits als Säuglinge eine stabile Beziehung zur Mutter erfahren haben, auch im Erwachsenenalter besser mit Stress umgehen können.

Auch viele Jugendliche leiden heute unter dauerhafter Stressbelastung. Häusliche Gewalt, die Trennung der Eltern, hohe schulische Anforderungen, Konflikte mit Mitschülern und das relativ neue Phänomen des Cyber-Mobbings durch soziale Netzwerke sind dafür verantwortlich, dass schon Kinder stressbedingte Symptome und Verhaltensweisen entwickeln.

Die Folgen von chronischem Stress

Um die langfristige psychische Belastung zu kompensieren, greifen viele Betroffene zu Maßnahmen, die der Gesundheit weiter schaden und die seelischen und körperlichen Symptome in den meisten Fällen noch verstärken. Chronischer Stress gilt als einer der Hauptfaktoren bei Alkoholismus, Drogen- und Medikamentenmissbrauch sowie starkem Rauchen, sowohl bei Jugendlichen als auch bei Erwachsenen. Viele Betroffene jeder Altersgruppe reagieren auf den Dauerstress mit übermäßigem Konsum von Süßigkeiten und fetten Speisen. Mangel- oder Fehlernährung, Übergewicht, Fettsucht und daraus resultierender Bewegungsmangel sind weitverbreitete Folgen von Dauerstress.

Schlafstörungen, Schlafmangel, Konzentrationsverlust

Beruflich bedingter chronischer Stress ist der Hauptauslöser für Schlafstörungen und Schlafmangel, die ihrerseits das Entstehen unterschiedlicher Krankheitsbilder begünstigen. Durch den ständigen Überschuss des Stresshormons Cortisol wird die Ausschüttung von dessen Antagonisten Melatonin und Serotonin negativ beeinträchtigt. Durch den Mangel dieser Hormone werden der Schlaf-Wach-Rhythmus gestört und die Tiefschlafphasen verkürzt, weshalb dauerhaft gestresste Menschen in der Nacht mehrmals aufwachen und dann nur schwer in den Schlaf zurückfinden.

7 goldene Regeln zum richtigen Umgang mit Stress:

Jeder Mensch geht anders mit Stress und mit der Stressbewältigung um. Die einen nutzen Musik zum Entspannen, die anderen bevorzugen Bewegung, wieder andere reden oder schreiben sich den Stress von der Seele. Davon einmal abgesehen gibt es einen allgemeinen Weg, mit dem jeder ans Ziel kommen kann. Die folgenden 7 goldenen Regeln zur positiven Stressbewältigung helfen weiter.

Regel 1: Stressauslöser identifizieren

Nur wenn man weiß, was den Stress auslöst, kann man das Problem an der Wurzel anpacken. Dazu bietet sich das Führen eines Tagebuches an. Die Tagebucheinträge sollten sich mehrere Wochen lang damit beschäftigen, wie man sich aufgrund von was fühlt und wie die stressigen Situationen bewältigt werden sollten.

Regel 2: Eine gute Bewältigungsstrategie finden

Hat man erarbeitet, in welche Verhaltensmuster man verfällt, um Stress zu bewältigen, kann man jenes Verhalten in ungesunde und gesunde Reaktionen unterteilen und daran arbeiten, erstere in Letztere zu verwandeln. Statt übermäßig zu essen oder Alkohol oder Zigaretten zu konsumieren, sollte man Alternativen finden, die keinen negativen Einfluss auf den Körper ausüben. Fehlverhalten wird erst erkannt, dann reduziert und verändert oder komplett ersetzt. Es geht darum, die richtigen Bewältigungsstrategien zu finden und dafür Freiraum zu schaffen. Oft reicht es schon aus, einem geliebten Hobby nachzugehen.

Regel 3: Grenzen setzen

Stress lässt sich teilweise minimieren, indem man sich selbst und anderen klare Grenzen setzt. So hilft es beispielsweise, nach der Arbeit oder am Wochenende und im Urlaub das Mobiltelefon abzuschalten und sich auch aus dem Internet zurückzuziehen, um etwas Ruhe zu genießen und nicht durch ständige Erreichbarkeit belastet zu werden. Klar definierte Grenzen zwischen dem Berufsleben und dem Privatleben senken den Druck.

Regel 4: Zeit nehmen und neue Energie tanken

Es ist wichtig, dass wir unsere Batterie aufladen, bevor sie komplett entladen ist. Das vermeidet z. B. Burnout und verleiht einen Energieschub für das Meistern all der Herausforderungen. Eine Auszeit – und sei sie auch noch so kurz – ist hierfür unerlässlich.

Regel 5: Entspannen will gelernt sein

Nicht jeder von uns schafft es automatisch, sich voll zu entspannen. Der erste Schritt dorthin: Einfach zwischendurch einige Minuten Zeit nehmen und tief durchatmen, sich der Stille und des eigenen Körpers bewusstwerden und die Gedanken loslassen. Meditation kann helfen. Auch das Konzentrieren auf die jeweilige Tätigkeit schafft Achtsamkeit und hilft später beim Entspannen. Wer isst, der sollte nur essen und nicht nebenher fernsehen oder chatten oder an einem Problem bei der Arbeit herumknobeln.

6. Strategien zur Befreiung von der Einsamkeit

Regel 6: Kommunizieren

Es ist von Vorteil, wenn man das Gespräch mit demjenigen sucht, der den Stress verursacht. Oft ist das der Vorgesetzte bei der Arbeit. Ist man überwältigt, sollte man dies mitteilen und gemeinsam eine Lösung erarbeiten. Ist der Partner der Stressor, hilft Kommunikation ebenfalls. Es geht nicht darum, sich zu beschweren, sondern darum, die Lage zu entschärfen und eine bessere Vorgehens-weise zu ermitteln.

Regel 7: Hilfe suchen

Geteiltes Leid ist halbes Leid. So manch einem fällt eine Last von der Schulter, wenn er sich einem Freund oder Familienmitglied anvertraut. Auch Gruppen (offline) und Foren (online) sowie Stressmanagement-Ressourcen aus der Literatur schaffen einen kleinen Lichtblick. Der Gang zum Psychologen mag ebenfalls hilfreich sein.

Wie entsteht Stress?

Bei der Entstehung von Stress sind verschiedene Faktoren beteiligt: Zum einen ist es die äußere Situation sowie deren personenbezogene Einflüsse und Anforderungen (eintreffende Reize wie Klänge, Gerüche usw.). Auf der anderen Seite sind es intrapersonelle Faktoren wie beispielsweise Bedürfnisse, Erwartungen, verfügbare Ressourcen und Handlungsmöglichkeiten.

Ziel ist es eintreffende Reize zu verarbeiten, Anforderungen zu bewältigen und Bedürfnisse zu befriedigen. Stress entsteht dann, wenn nicht genug Ressourcen oder Handlungsmöglichkeiten vorhanden sind, um dieses Ziel zu erreichen.

Wenn demnach in einer Situation alle Ressourcen bereits ausgeschöpft, zusätzlich jedoch ein neuer Reiz (oder Bedürfnis/Anforderung) hinzukommt, so löst dieser Reiz eine Stressreaktion aus, wird also zum Stressor.

6. Strategien zur Befreiung von der Einsamkeit

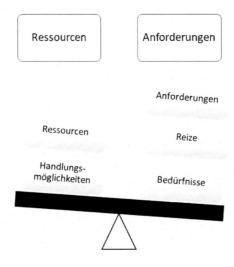

Wie lässt sich Stress als Auslöser für Einsamkeit vorbeugen?

Stress erkennen und vermeiden, um Folgebeschwerden zu verhindern, ist Ziel und Anliegen einer Vorbeugung. Nicht selten entwickeln Menschen durch ständige Stressbelastung psychische und körperliche Beschwerden. Um diese zu vermeiden, sollte frühzeitig gegengesteuert werden. Es gilt die übermäßige Stressbelastung rechtzeitig zu erkennen und entsprechende Maßnahmen zur Stressvermeidung einzuleiten.

Ein kurzzeitiger Stress ist normal und nicht gesundheitsgefährdend. Er gehört zum Arbeitsleben, so z. B. bei einem Bewerbungsgespräch. Er ist sogar vorteilhaft, wenn er zum Ende des Bewerbungsgesprächs die Aussage für eine Einstellung im Unternehmen enthält. Wird die Belastung zu groß und die gestellten An-forderungen können nicht mehr erfüllt werden, dann tritt unwillkürlich ein Dauerstress bzw. chronischer Stress ein.

Folgen wir dem Sprichwort: „Vorbeugen ist besser als heilen".

Welche Präventions- bzw. Vorbeugungsmaßnahmen können helfen?

Stress ist insgesamt eine Reaktion des Menschen auf eine belastende Lebensweise Wichtig ist dabei nicht die Belastung selbst, sondern die Art, wie der Betroffene damit umgeht Menschen, die im Laufe ihres Lebens keine ausreichenden Strategien zur Stressbewältigung erlernt haben, neigen dazu, mit körperlichen Beschwerden zu reagieren.

Elf Tipps, wie Sie konstruktiv mit Stress umgehen

Damit es gar nicht erst so weit kommt, sollten sich Stressgeplagte zunächst einmal an die eigene Nase fassen und ihre Einstellung überdenken. So sollten Stress-Opfer sich fragen: Muss ich das wirklich alles selber machen? Muss ich alles immer absolut richtig machen? Und muss ich es allen recht machen? Wer gelassen bleibt, kann Stress besser bewältigen.

Falls auch Sie unter Daueranspannung stehen, helfen folgende Tipps beim Abschalten:

- Sport lindert Hektik: Stress setzt Energie im Körper frei, die abgebaut werden will. Gut gegen Stress eignet sich Ausdauersport wie Laufen oder Fahrradfahren. Mannschafts- oder Wettkampfsportarten sind eher kontraproduktiv, denn wenn es um das Gewinnen geht, ist Stress und Druck vorprogrammiert.
- Bewusst entspannen: Atemtechniken, autogenes Training, progressive Muskelentspannung oder Tai-Chi wirken beruhigend und helfen beim Bewältigen von Stresssituationen. Yoga schon am Morgen lässt einen gelassener in den Tag gehen. Allein auf der heimischen Couch sitzen hilft kaum.
- Genug Schlaf zum Stressabbau: Für die Regeneration und das Immunsystem ist ausreichend Schlafen sehr wichtig. Dabei gibt es keine festgeschriebene Mindestzahl an Stunden. Manchen Menschen reichen dauerhaft auch sechs Stunden am Tag, andere sind erst nach acht Stunden ausgeschlafen.
- Lachen vertreibt Stress: Wer kräftig lacht, verbessert nachweislich die Sauerstoffversorgung des Gehirns. Außerdem klettert die Produktion der Glückshormone in stattliche Höhen. Gerade der Botenstoff Dopamin wird bei der ansteckenden Gefühlsregung aktiviert. Dopamin und Endorphine sorgen für intensive Wohlgefühle, befreien von angestauten Emotionen und Aggression und verursachen einen regelrechten Glücks-Kick Außerdem setzen die Botenstoffe biochemische Reaktionen in Gang, die das schmerzhemmende System im Gehirn aktivieren.
- Entspannter Sex gegen Stress: Sex kann stressbedingte Blockaden lösen. Scheinbar verliert das Stresshormon Adrenalin seine Wirkung - jedoch nur, wenn der Sex selbst nicht mit Stress verbunden ist. Wer ein

6. Strategien zur Befreiung von der Einsamkeit

  entspanntes und ausgefülltes Sexualleben hat, reagiert viel gelassener auf stressige Situationen und hat einen niedrigeren Blutdruck als enthaltsame Menschen
- Tagesablauf strukturieren: Klar festgelegte und realistische Ziele im Alltag sind wichtig, um sich nicht selbst zu überfordern Stress verursacht immer das, was man nicht schafft Denn liegengebliebene Arbeit kann einem zum Beispiel auch im Magen liegen oder aber durch die Anspannung Rückenschmerzen verursachen

Lasten verteilen heißt weniger Stress: Wenn einem alles über den Kopf wächst, sollte man andere um Hilfe bitten und öfters mal Nein sagen. Eine alleinerziehende Mutter kann eventuell Verwandte und Freunde fragen, das Kind häufiger zu übernehmen, um sich selbst eine Auszeit zu gönnen.

Stressbewältigung im Job und Privatleben: Ein gutes Stressmanagement kann helfen, nicht völlig im Stress zu versinken So ist es sinnvoll, Arbeit auf einer Prioritätenliste zu gewichten Beginnen Sie mit dem Notieren Ihrer Aufgaben. Schreiben Sie eine den Dingen, die Sie täglich beziehungsweise wöchentlich erledigen müssen Tun Sie dies sowohl für Ihre beruflichen als privaten Pflichten. Im beruflichen Umfeld hilft eine solche Liste, den Überblick nicht zu verlieren. Im Privatleben können Sie sich durch konsequentes Abarbeiten Ihrer Pflichten mehr Freizeit verschaffen.

Versuchen Sie emotionale Probleme zu bewältigen und sprechen Sie diese bei beteiligten Personen direkt an.

- Distanzieren Sie sich in Ihrer freien Zeit von der Arbeit und nehmen Sie keine Aufgaben mit nach Hause. Vermeiden Sie Stressfallen im Job!
- Reduzieren Sie familiäre Aufgaben und ehrenamtliches Engagement, wenn Sie privat stark eingespannt sind. Holen Sie sich Hilfe bei der Pflege von Angehörigen oder der Kinderbetreuung.
- Regelmäßige Pausen im Job sind ebenso wichtig wie das Beachten Ihrer persönlichen Leistungsgrenze. Nehmen Sie sich bewusst Auszeiten von ihren privaten Verpflichtungen
- Lernen Sie, im Job, wie auch im Privatem "Nein" zu sagen.
- Besonders gut helfen Sport, Entspannungstechniken und Achtsamkeitsübungen beim Stressabbau.
- Auch eine ausgewogene Ernährung und ein gesunder Schlaf tragen zu einem gesteigerten Wohlbefinden und zur Erholung bei.

6. Strategien zur Befreiung von der Einsamkeit

- Und das wichtigste: Versuchen Sie, nicht immer perfekt zu sein. Das ist unmöglich, doch der ständige Zwang nach Perfektionismus kann direkt in ein Burnout führen.

Unternehmen tun gut daran, in die Vorbeugung von psychischen Erkrankungen bei ihren Mitarbeitern zu investieren. Das kostet zwar, doch dafür sind motivierte Mitarbeiter auf Dauer produktiver. Welche Maßnahmen können helfen?

Laut DAK hat sich der Anteil psychischer Erkrankungen am Gesamtkrankenstand in den letzten 15 Jahren mehr als verdoppelt. Rund 13 Prozent der Ausfall-tage in Betrieben gehen auf das Konto von Depressionen, Burnout und ähnlichen Krankheitsbildern. Das kommt die Unternehmen teuer zu stehen: Die durch-schnittliche Krankschreibung aufgrund von psychischen Leiden dauert laut DAK 30 Tage.

Überfordert? Angespannt? Gereizt? Am liebsten vor der ganzen Welt verstecken - besonders vor der Arbeit? Sind Sie Burnout gefährdet? Machen Sie unseren Selbsttest und erfahren Sie, ob Ihre Belastungsgrenze schon überschritten ist.

Betriebsklima, Arbeitskultur und gesunde Arbeitsplätze mögen weiche Faktoren für Betriebswirtschaftler sein - Verbesserungen in diesen Bereichen können je-doch helfen, Burnout und andere psychische Erkrankungen bei den Mitarbeitern zu vermeiden, Ausfallzeiten zu reduzieren und deren Motivation zu erhöhen.

Bei der Burnout-Prävention spielen sowohl äußere Rahmenbedingungen als auch innere Faktoren eine wichtige Rolle. Auf Unternehmensseite geht es darum, krankmachende Strukturen zu erkennen und ihnen entgegenzuwirken. , Arbeitsdruck, eine Rund-um-die-Uhr-Erreichbarkeit oder ineffektive Arbeitsstrukturen in Abteilungen stressen die Mitarbeiter und setzen sie psychisch unter Druck.

Die gesunde Ausgestaltung von Arbeitsplätzen und flexible Arbeitszeitmodelle wie Teilzeit, Sabbaticals oder Home-Office-Arbeit sind Möglichkeiten, den Druck von den Mitarbeitern zu nehmen. Manche Unternehmen verbieten es ihren Angestellten inzwischen sogar, dienstliche E-Mails nach Feierabend zu beantworten oder berufliche Telefonate zu führen.

Individuelle Angebote können Mitarbeiter zusätzlich befähigen, mit nicht ver-meidbaren Arbeitsbelastungen und Stress im privaten Umfeld umzugehen. In

6. Strategien zur Befreiung von der Einsamkeit

Zeit- und Stressmanagement-Seminaren lernen Arbeitnehmer, ihre eigenen Strategien zu entwickeln. Sport- und Entspannungs-Kurse sowie gesundes Kantinen-Essen gehören für viele Firmen bereits zum Standard. Beratungen und vertrauliche Notfall-Betreuung auch bei Krisen im privaten Bereich werden inzwischen schon von einzelnen großen Unternehmen für die Mitarbeiter angeboten.

Was Führungskräfte in Sachen Burnout lernen können

Bis aus einer beruflichen Stresssituation Burnout entsteht, ist es ein langer Weg. Viele Faktoren und individuelle Veranlagungen spielen bei dem Prozess eine Rolle. Ein Risikofaktor für Burnout ist jedoch oft die fehlende Anerkennung der eigenen beruflichen Leistungen. Deshalb steht und fällt die Burnout-Prävention im Unternehmen mit den Führungskräften. In spezielles Coaching können sie lernen, sich mit ihrem eigenen Risiko für Stress und Burnout auseinanderzusetzen.

Zu einer gesunden Arbeitskultur im Unternehmen gehört jedoch viel mehr: eine faire und vertrauensvolle Behandlung, Anerkennung und Motivation sowie Verständnis für die beruflichen und auch privaten Belange der Mitarbeiter. Das alles können Chefs in solchen Seminaren zwar nicht lernen - aber sie werden dafür sensibilisiert, dass auch diese Themen für die Vorbeugung von Burnout wichtig sind.

Strategie 12: Wie kann ich mich vom Stress als Ursache von Einsamkeit befreien? Welche Therapiemaßnahmen sind für mich erfolgreich?

Die 10 besten Therapiemaßnahmen als Stresskiller:

Zu viel Arbeit, dafür zu wenig Zeit und zu wenig Schlaf: Körperlicher und seelischer Stress ist auf die Dauer nicht gesund. Denn wer ständig gestresst ist, leidet unter Symptomen wie Kopfschmerzen, Muskelzucken, Schwindel, Unruhe und Konzentrationsstörungen. Mit der Zeit können auch Herz-Kreislauf-Beschwerden auftreten. Um solche Konsequenzen zu vermeiden, ist es wichtig, rechtzeitig et-was gegen den Stress zu tun. Wir verraten Ihnen die 10 besten Anti-Stress-Tipps, mit denen Sie die Belastung ganz einfach abbauen können.

6. Strategien zur Befreiung von der Einsamkeit

1. Schrittzähler sorgt für mehr Bewegung

Sport ist wohl der Stresskiller schlechthin. Zu Recht, denn Sport baut Stress effektiv ab und sorgt für mehr Wohlbefinden. Besonders empfehlenswert sind Ausdauersportarten wie Joggen, Schwimmen oder Rudern, die den Körper in einen meditativen Zustand versetzen. Aber auch ein Spaziergang genügt, um ab-zuschalten und etwas gegen den Stress zu tun.

Wer eine besondere Motivation braucht, um den inneren Schweinehund zu überwinden, kann es einmal mit einem Schrittzähler versuchen. Dieser zählt jeden Schritt, den Sie machen – schon 5.000 Schritte am Tag genügen, um das Wohlbefinden deutlich zu steigern.

2. Kochen Sie sich etwas Leckeres

Kochen oder Backen ist eine perfekte Beschäftigung, um Stress abzubauen. Das Arbeiten in der Küche beschäftigt uns, ohne uns zu überfordern. Bestimmte Tätigkeiten wie beispielsweise Gemüseschneiden haben außerdem eine beruhigen-de Wirkung. Nach dem Kochen wartet dann außerdem ein leckeres Menü auf uns – auch das hilft dabei, zu entspannen. Schnappen Sie sich also Ihren Partner oder ein paar Freunde und legen Sie los.

In stressigen Lebenslagen sind bestimmte Lebensmittel besonders empfehlenswert – und damit ist nicht nur Schokolade gemeint. Vielmehr ist für den Körper vor allem die Versorgung mit Kalzium, Magnesium und B-Vitaminen wichtig. Deswegen sollten Sie beispielsweise zu folgenden Lebensmitteln greifen:

- Vollkornprodukte
- Hülsenfrüchte
- Bananen
- Brokkoli
- Trockenobst
- Milchprodukte
- Nüsse
- Eier

3. Lachen Sie

Lachen ist neben Bewegung wohl die beste Maßnahme, um Stress abzubauen. Lachen Sie einfach einmal laut und herzhaft – auch, wenn es dafür keinen bestimmten Grund gibt. Denn durch Lachen wird das Glückshormon Serotonin freigesetzt.

Wenn Sie es etwas weniger laut mögen, können Sie auch einfach die Augen schließen, sich entspannen und lächeln. Auch dabei wird Serotonin ausgeschüttet.

4. Trinken Sie eine Tasse Tee

Eine Tasse Tee zu trinken, hat etwas Gemütliches an sich. Deswegen ist ein warmer Tee auch gut geeignet, um Stress abzubauen. Neben der Sorte ist beson-ders die Art und Weise, wie Sie den Tee trinken, entscheidend: Ein hastig im Stehen getrunkener Tee wird kaum für mehr Entspannung sorgen.

Nehmen Sie sich stattdessen bewusst ein paar Minuten Zeit, setzen Sie sich gemütlich aufs Sofa und genießen Sie das warme Getränk ganz gezielt. Gut geeignet zum Entspannen sind Teemischungen mit Melisse, Hopfen oder Lavendel.

5. Schauen Sie sich Urlaubsbilder an

Urlaub ist die Zeit im Jahr, in der man den Alltagsstress hinter sich lässt und sich etwas Gutes tut. Leider verfliegt das Urlaubsgefühl meist viel zu schnell wieder. Mit ein paar Tricks können Sie die entspannte Urlaubsstimmung aber zurückholen.

Nehmen Sie sich ausdrücklich die Zeit und schauen Sie in Ruhe ein paar Urlaubsbilder an. Erinnern Sie sich dabei insbesondere daran, wie Sie sich in der jeweiligen Situation gefühlt haben. Durch einen angenehmen Duft oder leise Musik können Sie den entspannenden Effekt noch verstärken.

6. Nehmen Sie sich Zeit für sich

Wer immer etwas zu tun hat und ständig gestresst ist, nimmt sich vor allem eins nicht: Zeit für sich selbst. Höchste Zeit also, das endlich nachzuholen.

6. Strategien zur Befreiung von der Einsamkeit

Überlegen Sie, was Sie in den letzten Wochen eigentlich unbedingt machen wollten, was letztendlich aber immer zu kurz gekommen ist. Dabei ist es egal, ob Sie in Ruhe ein Buch lesen oder endlich einmal eine Ballonfahrt machen möch-ten. Gönnen Sie sich etwas, wonach Ihnen im Moment wirklich zumute ist und schalten Sie Ihr Pflichtbewusstsein zumindest für ein paar Stunden aus.

7. Schlafen Sie aus

Ständiger Stress sorgt meist dafür, dass wir zu wenig schlafen – und das teilweise wochenlang. Zudem fällt bei gestressten Personen meist auch die Schlafqualität schlechter aus.

Ein paar unruhige Nächte können wir locker wegstecken, doch wer auf Dauer zu wenig schläft, schadet damit seinem Körper. Denn Schlafmangel führt zu einer verstärkten Ausschüttung des Stresshormons Cortisol. Zudem hat der Körper auch weniger Zeit, um zu regenerieren – normalerweise erholt sich der Körper im Schlaf nämlich von den Anstrengungen des Tages.

Schlafen Sie also am Wochenende mal wieder so richtig aus: Ihr Körper wird es Ihnen danken!

8. Verzichten Sie auf Smartphone & Co.

Moderne Technik wie Smartphone, Tablet und Laptop erleichtern uns zwar das Leben in vielerlei Hinsicht, sie sorgen oftmals aber auch für einen leichten Dauerstress: Man ist permanent erreichbar und kann ständig auf neue Situationen und Ereignisse reagieren.

Wenn Sie gestresst sind, sollten Sie einmal versuchen, 24 Stunden ohne Technik auszukommen. Lassen Sie den Computer – und am besten auch das Handy – ein-fach ausgeschaltet.

Wenn Ihnen das zu extrem ist, versuchen Sie wenigstens, das Handy für ein paar Stunden am Tag nicht mit sich herumzutragen. Sie werden sehen, das entspannt!

9. Tanzen als Stresskiller

Ebenfalls empfehlenswert gegen Stress ist das Tanzen. Tanzen strengt an und verbrennt viele Kalorien, macht aber auch jede Menge Spaß. Vor allem die Kombination aus Bewegung und Musik macht Tanzen zu einem echten Stresskiller.

Wer es lieber ruhiger mag, kann es mit Yoga versuchen.

10. Genießen Sie bewusst

Wenn Sie gestresst sind, werden Sie wahrscheinlich den ganzen Tag von Sinneseindrücken nur so überflutet. Um etwas gegen den Stress zu tun, sollten Sie versuchen, Eindrücke wieder bewusst wahrzunehmen und Dinge gezielt zu genießen.

Lassen Sie sich beispielsweise ein Stückchen Schokolade langsam auf der Zunge zergehen – das wirkt gleich doppelt: Auf der einen Seite entspannt das bewusste Genießen, auf der anderen Seite sorgt die Schokolade dafür, dass jede Menge Glückshormone ausgeschüttet werden. So hat der Stress keine Chance mehr!

Strategie 13: Wie kann ich mich durch mehr Zufriedenheit von Stress befreien, der zur Einsamkeit führt?

Immer, wenn Sie unzufrieden und unglücklich sind, machen Sie die folgenden kleinen Übungen, die Sie nicht mehr als 3 bis 5 Minuten Zeit kosten.

Je öfter Sie diese machen, umso mehr und umso schneller werden Sie deren positive Wirkung spüren. Lebenszufriedenheit kann man trainieren.

TIPP 1. Notieren Sie sich 10 Dinge, für die Sie dankbar sein können. Schließen Sie Ihre Augen, atmen einige Male tief ein und aus und denken an diese 10 Geschenke.

Solange du lebst, hast du immer einen Grund, dankbar zu sein.

Ein wohlhabender Mann sieht einen Bettler, wie dieser einen Abfalleimer durchwühlt. Der reiche Mann sagt sich: Gott sei Dank, habe ich das nicht nötig.

6. Strategien zur Befreiung von der Einsamkeit

Der Bettler sieht einen querschnittgelähmten Rollstuhlfahrer und sagt sich: Gott sei Dank, kann ich gehen.

Der Rollstuhlfahrer sieht eine Ambulanz mit Blaulicht vorbeifahren und sagt sich: Gott sei Dank, bin ich nicht in Lebensgefahr.

Im Krankenhaus stirbt der Bettnachbar. Der Zurückbleibende sagt sich: Gott sei Dank, lebe ich noch.

Anregungen, wofür Sie dankbar sein könnten und wie das Gefühl der Dankbarkeit die Lebenszufriedenheit steigert.

TIPP 2. Fragen Sie sich: Was kann ich tun, um dieses Problem zu lösen? Suchen Sie nach Lösungen, statt auf dem Problem herum zu kauen und sich darüber zu ärgern.

Je öfter Sie sich die Frage stellen, was Sie tun können, umso wahrscheinlicher werden Sie eine Antwort für die Lösung finden. Mehr zum Umgang mit Problemen.

Lesen Sie auch die Lebensweisheit des Jungen, dessen größte Schwäche seine größte Stärke war.

TIPP 3. Ganz oft erlebe ich in meinem Leben, dass sich anfänglich in meinen Augen negative Ereignisse wenig später als ein Glücksfall erweisen.

Ich habe mir deshalb angewöhnt, bei allem, was mich stört oder was meine Pläne durchkreuzt, zu sagen: "Wer weiß, wofür das gut ist". Und schon fühle ich mich augenblicklich besser.

Mein Frust ist gelindert, weil die Hoffnung durchblickt, dass der vermeintliche Störenfried in Wahrheit ein Glücksbringer ist - was tatsächlich sehr oft der Fall ist.

Enttäuschungen sind ja im Grunde genommen etwas Positives.

Das Wort Enttäuschung bedeutet, man hat sich täuschen lassen oder man hat sich selbst etwas vorgemacht oder sich belogen und die Selbst-Täuschung wurde enttarnt, ist aufgeflogen.

6. Strategien zur Befreiung von der Einsamkeit

TIPP 4. Lesen oder hören Sie etwas Inspirierendes und Aufbauendes. Vielleicht von Menschen, die noch größere Probleme hatten als Sie und diese überwunden haben.

Vielleicht aber auch nur ein Gedicht, das Sie auf andere Gedanken bringt, Sie aufbaut und motiviert.

Schauen Sie sich Weisheiten an und überlegen, welche Bedeutung diese für Ihr Leben haben könnten.

Lesen Sie Berichte von Menschen, die körperlich ein Handicap haben, aber sich dadurch nicht behindern lassen und ein erfülltes Leben führen.

Auch Witze und lustige Geschichten können Sie auf andere Gedanken bringen und Ihre Lebenszufriedenheit steigern.

Ist das nicht ein Wegschauen, eine Verdrängung des Negativen, eine Flucht vor der Realität, ein Auge verschließen vor dem, was ist?

Gegenfrage: Ist es eine Flucht vor der Realität, wenn ich die Schönheit einer Rosenblüte bewundere und die Dornen nicht beachte?

Worauf wir unseren Blick richten, bestimmt, wie wir uns fühlen.

Womit wir uns in Gedanken beschäftigen, bestimmt, wie wir uns fühlen und verhalten. Das ist eine Tatsache.

Wenn Sie sich durch Ihre Gedanken unglücklich machen, dann ist das ebenso eine Selbsttäuschung, wie wenn Sie sich durch Ihre Gedanken glücklich und zufrieden machen.

Nur dass sich die Täuschung durch positive Gedanken besser anfühlt.

Die Dinge sind weder gut noch schlecht. Erst unser Denken, unsere Wertung, lässt sie gut oder schlecht erscheinen.

George Bernard Shaw hat das einmal sehr schön ausgedrückt:

Das Leben hört nicht auf, komisch zu sein, wenn Menschen sterben - ebenso wenig wie es aufhört, ernst zu sein, wenn man lacht.

TIPP 5. Entscheiden Sie sich dafür, zufrieden und glücklich zu sein. Ob Sie zufrieden oder unzufrieden sind, das ist Ihre Entscheidung.

6. Strategien zur Befreiung von der Einsamkeit

Indem Sie sich nämlich in Gedanken auf das konzentrieren, was Ihnen in Ihren Augen fehlt, indem Sie darüber nachdenken, in welchen Bereichen Sie in Ihren Augen benachteiligt sind, machen Sie sich unzufrieden und unglücklich.

Genauso gut könnten Sie auch darüber nachdenken, was Sie alles besitzen, worauf Sie stolz sein könnten, worüber Sie sich freuen könnten.

Wenn Sie das täten, wie würden Sie sich dann fühlen? Zufrieden und glücklich. Richtig?

Also: Sie entscheiden sich tatsächlich für Ihr Glücklichsein und Ihr Unglücklichsein.

Machen Sie sich diese Tatsache bewusst, vor allem aber: machen Sie von dieser Freiheit Gebrauch und Ihre Lebenszufriedenheit wird steigen.

TIPP 6. Freuen Sie sich über die kleinen Dinge, wie z. B. Erfolge, Erlebnisse, Gesten, Glück etc. Sie werden merken, dass Freude Sie nicht nur glücklich macht, sondern auch stark, um Stressattacken entgegenzutreten.

TIPP 7. Nehmen Sie sich selbst nicht zu ernst. Auch wenn wir dazu neigen, vieles persönlich zu nehmen, wenn z. B. ein Missgeschick passiert - lachen Sie darüber! Eine solche Reaktion entschärft ungemein die Situation! Denn lachen ist gesund und fördert den Stressabbau. Die Stresshormone werden ab- und die Glückshormone aufgebaut.

TIPP 8. Eine der besten Therapien ist der Humor. Man versucht durch positives Denken und Handeln entgegenzuwirken. Humor und Lachen sind ein einfaches, aber wirksames Mittel, um in schwierigen Situationen Stress abzubauen. Das ist längst wissenschaftlich erwiesen. Dabei spielt es keine Rolle, ob das Lächeln echt, aufgesetzt oder sogar erzwungen ist. In fast allen stressigen Situationen, so z. B. vor einer Hochzeitspräsentation, Geburtstagsrede, Klausurarbeit oder auch einem Bewerbungsgespräch treten Stress auf. Der Stress ist Ausdruck von Angst, Blockaden, dem man mit einer höheren eigenen Ausstrahlung und Souveränität entgegentreten kann.

TIPP 9. Setzen Sie sich persönliche Ziele. Viele Menschen sind unzufrieden im Leben. Der Grund liegt darin, weil ihnen ein konkretes Ziel fehlt. Negative

Stimmung lässt sich vermeiden, wenn Sie Ziele im Leben haben. Auf diese Ziele arbeiten Sie hin. Ziele im Leben sind gute Ansatzpunkte, wenn Sie sich nach mehr Zufriedenheit und neuem Schwung sehnen. Welche Ziele das sind, hängt allein von Ihnen ab. So können es z. B. Ziele bezüglich der Familie, Freizeit oder des Urlaubs sein.

TIPP 10. Dankbar sein! Bei all dem Streben nach beruflichen, materiellen und privaten Erfolgen bleibt für die Dankbarkeit keine Zeit mehr. Dabei ist es so wichtig, nicht immer nur nach mehr zu streben, sondern im Gegenteil das zu schätzen, was man bereits hat, wie Gesundheit, Familie, Freude, Arbeitsstelle usw. Forscher fanden heraus, dass dankbare Menschen gesünder und glücklicher sind und zufriedener leben.

TIPP 11. Optimistischer werden lohnt sich. Glücklicher sind die Optimisten. Diejenigen, die der Welt und dem Leben erst einmal grundsätzlich etwas Gutes unterstellen. Die Hoffnung haben. Die das Positive sehen. Die darauf vertrauen, dass alles seinen Sinn hat und am Ende alles gut sein wird. Unser Denken bestimmt, wie wir uns fühlen. Wenn wir den Blick auf die positiven Dinge richten, dann fühlen wir uns also auch besser, als wenn wir immer vom Schlimmsten ausgehen. Deshalb sind optimistische Menschen entspannter und zufriedener.

Und Optimismus hat auch einen positiven Einfluss auf unsere Gesundheit. Optimisten haben einen niedrigeren Blutdruck, sie erholen sich schneller von Operationen und werden weniger krank. Ein Hoch auf den Optimismus! Dabei sind Optimismus und Pessimismus keineswegs festgelegte Persönlichkeitsmerkmale. Vielmehr ist es unsere Art, zu denken. Und wie wir denken, das können wir selbst beeinflussen. So können wir auch optimistischer werden.

Pessimisten neigen dazu, sich eher auf die negativen Dinge im Leben zu konzentrieren. Für sie ist das Glas halbleer, denn sie konzentrieren sich auf das, was fehlt, was nicht gut ist. Für optimistische Menschen hingegen ist das Glas halb-voll. Denn sie richten ihre Aufmerksamkeit vor allem auf das Gute, was da ist.

Wenn du also optimistischer werden möchtest (und damit glücklicher, entspannter und gesünder), dann versuche es einfach mal, deinen Fokus zu ändern und in Zukunft mehr Positives als Negatives zu sehen und zu erwarten.

6. Strategien zur Befreiung von der Einsamkeit

TIPP 12. Bist du geduldig oder willst du alles in deinem Leben von jetzt auf gleich? Kannst du abwarten, wenn etwas länger dauert? Bleibst du ruhig, wenn du warten musst? Kommst du damit zurecht, wenn die Dinge nicht so laufen, wie du sie dir erhoffst? Hier erfährst du, wie du Geduld lernen kannst und warum es dich weiterbringt. Geduld ist die Fähigkeit warten zu können.

Es bedeutet, dass du deinen Schokoriegel nicht jetzt gleich brauchst, sondern noch einen Tag/eine Woche/ein Jahr auf die Befriedigung deiner Bedürfnisse verzichten kannst.

Aber ist Geduld lernen überhaupt erstrebenswert?

Ich erzähle dir doch ständig, dass du im Hier und Jetzt leben sollst und da ist es doch besser den Schokoriegel gleich zu genießen, oder?

An sich schon.

Aber nicht immer kriegen wir unseren Schokoriegel gleich. Manche Situationen verlangen uns Geduld ab, ob wir wollen oder nicht. Z.B., wenn wir im Supermarkt an der Kasse in einer ewig langen Schlange stehen und den Storno genau-so abwarten müssen, wie den Umtausch, den Kassierer Wechsel und das Öffnen der neuen Geldrollen wenn wir an längeren Projekten arbeiten, die sich über Monate oder Jahre hinziehen und das Ziel in schier unerreichbar weiter Ferne liegt:

- wenn wir endlich etwas angehen wollen, aber die Dinge sich einfach nicht so schnell entwickeln, wie wir es gerne hätten,
- wenn die Bahn mal wieder Verspätung hat, weil es nieselt und wir plötzlich 45 Minuten auf dem Bahnsteig im Regen verbringen müssen,
- wenn wir vor großartigen Ideen, die wir umsetzen wollen, förmlich übersprudeln, aber vorher noch etwas Anderes zu Ende bringen müssen,
- wenn wir krank sind und draußen das Leben an uns vorbeiziehen sehen, während wir darauf warten auch wieder arbeiten, laufen, tanzen etc. zu können.

In diesen Situationen ist es günstig nicht gleich toben und durchzudrehen, sondern die Ruhe zu bewahren, geduldig und gelassen zu sein. Geduld lernen ist also angebracht.

Aber warum ist das so verdammt schwer?

Wir haben verlernt geduldig zu sein!

Wieso auch warten? Heutzutage kriege ich so gut wie alles, was ich will, sofort und gleich. Die meisten Sachen sind nicht mehr als einen Mausklick entfernt.

TIPP 13. Treiben Sie Sport! Sport, besonders Ausdauersport fördert die Gesundheit und kann helfen Risikofaktoren zu reduzieren. Ob Sie gerade erst mit Sport beginnen, bereits Sporterfahrung haben oder nach einer Erkrankung wieder mit Sport beginnen wollen, beherzigen Sie die zehn goldenen Regeln für gesundes Sporttreiben vom Deutschen Sportärztebund. Der Sportarzt rät: Sport hält jung und fit! Regelmäßiger Sport heißt besser fühlen, besser aussehen, besser belastbar sein, bessere Fitness aufweisen.

- Sport beginnen mit Augenmaß,
- Trainingsintensität - langsam beginnen und die Belastung steigern (Intensität, Häufigkeit und Dauer),
- möglichst unter Anleitung (Verein, Lauftreff, Fitnessstudio),
- Informationen beim Landessportbund oder Sportärztebund,
- Sport möglichst 3 - 4-mal in der Woche für 20 - 40 Minuten,
- Überbelastung beim Sport vermeiden,
- nach dem Sport darf eine "angenehme" Erschöpfung vorliegen,
- Laufen ohne (starkes) Schnaufen,
- Sport soll Spaß, keine Qualen bereiten! Evtl. Trainingspuls vom Sportarzt geben lassen,
- Besser "länger oder locker" als "kurz und heftig".

Strategie 14: Welche Entspannungstechniken helfen gegen Stress?

Gegen Stress, Druck und Hektik helfen systematische Entspannungstechniken. Es gibt wirksame Entspannungsübungen, mit denen Sie innerhalb weniger Minuten negative Gefühle ausschalten und eine Ruhepause für Seele, Körper und Geist einläuten.

Streit mit dem Liebsten, eine zusätzliche Aufgabe im Büro, stundenlanges Warten in der Arztpraxis – all das sind Stressmacher und Energieräuber.

Mit den richtigen Entspannungstechniken können Sie Stress abbauen und sich vor Burn-out oder stressbedingten Depressionen schützen. Autogenes Training, progressive Muskelentspannung oder Gedankenreisen führen Sie zurück in Ihre innere Mitte. Wir stellen Entspannungsübungen, um Stress abzubauen vor, die nur wenig Zeit und Konzentration erfordern.

Entspannungstechniken für unterschiedliche Ziele

Das Wechselspiel zwischen Anspannung und Entspannung, zwischen Aktivität und Ruhephasen ist für das Gleichgewicht der Körper-Geist-Seele-Ebene entscheidend. Es gibt Entspannungsübungen, die unterschiedliche Ziele verfolgen - wie Stress abbauen, reduzieren von Belastungen, Stärken des Immunsystems, Abbau von Aggressionen oder Steigerung der Leistungsfähigkeit. Einige Übungen zur Entspannung wirken wohltuend auf den Körper beispielsweise, um die Muskeln zu lockern. Andere verbessern die Konzentration oder schulen die Achtsamkeit. Grundsätzlich wirkt sich eine Entspannung gleichzeitig auf seelischer und körperlicher Ebene aus, deshalb setzen die meisten Entspannungstechniken an beiden Punkten an. Sie sollten immer Methoden zur Entspannung wählen, die Ihnen einen Nutzen bringen. Wenn Sie Stress abbauen wollen, eignen sich insbesondere Atemübungen, Autogenes Training oder Meditation. Wenden Sie die Entspannungsübungen konsistent an, um die bestmögliche Wirkung zu erzielen.

Bewährte Übungen zur Entspannung sind:

- Atemübungen: Eine bewusste Atmung können Sie überall praktizieren, ob im Bus, im Büro oder im Wartezimmer.
- Progressive Muskelentspannung: Diese Technik ist leicht erlernbar, lockert die Muskulatur und hat eine große Entspannungswirkung.
- Autogenes Training: Für diese Entspannungsübungen brauchen Sie etwas mehr Ausdauer und Übung. Dann können Sie sich überall in einen Zustand der Entspannung versetzen.
- Gedankenreisen: Nutzen Sie Ihre Fantasie, um an Ihren Lieblingsort zu reisen, konzentrieren Sie sich auf Ihre Wahrnehmungen und fühlen Sie in sich hinein.

Entspannungsübungen am Morgen - Energie tanken nach dem Aufstehen:

- Stellen Sie die Beine in Hüftbreite fest auf den Boden,
- Verwurzeln Sie sich in Ihrer Vorstellung mit der Erde,
- Atmen Sie tief ein und saugen Sie in Gedanken pure Energien auf,

6. Strategien zur Befreiung von der Einsamkeit

- Nehmen Sie wahr, wie ihr ganzer Körper von diesen Energien durchströmt wird,
- Lassen Sie beim Ausatmen die ganze Anspannung sowie alle negativen Gedanken los.

Finden Sie Ihre Mitte - Entspannungsübungen im Büro oder zwischendurch:
- Atmen Sie tief ein und zählen Sie langsam bis acht,
- Atmen Sie gleich wieder aus und zählen Sie ebenfalls bis acht,
- Nehmen Sie alle auftauchenden Gedanken wahr und stellen Sie sie sich als platzende Seifenblasen vor.

Den Kopf freimachen - Entspannungsübungen vor dem Schlafengehen:
- Setzen Sie sich mit entspannten Schultern und gestreckten Rücken auf den Boden und atmen Sie mit geschlossenen Augen tief ein.
- Beobachten Sie Ihre Atmung, achten Sie auf einen gleichmäßigen Atemrhythmus.
- Tauchen Bilder auf oder Gedanken, lassen Sie sie vorüberziehen, als ob es Wolken wären. Beachten Sie die Bilder und Gedanken nicht weiter und richten Sie Ihre Aufmerksamkeit immer wieder zurück auf Ihren Atem.
- Geben Sie an dieser Stelle nicht auf, auch wenn Sie glauben, es funktioniert nicht, an nichts zu denken.
- Lassen Sie vor dem Einschlafen Ihre Gedanken ziehen, nehmen Sie sie wahr, ohne sie zu beurteilen.

Methoden zur Entspannung für Fortgeschrittene:
- Kommen Körper und Geist wieder in Einklang, entwickeln Sie ein positives Selbstbild. Durch einfache Entspannungstechniken, die jeder leicht im Alltag anwenden kann, tun Sie etwas für Ihre Gesundheit, was zu mehr Wohlbefinden und Lebensfreude führt.
- Yoga: neben einfachen Methoden zur Entspannung gibt es eine Vielzahl an Entspannungsübungen für Fortgeschrittene.

- Das Bikram Yoga ist eine sehr sportliche Form des Yogas. Die Asanas (Körperübungen) und Pranayamas (Atemübungen) werden bei Temperaturen von etwa 40 Grad ausgeführt und erfordern Körperkraft.
- Ein weiterer fordernder Yogastil ist Iyengar Yoga, bei dem der Übende genaue Anweisungen für exakte Yoga-Positionen befolgt.
- Es geht darum, Zugang zu den eigenen Bedürfnissen zu erlangen. Auch Kum Nye, das Tibetische Heilyoga, sind eher Entspannungstechniken für Fortgeschrittene. Diese Yogaform besteht aus Meditation, Yoga-Bewegungen und Selbstmassage. Auch das Rezitieren von Mantren ist häufig Teil des Tibetischen Heilyoga. Natürlich können Sie alle diese Entspannungstechniken auch als Einsteiger erlernen, allerdings sollten Sie das immer unter qualifizierter Anleitung in einem Kurs tun und nicht mit Entspannungsübungen aus dem Internet.

Strategie 15: Lernen Sie, „Nein" zu sagen, um Stress und Einsamkeit vorzubeugen!

Kannst du "nein" sagen?
- wenn andere dich immer wieder um etwas bitten, das du gar nicht tun willst,
- wenn du wieder einmal eine unangenehme Arbeit für jemanden übernehmen sollst,
- wenn jemand sich zum wiederholten Mal Geld von dir pumpen möchte, ohne es je zurückzuzahlen,
- wenn du von einem Verkäufer bedrängt wirst, etwas zu kaufen,
- wenn deine Kinder zum x-ten Mal ein Vorschuss auf ihr Taschengeld wollen,
- oder wenn du keine Lust hast, an einem Familienessen teilzunehmen, von dem du weißt, dass es eh nur wieder in Streit endet.

Klar, einige Male hilft jeder bereitwillig aus und hin und wieder sind wir natürlich auch bereit, unsere eigenen Interessen zurückzustellen. Aber irgendwann kommt für fast jeden der Punkt, wo es nötig ist, eine Bitte abzulehnen. Wenn du genau damit Schwierigkeiten hast, ist dieser Artikel genau das Richtige für dich.

Du findest hier 2 Vorschläge, mit denen es dir leichter fallen wird, "nein" zu sagen.

Vorschlag 1: Nimm dir Bedenkzeit, bevor du eine Entscheidung triffst.

Bitte ruhig um Bedenkzeit. Du musst nicht auf der Stelle "ja" oder "nein" sagen, auch wenn der andere das gerne möchte. Sage ruhig: "Ich muss darüber einen Moment nachdenken. Ich komme in fünf Minuten zu dir und sage dir Bescheid." Oft sagen wir vorschnell "ja" zu etwas, weil wir uns schlicht und einfach überrumpeln lassen. Anliegen und Bitten werden ja meist ganz schnell mal zwischendurch an uns herangetragen und bevor wir es uns versehen, haben wir zu etwas zugesagt, was uns Stunden kostet oder überhaupt keinen Spaß macht. Deshalb ist es sehr hilfreich, sich immer einen kleinen Moment Zeit zu nehmen, um die Situation kurz zu analysieren.

Gehe im Geiste Fragen durch, wie z.B.:

- Was ist das genau, was ich tun soll? Eine Arbeit, ein Gefallen, soll ich etwas geben?
- Möchte ich das tun oder geben – oder ist es mir vielleicht zuwider?
- Wie viel Zeit, Kraft, Energie und Lust habe ich gerade selbst?
- Was muss eventuell leiden oder zurücktreten, wenn ich der Bitte nachkomme?
- Wer ist es, der mich da um einen Gefallen bittet? Welche Bedeutung hat dieser Mensch für mich? In welchem Verhältnis stehen wir zueinander?
- Wie oft habe ich schon etwas für diese Person getan und wenn das schon öfter der Fall war – möchte ich es tatsächlich noch einmal tun?

Vorschlag 2: Finde heraus, warum es dir so schwerfällt, "nein" zu sagen

Dass es vielen Menschen schwerfällt, auch mal eine Bitte oder ein Anliegen abzulehnen, kann die unterschiedlichsten Gründe haben. Klarheit darüber zu bekommen, was es uns ganz persönlich schwer macht, hilft dabei, genau diese Ängste, Bedenken o.ä. zu überwinden.

6. Strategien zur Befreiung von der Einsamkeit

Hier einige Beispiele für Ursachen dafür, dass wir zu oft "ja" sagen:

➢ Die Angst, abgelehnt und nicht mehr gemocht zu werden – Eine Angst, die wir sowohl im Freundes- und Bekanntenkreis und in der Familie haben, aber auch im Job. Die meisten von uns machten schon als Kind die Erfahrung, dass manche Menschen uns nur dann mögen, wenn wir ihnen nützlich sind. Heute als Erwachsene können wir diesen Zusammenhang erkennen und müssen dieses Spiel nicht mitmachen. Fest steht, dass du sowieso nicht erreichen kannst, von allen gemocht zu werden – auch dann nicht, wenn du alles dafür tust. Entscheide dich dazu, dass du nicht von jemanden gemocht werden musst, der dich nicht mag, nur weil du nicht al-les tust, was er oder sie von dir will. Wähle Freunde und Menschen, die dir wichtig sind, mit Bedacht aus.

➢ Angst vor Konsequenzen – Eine Angst, die durchaus berechtigt ist. Nicht jeder reagiert freudig, wenn du eine Bitte ablehnst. Es kann also durchaus zu Konflikten kommen oder im Berufsleben hast du vielleicht auch Angst, deinen Job zu verlieren. Hier ist es sehr wichtig, die Situation möglichst objektiv und realistisch einzuschätzen. Es gibt tatsächlich Situationen, in denen es besser ist, "ja" zu sagen – aber diese Situationen sind sehr viel seltener, als es sich anfühlt. Mache dir klar, dass du schon viele Konflikte in deinem Leben bewältigt hast und dass Konflikte zum Miteinander dazu gehören. Immer alles zu tun aus Angst vor den Reaktionen anderer, raubt dir deine Unabhängigkeit.

➢ Man will nicht egoistisch oder herzlos wirken – diese Ursache liegt in unseren Werten begründet. Du brauchst aber keine Angst davor zu haben, gleich ein Egoist zu sein, nur weil du nicht sofort springst, wenn du jemanden um etwas bittest. Allein, dass du das befürchtest, zeigt bereits, dass du dir über das Thema Gedanken machen. Wirkliche Egoisten kommen gar nicht erst darauf, es zu sein. Aber – es kann durchaus sein, dass man es dir vorwirft. Doch nur weil dich jemand als egoistisch beschimpft, bist du es nicht auch! Der Egoismus-Vorwurf ist sehr wirkungsvoll, wenn man andere zu etwas bringen will. Nimm diesen Manipulationsversuch aber nicht einfach so hin. Du weißt selbst am besten, wie viel du für andere tust und ob du tatsächlich "herzlos" bist. Ein klarer Blick hilft dir hier schon viel weiter. Wenn du sehr unsicher bist, kannst du auch eine Person dazu befragen, die du gut kennst – und die dir vor allem wohl gesonnen ist.

➢ Das Bedürfnis gebraucht zu werden – Diese Ursache liegt oft unbewusst in uns und ist deshalb gar nicht so leicht zu durchschauen. Für andere da sein zu können, gebraucht zu werden, helfen zu können – all das tut vielen Menschen sehr gut. Und es ist ja auch tatsächlich schön, anderen etwas Gutes tun zu können. Wichtig ist nur, dass du hier nicht die Balance verlierst und auf diese Weise ein so genanntes Helfer-Syndrom entwickelst. Damit brennst du nämlich über kurz oder lang selbst aus (weil du zu kurz kommst).

➢ Angst, etwas zu versäumen – Ein Aspekt, der sehr oft übersehen wird, der aber ganz entscheidend ist. Vor allem im Freizeitbereich, aber auch im beruflichen oder familiären Umfeld treibt viele das Bedürfnis an, nur nichts zu verpassen. Und so muss man auf jede Feier, zu jeder Veranstaltung, zu jedem Treffen. Man übernimmt Aufgaben und Gefälligkeiten, weil man dadurch glaubt, "im Geschehen" zu sein – und dass einem etwas entgeht, wenn es jemand anderes tut. Hier hilft nur eines: zu lernen, Prioritäten zu setzen. Finde heraus, was dir wirklich Spaß macht, was dir etwas gibt und trainiere Schritt für Schritt, auch mal zu einer Einladung "nein" zu sagen oder an einer Veranstaltung nicht teilzunehmen. Du wirst sehen, dass das Leben weitergeht, auch wenn du nicht überall dabei bist (das kannst du ja sowieso nicht). Und den gewonnenen Freiraum wirst du auf ganz neue Art nutzen können.

Zu diesen inneren Ursachen kommt dann auch noch die Tatsache, dass es uns die anderen oft nicht gerade leicht machen, "nein" zu sagen. Verständlich, denn schließlich möchte die andere Person ja, dass wir ihrer Bitte nachkommen!

Hier einige Strategien derer, die uns zu etwas bringen wollen:

- Schuldgefühle auslösen
- Erpressung
- Druck
- Überrumpelung (s.o.)
- Schmeicheleien
- Mitleidstour
- und anderes mehr.

Hier hilft nur eines: diese Strategien erkennen und entlarven!

6. Strategien zur Befreiung von der Einsamkeit

Schaue genau hin, wer etwas von dir will und welche Mittel diese Person einsetzt, um es zu erreichen. Hier hilft dir Tipp 1, damit du den nötigen Abstand gewinnst und erkennen kannst, welche Mittel dein jeweiliges Gegenüber einsetzt. Hast du eine Strategie erkannt, kannst du diese freundlich, aber deutlich ansprechen, wie z.B.:

Selbstbewusster werden. Vertrauen in dich selbst haben. Und mutig für deine eigenen Bedürfnisse einstehen → Dein Projekt Innere Stärke

- ➢ "Ich fühle mich im Moment überrumpelt, weil du von mir unter Zeitdruck eine Entscheidung möchtest. Gib mir zehn Minuten und dann sage ich dir bescheid."
- ➢ "Ich kann verstehen, dass es dir nicht gefällt, wenn ich jetzt "nein" sage. Ich möchte mir aber deswegen keine Schuldgefühle machen lassen."
- ➢ "Ihr Lob freut mich natürlich sehr und trotzdem kann ich leider diese Aufgabe heute nicht mehr für Sie erledigen."
- ➢ Mache dir klar, welchen Preis du zahlst, wenn du "ja" sagst

Dieser Tipp klang schon im ersten – also der Situationsanalyse – an, ist aber wichtig genug, auch noch einmal extra genannt zu werden. Mache dir klar, was es dich eigentlich kostet, zu oft "ja" zu sagen. Das nämlich kann dir eine gute Portion Motivation und Anreiz geben, ab sofort ein bisschen genauer zu überlegen, ob du nicht vielleicht doch einmal etwas ablehnst.

Extra-Tipp

Rechne ruhig einmal allein zusammen, wie viel Zeit es dich ganz konkret kostet, Aufgaben für andere zu erledigen. Das einmal summiert zu sehen, kann ein echter Augenöffner sein!

Kosten für zu vorschnelles Ja-sagen sind z.B.:

- Weniger Zeit, Kraft, Energie für deine eigenen Vorhaben und Projekte oder für die Menschen, für die du viel lieber etwas tun würdest.
- Sehr oft Stress, weil die zusätzlichen Aufgaben ja zu denen hinzukommen, die wir eh schon erledigen müssen.
- Häufig Ärger darüber, doch wieder nachgegeben zu haben.
- Nach einer gewissen Zeit das nagende Gefühl, ausgenutzt zu werden.

Auch wenn Beziehungen nicht nach kaufmännischen Regeln zu bewerten sind, so sollte doch das Verhältnis im Großen und Ganzen ausgeglichen sein. Das gilt für den Job genauso wie für Freundschaften oder die Familie. Wenn du dauerhaft mehr gibst als bekommst, wirst du unzufrieden. Und hier gilt es, besser für sich zu sorgen. Indem du dir klarmachst, was es ganz konkret für dich bedeutet, immer wieder etwas für andere zu tun, kommst du in Kontakt mit deinen eigenen Bedürfnissen. Menschen, die sich schwer damit tun, "nein" zu sagen, stellen ihre eigenen Bedürfnisse oft hinten an. Auf Dauer aber höhlt das aus und macht unzufrieden. Du bist auch wichtig! Deine Zeit ist genauso wichtig wie die anderen Leute, deine Kraft ist auch nicht endlos und es steht dir – genau wie jedem anderen zu – gut für dich zu sorgen.

Erlaube dir, "nein" zu sagen

Dieser Tipp knüpft unmittelbar an den vorherigen an. Dann, wenn du dir nämlich klargemacht hast, dass du für jedes "Nein", das du nicht sagst, auch einen Preis zahlst, fällt es dir vielleicht leichter, dir selbst die Erlaubnis dafür zu geben, irgendwann auch einmal an dich und nicht nur an andere zu denken. Du bist kein schlechter Mensch, wenn du eine Bitte ablehnst. Niemand kann ständig für alle bereit stehen. Der Vorwurf, egoistisch zu sein, kommt schnell – aber gut für sich zu sorgen, ist kein Egoismus, das ist notwendige Selbsterhaltung. Du kannst an-deren nur dann wirklich etwas geben, wenn du selbst genug Kraft und Energie hast – und vor allem dann, wenn du gerne tust, worum man dich bittet.

Manchmal kann es sinnvoll sein, sich eine solche Erlaubnis schriftlich zu geben.

Erlaube dir also, auch mal "nein" zu sagen – es ist dein gutes Recht! Warte nicht darauf, dass andere Menschen dir dazu die Absolution erteilen, denn gerade diejenigen, die etwas von dir wollen, haben natürlich nur wenig Interesse daran, dass du für dich sorgst.

Lerne, auf sanfte Art "nein" zu sagen

Wichtig beim Nein-Sagen ist vor allem, klar zu sein, aber dabei nicht brutal. Wenn du etwas nicht tun willst, dann solltest du das so deutlich sagen, dass der andere es nicht missinterpretieren kann. Das aber kann man behutsam und freundlich tun, so dass das "Nein" nicht verletzt. Hier findest du eine Reihe von Möglichkeiten, wie du respektvoll "nein" sagen kannst:

6. Strategien zur Befreiung von der Einsamkeit

Das Nein begründen – Du brauchst dich zwar nicht zu rechtfertigen, aber du kannst dein "Nein" begründen. Das macht es dem anderen leichter, es anzunehmen. Wenn sich z.b. ein Kollege zu dir setzen will, du aber gerade in einem wichtigen Gespräch vertieft bist, bei dem du keinen anderen dabeihaben möchtest, dann kannst du genau das sagen: "Oh, ansonsten jederzeit gerne – nur jetzt besprechen wir gerade etwas Persönliches." Hier bittest du selbst um Rücksichtnahme und motivierst so dein "Nein". Auf diese Weise wird deutlich, dass sich das "Nein" nicht gegen die Person richtet, sondern andere Ursachen hat.

Verständnis zeigen – Indem du Verständnis für die Bitte des anderen zeigst, wirkt jedes "Nein" schon viel weicher. Sage so etwas wie "Dass du so im Zeitstress bist, tut mir sehr leid – aber ich kann dir leider heute trotzdem nicht aushelfen." oder "Ihr Team steht da wirklich stark unter Druck. Leider ist es trotzdem nicht möglich, dass eine Arbeitskraft von uns zu Ihnen wechselt."

Bedanken – Eine schöne Geste ist, sich dafür zu bedanken, dass der andere einem die Aufgabe zutraut oder das Vertrauen in uns hat: "Ich fühle mich geehrt, dass Sie da an mich denken, aber mein Terminkalender ist leider komplett voll." oder "Das ist ein wundervolles Kompliment, dass du mir das zutraust, aber ich kann leider nicht."

Mit Humor – In manchen Situationen ist Humor eine wundervolle Möglichkeit, ein "Nein" zu verpacken. Aber Vorsicht: nicht jeder versteht jede Art von Humor! Im Zweifelsfall solltest du deshalb doch lieber eine neutrale Formulierung wählen.

Manchmal reicht auch ein Teil-Nein – häufig muss man gar kein striktes "Nein" sagen. Wenn du z.B. nur heute keine Zeit hast, es dir aber nichts ausmachen würde, die Aufgabe morgen zu übernehmen, dann kannst du das genauso sagen. Oder vielleicht bist du bereit, einen Teil der Bitte zu erfüllen, dann biete das an.

Gegenangebot machen – Es ist auch möglich, einen Gegenvorschlag zu machen – also vielleicht eine andere Idee anzuregen, wie derjenige sein Anliegen lösen kann. Du zeigst damit, dass dir der andere nicht egal ist, machst aber auch klar, dass du nicht zur Verfügung stehst.

In der Regel reicht es aus, wenn du konsequent bei deinem "Nein" bleibst. Aber es gibt auch Zeitgenossen, die – gerade, wenn diese von dir kein "Nein" gewohnt sind – hartnäckig davon ausgehen, dich doch noch "rumzukriegen".

6. Strategien zur Befreiung von der Einsamkeit

Hier ist dann manchmal auch ein deutlicheres Wort angesagt. Auch hier kannst du die eingesetzte Strategie ansprechen, wie z.B.

- ➢ "Du möchtest mich jetzt offenbar mit allen Mitteln dazu bringen, dass ich "ja" sage – tut mir wirklich leid, aber das zieht dieses Mal nicht."
- ➢ "Ihnen scheint es sehr wichtig zu sein, mich umzustimmen. Aber leider

Und hier haben wir noch einen spannenden Denkanstoß für dich: Überprüfe einmal, wie du selbst damit umgehst, wenn jemand anders "nein" sagt.

- Kannst du das "Nein" akzeptieren oder neigst du selbst dazu, den anderen umstimmen zu wollen?
- Findest du es angemessen, wenn andere deinen Bitten nicht immer nach-kommen oder fühlst du dich dann verletzt oder beleidigt?
- Kannst du mit deiner Enttäuschung gut umgehen oder wirst du wütend?

Wenn du dir diese Fragen ehrlich beantwortest und ggf. hier im Sinne des "Rechts zum Nein-Sagen für alle" etwas an dir arbeitest, wird es dir auch leichter fallen, dir dieses Recht selbst zu nehmen.

Strategie 16: Welche Maßnahmen befreien Dich vom Stress und damit von der Einsamkeit? Dargestellt anhand von Beispielen.

Beispiel 1: Warum Stress krank macht?
Die Menschen fühlen sich in der heutigen Zeit gestresster als früher. Zeitdruck, zu viel Arbeit oder auch Ärger in der Beziehung sorgen dafür, dass unser Stresspegel ansteigt. Eigentlich ist Stress für unseren Körper lebensnotwendig. Er mobilisiert bei Gefahren alle Reserven, um dem Stress entgegenzuwirken. Was aber, wenn unsere Umwelt immer wieder und anhaltend für Stress sorgt? In den letzten Jahren häufen sich Hinweise darauf, dass dieser zunehmende Stress weit mehr als nur psychische Folgen zeigt. Folgekrankheiten Magen-Darm, Herz-Kreislauf oder Krebserkrankungen, Immunschwäche, Rücken- und Kopf-schmerzen sowie psychische Probleme treten häufig in Verbindung mit Stress auf. Je höher und länger die Stressbelastung andauert, desto größer ist dann die Gefahr ernsthaft zu erkranken. Handelt es sich um eine krankhafte

chronische Stress-Erkrankung, dann sollte der Stress als Auslöser erkannt und bekämpft werden, am besten mit ärztlicher Unterstützung.

Welche Möglichkeiten helfen, den Stress langfristig zu bekämpfen?

- Mentale Stärke zeigen, um die innere Balance zu wahren und die Stärke zu entwickeln, in Stresssituationen ruhig und gelassen zu bleiben.
- Ein effektives und realistisches Zeitmanagement kann helfen, das Aufflammen von Stress zu unterbinden. Der Mensch sollte sich genügend Zeit nehmen und geben, um die gestellten Aufgaben effektiv zu erfüllen. Am besten arbeitet der Mensch vormittags zwischen 8:00 und 12:00 Uhr und nachmittags zwischen 15:00 und 19:00 Uhr. Dann ist die Konzentration am höchsten. Sehr hilfreich für die Stressbewältigung sind auch autogenes Training, Muskelentspannungsübungen, Yoga, Tai-Chi und Qi Gong.

Beispiel 2: Stressbewältigung durch Berührung
Ein zufälliges Streifen am Arm, ein fester Händedruck oder eine innige Umarmung: Körperkontakt gehört zu unserem Alltag selbstverständlich dazu – und das nicht ohne Grund. Denn Berührungen sind nicht nur einfach schön, sie sind überlebenswichtig. Sie ermöglichen erst die gesunde Entwicklung von Neugeborenen, beeinflussen unser psychisches Wohlergehen, stärken das Immunsystem und wirken sogar wie Medikamente.

Die Haut ist nicht nur unser größtes, sondern auch eines unserer wichtigsten Sinnesorgane. Über ihre Tastsensoren versorgt sie uns mit wichtigen Informationen aus unserem Umfeld, lässt uns zwischen Ich und Außenwelt unterscheiden und macht uns zu einem empfindsamen Wesen. Werden wir von einem anderen Menschen berührt, setzt das im Körper ein regelrechtes Feuerwerk in Gang: Es werden Botenstoffe frei, die den Zustand von Leib und Seele bedeutend beeinflussen.

Nur wenn sich Neugeborene immer wieder die Nähe einer liebenden Bezugsperson ertasten können, entwickeln sie sich optimal. Der positive Effekt von intensivem Hautkontakt nach der Geburt zeigt sich dabei noch bis ins Schulalter hin-ein. Auch Erwachsene brauchen Berührung, damit es ihnen gut geht. So fördern Streicheleinheiten eine gute Stressbewältigung und machen weniger anfällig für Krankheiten. Umgekehrt kann gezielter Körperkontakt als

6. Strategien zur Befreiung von der Einsamkeit

Therapie bei bestimmten Erkrankungen eingesetzt werden – und unter anderem depressiven Patienten helfen.

Nicht nur als Babys brauchen wir Berührung, damit es uns gut geht. „Berührungen haben für Lebewesen einen Stellenwert wie die Luft zum Atmen", hat der Psychologe Martin Grunwald einmal in einem Interview mit „Die Zeit" konstatiert. Man könnte auch sagen: Nur mithilfe von körperlicher Nähe können wir die Herausforderungen unseres Alltags problemlos meistern.

Auf Berührungsreiz folgt Gehirnreaktion

Das Geheimnis hinter der Macht der Berührungen steckt in den Prozessen, die sie im menschlichen Körper auslösen. Werden wir angefasst, wird dieser Reiz von verschiedenen Arten von Berührungssensoren in der Haut aufgenommen. Diese spezialisierten Rezeptoren sitzen in allen drei Schichten der anderthalb bis zwei Quadratmeter großen Schutzhülle um unser Körperinneres, von der Epidermis über die Leder- bis zur Unterhaut.

Dort registrieren sie so unterschiedliche Reize wie Druck, Dehnung, Vibration oder Schmerz. Über Nervenbahnen melden die Sinneszellen ihre Erregung dem Gehirn. Die eingehenden Signale haben es in sich, denn sie können unsere Psyche entscheidend beeinflussen. So veranlassen sie bei angenehmen Berührungen zum Beispiel, dass Botenstoffe wie das „Glückshormon" Dopamin oder das als Bindungs- und Kuschelhormon bekannte Oxytocin ausgeschüttet werden. Gleichzeitig dämpfen sie das Stresszentrum und führen dazu, dass der Cortisol-Spiegel sinkt.

Angenehme Berührungen setzen Glückshormone frei.

Hilfe bei der Stressbewältigung

Berührungen können deshalb beruhigend wirken, Ängste nehmen und uns stressige Situationen besser meistern lassen. Experimente zeigen: Frauen schneiden in psychosozialen Stresstests grundsätzlich besser ab, wenn sie zuvor oder währenddessen die körperliche Nähe ihres Partners genießen durften – sei es in Form von Händchenhalten oder einer Schulter-Nacken-Massage.

Tatsächlich scheint die emotionale Beruhigung auch das Sozialverhalten sowie die kognitive Leistungsfähigkeit zu beeinflussen. So haben Wissenschaftler herausgefunden, dass sich Teilnehmer strategischer Spiele kooperativer verhalten, wenn sie einander ab und zu anfassen – und dass Berührungen gedankliche Blockaden lösen können. Letzteres funktioniert sogar, wenn wir uns selbst berühren. Unbewusst scheinen wir das zu wissen. Denn mit Ausnahme von

6. Strategien zur Befreiung von der Einsamkeit

Affen ist der Mensch das einzige Tier, dass sich ohne erkenntlichen Grund von außen hin und wieder ins Gesicht fasst – vor allem in stressigen Situationen.

Stärkung fürs Immunsystem

Wenn sich das emotionale Empfinden ändert, profitiert auch der Körper. Die durch Berührungen ausgeschütteten Botenstoffe können deshalb dabei helfen, gesund zu bleiben. Sie senken Puls und Blutdruck – bei regelmäßigem Kuscheln sogar langfristig. Auf diese Weise vermag Berührung das Risiko für koronare Herzerkrankungen zu vermindern.

Auch das Immunsystem ist ein Nutznießer von Streicheleinheiten. Regelmäßige Umarmungen oder Massagen stärken die Immunreaktion, indem sie unter anderem die Anzahl der natürlichen Killerzellen im Blut erhöhen. Welchen durch-schlagenden Effekt das hat, offenbart ein Experiment von Sheldon Cohen und seinen Kollegen von der Carnegie Mellon University in Pittsburgh: Das Team befragte 404 Probanden nach ihren sozialen Kontakten und infizierte sie an-schließend mit Erkältungsviren.

Das Ergebnis: Wer zuvor angegeben hatte, intensive emotionale Unterstützung von seinen Mitmenschen zu erfahren und oft in den Arm genommen zu werden, bekam seltener Schnupfen. Setzten sich die Viren trotz Kuschelschutz durch, waren die Symptome immerhin weniger stark und langanhaltend als bei anderen Testpersonen. „Je mehr Umarmungen jemand bekam, umso besser war er vor Infekten geschützt", sagt Cohen.

Beispiel 3: Berührungen schützen Frauen vor Stress
Verbale Unterstützung allein hilft dagegen kaum

Eine Massage hilft mehr als tausend Worte – so lässt sich das Ergebnis einer neuen Studie Schweizer Wissenschaftler zusammenfassen. Sie stellten fest, dass Berührungen durch die Partner bei Frauen den Stress deutlich reduziert, eine rein verbale Unterstützung dagegen kaum Wirkung zeigte.

Psychologischer Stress belastet den Körper auf vielfältige Art, er kann die Herzrate erhöhen oder die Immunantwort dämpfen. Schon lange untersuchen Wissenschaftler deshalb Faktoren, die die körperliche Stressantwort abmildern könnten. Einer dieser Faktoren ist die soziale Unterstützung. Die Solidarität und Anteilnahme durch Freunde oder den eigenen Partner kann nicht nur die emotionale Reaktion auf Stress, sondern auch die hormonelle Stressantwort reduzieren.

6. Strategien zur Befreiung von der Einsamkeit

Leider schien dieser Effekt bisher vor allem dann zu greifen, wenn Frauen ihren gestressten männlichen Partner auf diese Weise unterstützten. Studien zeigen, dass Männer davon profitieren, dass ihre Partnerin das stressreiche Ereignis mit ihnen vorher bespricht. Frauen dagegen schienen genau von dieser verbalen Unterstützung wenig bis gar nicht zu profitieren. Bisher war es unklar, welche Art der Unterstützung speziell Frauen in einer Stresssituation nützen könnte.

Beate Ditzen und Professor Markus Heinrichs vom Psychologischen Institut der Universität Zürich wollten dieser Diskrepanz auf den Grund gehen. Gemeinsam mit ihren Kollegen verglichen sie unterschiedliche Arten sozialer Unterstützung durch den Partner. Getestet wurde der Effekt einer standardisierten Berührung wie Schulter-Nacken-Massage ohne verbale Unterstützung, die verbale Unterstützung ohne Körperkontakt sowie als dritte Variante eine Konstellation, in der der Partner nicht anwesend war. Anschließend konfrontierten sie alle teilnehmenden Frauen mit einem standardisierten psychosozialen Stresstest.

Das Ergebnis war erstaunlich eindeutig: Es zeigte sich, dass die untersuchten Frauen von der Berührung durch den Partner profitierten, von verbaler Unterstützung allein dagegen nicht. Frauen, die vor dem Stresstest von ihrem Partner eine Schulter-Nacken-Massage erhalten hatten, zeigten deutlich niedrigere Spiegel im Stresshormon Cortisol und geringere Anstiege in der Herzrate als Frauen, deren Partner verbale Unterstützung gegeben hatten.

Diese Ergebnisse lassen darauf schließen, dass positiv wahrgenommene Berührungen eine stark stressreduzierende Wirkung auf unterschiedliche körperliche Systeme haben. Ob Körperkontakt auch bei Männern ähnlich positive Effekte bei Stress hat wie bei Frauen, bleibt noch zu untersuchen.

Beispiel 4: Berührung beeinflussen die Psyche des Menschen und bauen den Stress ab
Unser Wohlbefinden hängt von einer Reihe verschiedener Faktoren ab. Was viele nicht wissen ist, dass Berührungen von anderen hierbei maßgeblich eine Rolle spielen, da hierbei verschiedene Nerven aktiv werden und zum Teil hohe Men-gen an Glückshormonen ausgeschüttet werden. Studien beweisen, dass eine Per-son stark darunter zu leiden hat, wenn er sich nach außen hin isoliert und zurück-zieht. Nicht nur der geistige Austausch bei einem guten Gespräch, sondern auch die körperliche Nähe zählen zu unseren Grundbedürfnissen.

6. Strategien zur Befreiung von der Einsamkeit

Berührungen beeinflussen die Psyche des Menschen

Ob es ein zärtliches Streichen über den Arm ist, eine innige Umarmung oder auch das Streichen über die Haare. Du hast bestimmt bereits an dir selbst schon einige Male festgestellt, dass es dir deutlich besser ergangen ist, wenn du ein Problem hattest und dabei die Nähe zu einem Menschen gesucht hast, der dir wichtig ist. Grund dafür ist das Verständnis der sozialen Zugehörigkeit, das tief in jedem von uns verwurzelt liegt. Je höher deine emotionale Bindung zu einem Menschen ist, desto stärker wirkt sich dessen Berührung auch auf dich aus.

Ein Zusammenspiel aus Gefühlen und Hormonen

Bei einer Umarmung wird das Hormon Oxytocin, was zum besseren Verständnis oft auch einfach Kuschelhormon genannt wird, ausgeschüttet und durchflutet uns. Es sorgt zum einen dafür, dass sich der Puls beruhigt, da wohltuende Energie freigesetzt wird. Zum anderen trägt es dazu bei, dass durch jene Berührung ein Glücksgefühl entsteht. So etwas funktioniert bereits, wenn die Umarmung fest genug ist. Erfolgt diese Berührung zusätzlich von einer Person, die dir nahe-steht, verstärkt sich die Wirkung. Denn auch deine Emotionen, die du demjeni-gen gegenüber empfindest, sind dazu in der Lage, Hormone freizugeben.

Weitere Wirkungen von Berührungen

Regelmäßige Berührung sorgt dafür, dass der Blutdruck und der Stresshormonpegel sinken. Das wiederum führt dazu, dass unser Immunsystem stabiler ist.

Generell sind Menschen, die häufig Körperkontakt mit anderen haben körperlich und seelisch stabiler als Menschen, die selten berührt werden.

Auch Angstzustände können laut einer Untersuchung durch regelmäßige Berührungen gelindert werden.

Eine weitere Studie hat gezeigt, dass Frühchen, die regelmäßig massiert werden, schneller an Gewicht zunehmen als Frühgeborene, die seltener berührt werden.

6. Strategien zur Befreiung von der Einsamkeit

Körperkontakt in unseren Gefilden: Berührung ist etwas Intimes

In deutschsprachigen Ländern herrscht allem voran eine Kultur vor, die gegenüber Berührungen nur sehr bedingt offen ist. Eine Begrüßung, bei der sich beide Parteien sofort umarmen, ist nicht immer gewünscht und wird überwiegend im familiären und freundschaftlichen Umfeld gelebt.

Zum gegenwärtigen Zeitpunkt ist ein gesellschaftlicher Aufschwung zu erkennen, aus dem sehr klar hervorgeht, dass die Menschen nicht ohne vorheriges Einverständnis Berührung erfahren wollen. Oft gilt es bereits als ein Eingriff in den persönlichen Freiraum, dem Gegenüber freundschaftlich an die Schulter zu fassen. Ob Trost oder Zuneigung zum Ausdruck gebracht werden soll, spielt keine Rolle. Wenn du auf Nummer sicher gehen möchtest, vergewissere dich einfach im Vorhinein. Lieber wird einmal zu oft über dieses Thema gesprochen als einmal zu wenig.

So nicht: Warum eine Berührung das Seelenwohl auch negativ beeinflussen kann

Gleichzeitig zu positiven allen positiven Effekten, kann eine Berührung auch mit Dominanz und Anspruch in Verbindung gebracht. So kann ein fester Griff, der das Gegenüber einengt oder ihm das Gefühl vermittelt festgehalten zu werden das genaue Gegenteil einer vertrauten, liebevollen Berührung hervorrufen. Stress und Unwohlsein können hier zum Beispiel die Folge sein.

Darauf zu achten, nicht durch eine unangemessene Berührung dein Gegenüber in Verlegenheit zu bringen, ist eine Form der Wertschätzung und daher ebenfalls wichtig für unser aller Seelenwohl.

Wie Berührung wirkt

> - Berühren beruhigt. Wenn wir aufgeregt sind, kann uns eine sanft auf die Schulter gelegte Hand wieder entspannen. Ohne großes Gerede. (Studie) Es lindert auch körperlichen Schmerz – vor allem das Händehalten mit dem Partner, wie ein Experiment mit Elektroschocks gezeigt hat. (Studie)
> - Berühren zahlt sich aus. Kellner bekommen mehr Trinkgeld. (Studie) Und wenn wir etwas verloren haben, gibt's uns der Finder nach einer Berührung eher zurück. (Studie)
> - Berühren macht hilfsbereit. Menschen erfüllen Bitten eher, wenn wir sie angefasst haben. In einem Experiment halfen so 90 statt 63 Prozent der

6. Strategien zur Befreiung von der Einsamkeit

Leute einem Fremden beim Aufheben seiner heruntergefallenen Sachen. (Studie)

➢ Berühren lässt übereinstimmen. Nachdem sie leicht angefasst wurden, unterzeichneten 81 statt 55 Prozent der Testpersonen eine Petition. (Studie)

➢ Berühren verkauft. Französische Forscher sprachen zufällig ausgewählte Männer auf einem Gebrauchtwagen-Markt auf. Die eine Hälfte wurde für eine Sekunde leicht am Arm berührt, die andere nicht. Anschließend befragt, bewerteten die Personen der berührten Gruppe den Verkäufer als ehrlicher, freundlicher, umgänglicher und gütiger. Klar, dass sie bei so jemandem lieber ein Auto kaufen: „Der war so nett, das macht bestimmt nichts, dass der teure BMW nur zwei Räder hat ... und irgendwie genauso aussieht wie ein Fahrrad." (Studie)

➢ Berühren verschafft Macht. Der Psychologe Henley beobachtete ausgewählte Großstädter in ihrem Alltag. Wer andere Leute häufiger berührte (statt von ihnen berührt zu werden) hatte in der Regel einen höheren gesellschaftlichen und beruflichen Status. (Studie)

➢ Berühren macht erfolgreich. Wissenschaftler der University of California fanden einen Zusammenhang zwischen dem Erfolg von Basketballteams der NBA und der Häufigkeit der Berührungen der Kameraden. Teams, die sich häufiger abklatschen oder aufmunternde Klapse gaben, schnitten besser ab. (Studie)

➢ Berühren verschafft Dates. Männer verwechseln alles gern mit einem Flirt. Das ist nichts Neues. Der kleinste Hauch einer Berührung ist für viele ein sicheres Zeichen – „Boah, die will mich, ey, die will mich so sehr!" Scheißegal, ob das in einer überfüllten U-Bahn ist, in der die Frau ihre Gliedmaßen schon aufessen müsste, um niemanden zu berühren. (Studie). Interessanter: Frauen rücken eher ihre Telefonnummer heraus, wenn sie dabei für 1-2 Sekunden am Oberarm berührt werden. Vermutlich, so die Forscher, weil dieses Verhalten für Dominanz steht, eine attraktive männliche Eigenschaft. (Studie)

➢ Berühren bringt Nähe. Mit einer Berührung am Unterarm allein erkannten Menschen in einem Experiment mit verbundenen Augen zwölf verschiedene Emotionen des Gegenübers, mit einer Treffsicherheit von 48 bis 83 Prozent. Ob Ekel, Dankbarkeit, Angst oder Liebe. Anfassen ist Kommunikation. Geht von der Haut unter die Haut, geht ins Herz. (Studie)

6. Strategien zur Befreiung von der Einsamkeit

> Berühren macht glücklich und schlau. Über mehrere Monate bekamen Frauen mit einer Depression zweimal wöchentlich eine Massage. Ihnen ging es körperlich und seelisch deutlich besser. (Studie). In einer anderen Studie wurde die eine Hälfte nicht massiert, die andere Hälfte über fünf Wochen. Die massierte Gruppe schloss besser bei schwierigen Matheaufgaben ab. (Studie)

Beispiel 5: Stressbewältigung am Arbeitsplatz

Übersicht

- ❖ Arbeitsmenge, Zeitdruck und Hektik im Job nehmen kontinuierlich zu.
- ❖ Stress am Arbeitsplatz gefährdet die Gesundheit, und Dauerstress schädigt den Organismus.
- ❖ Als berufliche Stressoren gelten hoher Termin- und Leistungsdruck, arbeiten an mehreren Aufgaben gleichzeitig, Konflikte mit Vorgesetzten und Kollegen oder ständige Unterbrechungen.
- ❖ Wer seine Arbeit kaum selbst bestimmen und einteilen kann und ständig mehr bringen muss, unterliegt erheblichen Gesundheitsrisiken.
- ❖ Die Informations- und Kommunikationstechnologien haben die Arbeit tiefgreifend verändert und beschleunigt, Ökonomie und globale Vernetzung lassen Leistungsanforderungen steigen.
- ❖ Viele Beschäftigte haben inzwischen Schwierigkeiten, sich nach der Arbeit zu regenerieren. Auch deshalb, weil sie beruflich erreichbar sein müssen.

Nach der Autorin Ulla Wittig-Goetz ist Stress zu einem der größten Gesundheits-risiken in der modernen Arbeitswelt geworden. Dies ergab eine Untersuchung in den Mitgliedstaaten der Europäischen Union. Danach nehmen Leistungsverdichtung, Arbeitstempo und Zeitdruck ständig zu und lagen im Jahr 2000 deutlich höher als im Vergleichsjahr 1990. Der Stressreport der Bundesregierung (repräsentative Befragung von 20.000 Beschäftigten) von 2012 stellt fest, dass nach dem sehr hohen Anstieg der Belastungen bis Mitte der 2000er Jahre sich die Belastungswerte zwischen 2005 und 2011 auf hohem Niveau eingependelt haben. Nur die Anzeichen für Stressfolgen und die

6. Strategien zur Befreiung von der Einsamkeit

Bewertung des Gesundheitszustandes werden von Beschäftigten kontinuierlich schlechter bewertet.

Psychische Erkrankungen stehen mittlerweile an 4. Stelle der Statistik der Erkrankungsarten und an erster Stelle der Gründe für Frühverrentungen. Es gilt heute als gesichert, dass Depressionen umso häufiger auftreten, desto höher die Arbeitsintensität ist. Aber auch anderen Folgen von Dauerstress am Arbeitsplatz sind vorhanden: Herz-Kreislauf-Erkrankungen, Migräne, Tinnitus oder Rücken-beschwerden. Wem die Bewältigung nicht mehr gelingt, läuft Gefahr ins Burnout zu rutschen.

Der Stressreport 2012 zeigt als zentrale Stressfaktoren für viele Betroffene:

- 58 % müssen häufig verschiedenartige Arbeiten gleichzeitig betreuen (Multitasking-Anforderung)
- 52 % stehen häufig unter starkem Termin und Leistungsdruck und 34 % finden das als sehr belastend
- 50 % haben häufig ständig wiederkehrende Arbeitsvorgänge
- 44 % werden häufig bei der Arbeit gestört und unterbrochen
- 39 % müssen häufig sehr schnell arbeiten.

Der jährlich repräsentativ erhobene DGB Index gute Arbeit von 2011 bestätigt diese Zahlen, hiernach fühlen sich 52 % sehr häufig und oft gehetzt und unter Zeitdruck und 63 % berichten, dass in letzten Jahren immer mehr in gleicher Zeit schaffen müssen. 27 % berichten, dass man von ihnen erwartet, auch außerhalb der normalen Arbeitszeit per Telefon oder Mail erreichbar zu sein. Besonders betroffen sind die Branchen Information und Kommunikation, Finanzen, Gesundheits- und Sozialwesen, Verkehr und Lagerwirtschaft und Bauwesen.

Was ist Stress?

Stress kennzeichnet in erster Linie ein Ungleichgewicht zwischen Arbeitsanforderungen und den individuellen Möglichkeiten (wie Leistungsfähigkeit und Zeit), diese zu bewältigen. Wird dieser Widerspruch als unangenehm, bedrohlich oder gefährlich erlebt, löst die negativen Gefühle wie Angst, innere Anspannung, Hilflosigkeit usw. aus und verändert körperliche Abläufe.

Stress ist ein Alarmzustand mit körperlichen und psychischen Anzeichen.

6. Strategien zur Befreiung von der Einsamkeit

Die von der EU-Kommission verwandte Stress-Definition lautet: "Arbeitsbedingter Stress lässt sich definieren als Gesamtheit emotionaler, kognitiver, verhaltensmäßiger und physiologischer Reaktionen auf widrige und schädliche Aspekte des Arbeitsinhalts, der Arbeitsorganisation und der Arbeitsumgebung. Dieser Zustand ist durch starke Erregung und starkes Unbehagen, oft auch durch ein Gefühl des Überfordert seins charakterisiert."

Menschen reagieren unterschiedlich

Von jedem Menschen wird Stress anders wahrgenommen und verarbeitet. Was für den einen bereits schwer belastend sein kann, empfindet der andere als Herausforderung oder anregenden "Kick".

Es sind innere, psychische Prozesse, die eine wichtige Rolle dabei spielen, ob eine Situation als stressig erlebt wird. Neue neurobiologische Forschungen verweisen darauf, dass die jeweiligen Vorerfahrungen ganz entscheidend sind: Konnte eine solche Situation schon einmal bewältigt werden? War Hilfe von anderen zu erwarten? Konnte diese Situation von bedeutsamen Bezugspersonen bewältigt werden? Wiederholte und intensive Erfahrungen von Niederlagen, Ge-fahren, Angst, Hilflosigkeit werden quasi "abgespeichert" und werden bei ähnlichen Erlebnissen automatisch abgerufen. Diese Reaktionsmuster sind allerdings wieder änderbar.

Die individuellen Bewältigungsmöglichkeiten, d. h. die erlernten Muster mit Belastungen umzugehen, sind aber auch entscheidend geprägt von Arbeitserfahrungen. Soziale Unterstützung und positive zwischenmenschlichen Beziehungen gelten im Beruf und ebenso grundsätzliche das ganze Leben lang als entscheidende Faktoren, die vor ungesunden übermäßigen Stressreaktionen schützt. Sie werden als Ressourcen bezeichnet.

Stress wird durch Stressreize oder so genannte Stressoren ausgelöst. Was ein Mensch bewältigen kann, hängt auch von der Dauer, Intensität und Anzahl der Stressoren und anderer Belastungen am Arbeitsplatz ab. Und es hängt von den persönlichen Fähigkeiten und unterstützenden Ressourcen der Arbeitsumwelt ab.

6. Strategien zur Befreiung von der Einsamkeit

Psychisch-mentale Stressoren

> ➢ quantitative Überforderung durch die Leistungsmenge bzw. das Arbeitstempo
> ➢ qualitative Überforderung durch Informationsflut, Unübersichtlichkeit oder Komplexität der Aufgabe

Überforderung durch die Notwendigkeit

- mehrere Aufgaben gleichzeitig zu betreuen - Multitasking
- ständige Unterbrechungen, Störungen
- Unterforderung, weil der Arbeitsinhalt nicht der Qualifikation entspricht
- mentale Überforderung durch unergonomische Software
- widersprüchliche Arbeitsanweisungen
- ständige Unterbrechungen, z.B. durch EDV-Ausfall
- unvollständige Informationen
- mangelhafte Rückmeldungen
- unklare Zielvorgaben
- Leistungs- und Zeitdruck
- Angst vor Misserfolg und Kontrolle
- hohe Verantwortung für Personen oder Werte
- ungenügende Einarbeitung
- unklare Zuständigkeiten

Soziale Stressoren

- fehlende Anerkennung und Unterstützung durch Kollegen und Vorgesetzte
- mangelhafte Wertschätzung, schlechtes Betriebsklima
- Konflikte
- Konkurrenzdruck
- isoliertes Arbeiten
- geringe Entwicklungsmöglichkeiten
- Diskriminierung oder Benachteiligung
- Kollision der Arbeitsbedingungen mit Familienerfordernissen
- Angst vor Arbeitsplatzverlust
- mangelhafte Information und Beteiligung am Betriebsgeschehen

6. Strategien zur Befreiung von der Einsamkeit

- Mobbing

emotionale Stressoren

- Zwang zum Freundlich sein
- Widerspruch zwischen ausgedrückten und empfundenen Gefühlen (z.B. Freundlichkeit zu ärgerlichen Kunden)

Physische Stressoren

- Lärm
- Kälte bzw. Hitze
- Nacht- und Schichtarbeit
- pausenloses Arbeiten
- Blendung durch falsche Beleuchtung, Beleidigungen, Kränkungen, Demütigungen

Mobbing gilt als eine extreme Form sozialer und emotionaler Stressoren.

Unsichere Arbeitsverhältnisse und Arbeitslosigkeit zählen mit zu den stärksten Stressoren. Deshalb beginnt ein wirksamer Arbeits- und Gesundheitsschutz bereits bei der sozialverträglichen Ausgestaltung des Arbeitsverhältnisses und nicht erst bei der Schaffung menschengerechter Arbeitsbedingungen.

Was schützt vor Stress?

Stresspuffer

Wo die gegenseitige soziale Unterstützung bei der Arbeit funktioniert, können Stresssituationen besser bewältigt werden. Generell gelten gute Sozialbeziehungen und Handlungs- bzw. Verhandlungsspielräume (über die Leistungsbedingungen) als Stresspuffer.

6. Strategien zur Befreiung von der Einsamkeit

Beispiele für betriebliche Maßnahmen gegen Stress

- Arbeitsintensität verringern
- Zeitspielräume einkalkulieren
- für regelmäßige Pausen sorgen
- Arbeitsumgebung gesundheitsgerecht gestalten z. B. durch Maßnahmen zur Lärmminderung
- Handlungsspielräume erweitern
- Entscheidungsmöglichkeiten schaffen (z. B. sollte jeder konkrete Verantwortung für Qualität und Termintreue seiner Arbeit haben und seine Arbeitsschritte selbst bestimmen)
- geordnete Verfahren zu Verhandlung von Leistungs- und Zielvorgaben
- ständige Arbeitsunterbrechungen beseitigen (z. B. durch Festlegung störungsfreier Arbeitszeiten)
- betriebliche Weiterbildung sichert ausreichende Qualifikation und hilft Angst sowie Stress zu verhindern
- Beschäftigte entsprechend ihrer Qualifikation einsetzen und Möglichkeiten zur Weiterentwicklung schaffen
- Rückmeldungen über die Qualität der Arbeit geben
- Kommunikation, Kooperation und Information verbessern
- Betriebsklima pflegen

Beispiel 6: Stress vermeiden durch Rituale

Was sind Rituale?

Jede Kultur, aber auch Familien, Freunde und Paare haben ihre eigenen Rituale im Alltag. Dinge, die einfach immer gleich ablaufen – zu gleichen Zeiten, an gleichen Orten, unter gleichen Bedingungen. Dieser geregelte Ablauf hat sein Gutes: Das Vertraute gibt uns Sicherheit und im Zusammenspiel mit Anderen ein Gefühl der Zusammengehörigkeit.

Doch warum hilft es uns, wenn konkrete Handlungen immer gleich ablaufen? Das ist der Funktionsweise unseres Gehirns geschuldet. Laut Psychotherapeut Peter Groß ist unser Gehirn stets auf der Suche nach Strukturen. Sobald diese Strukturen nicht mehr gegeben sind, kann das zu Unsicherheit führen.

6. Strategien zur Befreiung von der Einsamkeit

Rituale sind also Handlungsweisen, die fest in unser Leben und unseren Alltag integriert sind. Sobald wir ein Ritual leben, laufen wir sozusagen auf Autopilot. Und das hilft uns wiederum dabei, unsere Gedanken auf die Dinge zu richten, die wirklich wichtig sind.

Warum können uns Rituale den Alltag erleichtern?

Wer Rituale in seinen Alltag einbaut, tut nicht nur etwas für sein Wohlbefinden, sondern auch für seine Gesundheit. Du hast es vielleicht schon selbst an dir beobachten dürfen. Wenn du morgens gerne deine Zeitung liest und sie einmal nicht geliefert wird, fühlst du dich unruhig und lange nicht so wohl wie sonst.

Dabei müssen Rituale nicht immer einem selbst entspringen. Oft sind sie auch gesellschaftlich vorgegeben. Etwa bei einer Beerdigung. Hier ist es gang und gäbe, schwarz gekleidet zu erscheinen. Der Ablauf der Trauerfeier ist fest vorgege-ben. Und auch der Leichenschmaus ist eine etablierte Tradition. Diese geregelten Abläufe helfen den Trauernden bei der Verarbeitung ihres Verlustes – und beim Abschließen, um sich für Neues zu öffnen.

Welche Rituale können mir den Alltag erleichtern?

Grundsätzlich kann dir jedes Ritual dabei helfen, deinen Alltag effektiv zu meistern. Durch die Struktur, die Rituale deinem Tagesablauf geben und durch die Sicherheit, die du durch das Leben deiner Rituale bekommst.

Welche Rituale grundsätzlich zur Erleichterung deines Arbeitsalltags beitragen, lässt sich pauschal nicht sagen. Jeder Mensch ist anders und hat dementsprechend andere Rituale, die ihm wichtig sind. Allerdings gibt es ein paar allgemeine Lebensweisen, die jedem dabei helfen können, seinen Alltag zu strukturieren und somit den Platz zum Ausleben eigener Rituale lassen.

Rituale für dein Privat- und Arbeitsleben

> ➢ Morgenroutine einhalten: Am besten startest du schon mit Ritualen in den Tag. Die Grundvoraussetzung dafür schaffst du, indem du dir morgens ausreichend Zeit für dich und deine Gewohnheiten nimmst. Wenn du etwa nach dem Aufstehen nicht auf deinen Kaffee und ein gutes Frühstück verzichten magst, plane genug Zeit dafür ein. Auch wenn das für dich bedeutet, früher aufstehen zu müssen. Du wirst merken, wie gut es dir tut, entspannt und ohne Zeitdruck zu frühstücken, deine Zeitung zu lesen, E-Mails zu checken – eben all das zu tun, was dir

morgens wichtig ist. Und es lohnt sich: Denn so startest du gleich viel entspannter und fokussierter in den Tag.

➢ Pausen gönnen: Selbst, wenn die nächste Deadline ins Haus steht oder deine Familie dir keine ruhige Minute lässt – gönn dir Pausen! Oft tendieren wir dazu, alles so schnell wie möglich erledigen bzw. abarbeiten zu wollen. Das ist aber gerade in den sogenannten Peak-Phasen kontraproduktiv. Nicht nur, dass die Qualität deiner Arbeit darunter leiden kann. Du versetzt dich zudem in eine vermeidbare Stresssituation. Ein paar Minuten, um den Kopf frei zu bekommen – etwa bei einem kurzen Spaziergang im Park um die Ecke – müssen drin sein. Und ebenso 30 bis 60 Minuten Zeit für die Mittagspause. Nach solch einer Pause arbeitet sich die To-Do-Liste gleich viel schneller ab.

➢ Esse bewusst: Viele aus meinem Bekanntenkreis, und auch ich selbst, tendieren dazu, in stressigen Lebensphasen unregelmäßig und unausgewogen zu essen. Weil die Zeit knapp ist, greift man auf die Tiefkühl-Pizza zurück oder besucht das nächste Fast Food-Restaurant. Auch wenn dieses Vorgehen zeitsparend er-scheint, ist es keine gute Idee. Erstens, weil es deinen Körper stresst, wenn Essen runtergeschlungen wird. Zweitens, weil das falsche Essen unter Stress nicht gut für dich ist. Gerade in turbulenten Zeiten braucht der Körper viele Vitamine, Spurenelemente und Co. Wenn du ihm diese gönnst, wird du sicherlich einen Unterschied bemerken. Denn wer sich gesund ernährt, kann klarer denken. Weiterer Pluspunkt: Gönnt man sich einen leckeren Salat in der Mittagspause, ist man danach deutlich fitter und wacher als nach einem Hamburger. Das Mittagstief bleibt so aus.

➢ Sport machen: Einmal oder mehrmals wöchentlich zu festgelegten Zeitpunkten Sport treiben ist ebenfalls ein Ritual, das dir dabei helfen kann, Stress abzubauen und zu dir selbst zu finden. Hast du einen besonders stressigen Job oder einen turbulenten privaten Alltag, ist Yoga eine empfehlenswerte Sportart. Sie trainiert nicht nur den Körper, sondern hilft dir auch dabei, deine Mitte zu finden und da-bei zur Ruhe zu kommen. Kein Wunder, dass diese Sportart insbesondere in

Großstädten einen Boom erlebt. Natürlich kannst du auch einer anderen Sportart nachgehen. Im Sommer kann etwa eine Joggingrunde im Freien wahre Wunder bewirken. Nicht nur, weil du deinen Körper auspowerst (gerade für Menschen, die beruflich viel sitzen empfehlenswert), sondern auch, weil die frische Luft da-bei hilft, die Gedanken zu ordnen.

➢ Lebe den Abend: Wie bereits am Morgen, solltest du dir auch am Abend die Zeit nehmen, deine Rituale zu Leben. Das hilft dir nicht nur dabei runterzukommen, sondern die zurückliegenden Stunden zu resümieren. Und wie können diese abendlichen Rituale aussehen? Du könntest dir zum Beispiel einen Entspannungstee und ein gutes Buch gönnen. Oder zu deiner Lieblingsserie auf der Couch entspannen. Alles, was dir dabei hilft, abzuschalten, ist erlaubt. Durch die Ruhe und Zeit, die du dir am Abend nimmst, kannst du deine Gedanken ordnen und auch deinen kommenden Tag planen, was dir wiederum dabei hilft, am nächsten Morgen entspannter in den Tag zu starten.

Hilfreiche Rituale im Überblick

Rituale für deinen Körper:

- Fahre mit dem Rad zur Arbeit, anstatt die S-Bahn zu benutzen.
- Verzichte auf den Fahrstuhl und nimm die Treppe.
- Dehne deinen Körper, nachdem du längere Zeit am Schreibtisch gesessen hast.
- Laufe ein paar Schritte durch dein Büro, wenn du eine Aufgabe erledigt hast.

Rituale für dein Wohlbefinden:

- Sorge für gesunde Lebensmittel in Reichweiter, etwa Nüsse, Obst oder Müsli.
- Habe stets ein Glas Wasser auf dem Schreibtisch und trinke regelmäßig.
- Baue feste Pausen in deinen Arbeitstag ein.

- Verwöhne dich mit Kleinigkeiten, die dich glücklich machen.

Rituale für deine Psyche:

- Pflege Freundschaften und nimm dir Zeit, dich mit Freunden und Familie zu treffen.
- Such dir eine Entspannungstechnik, für die du dir jeden Tag fünf Minuten Zeit nimmst.
- Fokussiere dich. Wenn du unter Zeitdruck arbeitest, einfach mal den Blick vom Bildschirm abwenden und eine Runde durch die Räume schweifen lassen oder aus dem Fenster schauen.
- Ruf dir einmal pro Tag in Gedanken, für was du wirklich dankbar bist.

Wie kann man Stress vermeiden? Etwa durch Rituale gegen Stress

Neurologen der Universitäten von Wisconsin und Virginia untersuchten 16 glücklich verheiratete Paare in einem Labor, wobei ein Computertomograph ihre Hirnaktivitäten während des eines Experiments abbildete, bei welchem die Frau-en leichte Elektroschocks am Knöchel erhielten und deshalb durchwegs leicht angespannt (gestresst) waren. Dann bat man die Ehemänner, ihrer Frau die Hand zu halten - schlagartig zeigte der Hirnscan Veränderungen an: Jene Regionen des Gehirns, die vorher Stress signalisierten, beruhigten sich. Hielt eine fremde Person die Hand, sank das Erregungsniveau auch, jedoch in geringerem Maße.

Nach Hans Morschitzky (klinischer Psychologe und Verhaltenstherapeut in Linz) ist grundsätzlich jede Form von Hautkontakt entspannend, so kann auch Im-Nacken-Streicheln oder Kuscheln entspannend wirken. Dabei muss der Partner nicht unbedingt ein Mensch sein, sondern es kann auch ein Hund oder eine Katze sein. Durch Berührung entsteht ein Bio-Feedback, das den Blutdruck senkt, die Muskeln entspannt und den Hautwiderstand sinken.

Die beruhigende Wirkung von Berührungen zeigt sich an verhaltensauffälligen Jugendlichen, die niemanden an sich heranlassen, die aber etwa in der Betreuung von Pferden oder anderen Haustieren Erfüllung finden.

Übrigens: Männer tun sich damit schwerer, weil sie Berührung meist mit sexueller Stimulation gleichsetzen.

6. Strategien zur Befreiung von der Einsamkeit

Stressbewältigung durch Berührung

Menschen, die überambitioniert beruflich tätig sind, haben oft keine Freizeitkultur aufgebaut. In Ruhephasen wie im Urlaub kommt daher die große Leere. Oder es treten die seelischen Probleme hervor, die in der Arbeitswoche unter der Betriebsamkeit versteckt blieben. Es trifft nach Ansicht von Psychologen vor allem jene Menschen, deren Wertesystem nicht in Balance ist, denn wenn die Arbeit über allem steht und diese dann wegfällt, kommt die Niedergeschlagenheit.

Gegenstrategien könnten daher sein:

- Druck wegnehmen Das Berufsleben besteht aus Stress, Organisation und Termindruck. Wer auch im Urlaub dieselben Maßstäbe anlegt, wird scheitern. Besser schon bei der Planung überlegen: Was will ich in meinem Ur-laub, was soll er mir bringen und vor allem: Was brauche ich?
- Perfektion über Bord werfen Viele Menschen glauben, nur weil Urlaubszeit ist, müssten sie rund um die Uhr glücklich sein.
- Bewegung hilft beim Stressabbau Es muss nicht unbedingt Hochleistungssport sein, auch ein flotter Spaziergang ist effektiv.
- Aktiv abschalten Entspannung ist etwas, das nicht von selbst passiert. Man muss es gezielt angehen. Nutzen Sie deshalb jeden Abend eine Viertelstunde zum aktiven Abschalten.
- Langsam in den Urlaub gleiten, damit die Reise nicht zu anstrengend wird, empfiehlt es sich, vor dem Start einen Ruhetag einzuplanen und die ersten Urlaubstage zu entspannen.

Beispiel 7: Nahrungsmittel helfen gegen Stress

Wenn wir genervt sind, fehlen uns oft einfach wichtige Nährstoffe. Wir zeigen Dir gesunde Lebensmittel, die Du essen kannst, um Stress zu bekämpfen.

Wenn wir gestresst sind, greifen wir gerne zu Süßigkeiten und anderen hochkalorischen Seelentröstern. Ich zeige Dir die 10 besten Lebensmittel gegen Stress. Erfahre, welche Nährstoffe Deinem Körper wirklich helfen, um mit stressigen Situationen klarzukommen.

6. Strategien zur Befreiung von der Einsamkeit

Die Top 10: Essen gegen Stress

Nüsse

Nüsse enthalten viel Magnesium sowie Vitamine der B-Gruppe und sind deshalb echte Stresskiller. Vor allem Walnüsse und Pistazien sind reich daran. Aber Ach-tung: Kalorien liefern sie trotzdem, also besser in Maßen als in Massen!

Bananen

Bananen sind reich an Tryptophan, das Dein Körper in Serotonin umwandeln kann. Sie können also genauso glücklich machen wie Schokolade, enthalten aber gar kein Fett und somit weniger Kalorien. Zudem stecken auch die Stresskiller Magnesium, Kalzium und Vitamin B6 in der krummen Frucht.

Joghurt

Joghurt ist Nervennahrung, da es viel Vitamin B, Kalzium und Magnesium enthält. Ein paar Vitamin C-reiche Früchte dazu, fertig ist das Power-Dessert. Schon gewusst: Erdbeeren liefern mehr Vitamin C als Zitronen!

Paprika

Paprikas enthalten noch mehr Vitamin C als Erdbeeren und eignen sich deshalb bestens als zuckerarmer Lieferant. Magnesium, Kalium und Eisen stecken auch noch drin. Diese Mineralstoffe können der stressbedingten Müdigkeit entgegen-wirken!

Avocados

Die grünen Früchte sind reich an ungesättigten Fetten, Vitamin B1, Magnesium und Kalium. Avocados können somit deine angespannten Nerven beruhigen.

Fisch

Vor allem Lachs und Thunfisch enthalten gesunde Omega 3 Fettsäuren, die stimmungsaufhellende Wirkung haben sollen.

Spinat

Spinat zählt zu den Top-Kaliumlieferanten und kann somit ausgleichend wirken. Am besten verwendest Du frischen Spinat und dünstest ihn nur kurz an. Oder Du machst einen Smoothie daraus. So bleiben die hitzeempfindlichen Nährstoffe erhalten.

Hülsenfrüchte

Erbsen, Bohnen, Linsen und Co sind besonders ergiebige Magnesiumlieferanten und versorgen dich mich komplexen Kohlenhydraten, die dich lange wachsam und fit halten.

Quinoa

Quinoa-Samen sind besonders reich an Eisen, Magnesium und Eiweiß. Zudem enthalten sie, wie die Banane, den glücklich Macher Tryptophan. Die fröhlichen Powerkörnchen eignen sich besonders für gestresste Veganer und Menschen mit Gluten- oder Laktoseintoleranz. Aber auch Fleischessern schmeckt eine Quinoa-Bulette zur Mittagspause.

Haferflocken

Haferflocken enthalten viel Vitamin B1 und Tryptophan, das Dein Nervensystem reguliert. Die komplexen Kohlehydrate der potenten Flocken werden zudem langsam abgebaut und schützen Dich vor Heißhungerattacken. Zusammen mit Früchten sind sie ein ideales und günstiges Anti-Stress-Frühstück.

Die Schokoladen-Glücks-Lüge

Es stimmt zwar, dass im Kakao eine Vorstufe des Glückshormons Serotonin steckt, vor allem in Vollmilchschokolade ist die Konzentration aber wahrscheinlich zu gering, um tatsächlich einen Effekt erzielen zu können. Dass Du Dich kurzzeitig besser fühlst, nachdem Du eine Rippe Deiner Lieblingsschokolade verdrückt hast liegt vielmehr daran, dass Du die Belohnung mit Süßigkeiten im Laufe Deines Lebens schlichtweg erlernt hast. Ein größeres Verlangen nach zuckerreichen Lebensmitteln zeigen erwiesenermaßen vor allem Menschen, denen in der Kindheit wenig davon erlaubt wurde. Kinder, die Süßkram und Co. in rau-en Massen vertilgen dürfen, zeigen später als Erwachsene dann komischerweise seltener emotional gesteuertes Essverhalten und haben auch weniger oft das Bedürfnis nach Süßem. Große Befriedigung liefern dem

6. Strategien zur Befreiung von der Einsamkeit

Menschen alle Lebensmittel, die eine Kombination aus Fett, Zucker, besonderem Aroma und eine spezielle Textur liefern. Schokolade punktet hier besonders durch das einzigartige Schmelzverhalten. Das Hochgefühl hält aber leider nur kurz an – was länger bleibt sind das schlechte Gewissen und die Speckrollen an Deinen Problemzonen. Besser ist es, auf Lebensmittel zu setzen, die den tatsächlichen Bedürfnissen Deines Körpers in anstrengenden Phasen entsprechen. Nur so baust du effektiv Stress ab.

Wenn du mehr darüber wissen willst, warum uns Schokolade vermeintlich glücklich macht, lies dazu den Artikel unserer Ernährungsexpertin Chrissy!

Essen gegen Stress: Das braucht Dein Körper wirklich

Deine Zellen arbeiten in Stressphasen auf Hochtouren und brauchen besonders viele Nährstoffe. Wenn der gesteigerte Bedarf nicht gedeckt wird, wirst Du schnell müde und fühlst Dich erschöpft. Genau das, was Du jetzt nicht brauchen kannst, schließlich willst Du Leistung bringen, um Deine Aufgaben zu erledigen. Besonders wichtig ist nun, dass Du deinen Blutzuckerspiegel in Schach hältst. Er sollte hoch genug sein, um Deinem Hirn die Arbeit zu ermöglichen, aber nicht zu stark ansteigen, damit deine Leistung nicht genauso schnell wieder abfällt. Hier helfen dir besonders Lebensmittel mit komplexen Kohlenhydraten wie Knäcke-brot, Müsli oder Vollkornpasta. Die liefern auch gleich Magnesium, was angeblich dem Stresshormon Kortisol entgegenwirken und so Deine Anspannung und Nervosität verringern soll.

Kalium gilt als zweites Antistress-Mineral. Wenn Du zu wenig davon im Blut hast, fühlst Du Dich möglicherweise schnell unruhig, bekommst Kopfschmerzen oder gar Bluthochdruck. Sollte deine Zufuhr mit der Nahrung nicht ausreichend sein, beginnt dein Körper bei anhaltendem Stress, die benötigten Mineralstoffe aus seinen Reserven zu beziehen. Dir hilft also auf jeden Fall, möglichst viel davon durch Obst und Gemüse zuzuführen. Auch die Vitamine der B-Gruppe gelten als echte Stresskiller. Lebensmittel mit viel Vitamin B wie Milchprodukte, Fisch oder Haferflocken können zur Nervenstärkung beitragen. Vitamin B2 kann sogar die Ausschüttung von Stresshormonen reduzieren und Vitamin B6 Dich ruhiger schlafen lassen.

6. Strategien zur Befreiung von der Einsamkeit

Ein weiteres Vitamin, das Deinen Körper in Stressphasen unterstützen kann, ist Vitamin C. Um fit und gesund zu bleiben, solltest du es kontinuierlich zuführen, was über eine gemischte Ernährung aber normalerweise gegeben ist. In stressigen Zeiten bildet dein Körper vermehrt freie Radikale. Diese kannst Du ebenfalls mit den Vitaminen C und B2, die zu den Antioxidantien zählen, neutralisieren. Auch stark verarbeitete Nahrungsmittel aus dem Supermarkt um die Büroecke enthalten kaum noch Nährstoffe. Deshalb werden sie von Ernährungswissenschaftlern gerne als leere Kalorien bezeichnet. Im Grunde braucht Dein Körper also gerade in stressigen Zeiten viel frisches Obst und Gemüse, Fisch, mageres Fleisch und Vollkornprodukte. Als Nervennahrungssnacks eignen sich in Maßen Nüsse, Äpfel, Bananen und auch mal ein paar ungesüßte Trockenfrüchte. Grüne Smoothies enthalten, je nach Zusammensetzung, viele Mineralstoffe, Vitamine, Folsäure und Antioxidantien. Rezepte für solche Stress abbauenden Nahrungsmitteln findest Du natürlich auch in den Rezepten von Gymondo! Wenn Du Dich in Stress-phasen besonders gut, aber dennoch kalorienbewusst ernährst, tust Du Deinem Körper langfristig etwas Gutes und musst Dich in ruhigeren Zeiten nicht mit einem schlechten Gewissen quälen. Die echte Nervennahrung wirkt also langfristig positiv auf deinen Körper und Deinen Geist.

Beispiel 8: Selbstgespräche helfen, Stress zu vermeiden und Druck abzubauen

Selbstgespräche können dem Stress-Abbau dienen. Sätze wie „der kocht doch auch nur mit Wasser" oder „Ich pack das schon", schießen den meisten einmal durch den Kopf und oftmals werden sie unterbewusst auch ausgesprochen. Dabei wirken die Selbstgespräche für Umstehende gelegentlich durchaus etwas merk-würdig, doch den Betroffenen helfen sie bei der Stressbewältigung.

Durch Selbstgespräche wird Stress abgebaut beziehungsweise vermieden, berichtete Prof. Hans-Dieter Hermann von der Deutschen Hochschule für Prävention und Gesundheitsmanagement (DHfPG) in Saarbrücken am Rande der Internationalen Leitmesse für Fitness, Wellness und Gesundheit. Dies sei eine vielfach unterschätzte Methode der Stressbewältigung, so die Aussage des Experten.

6. Strategien zur Befreiung von der Einsamkeit

Selbstgespräche wirken beruhigend und helfen positive Handlungsstrategien zu entwickeln

Zwiegespräch mit sich selbst, ob in Gedanken oder ausgesprochen, helfen den Stress zu reduzieren, erläuterte Prof. Hermann. Die Gedanken, die einem gerade durch den Kopf schießen, zuzulassen und zu artikulieren, könne zur deutlichen Senkung der psychischen Belastungen am Arbeitsplatz beitragen. Sätze wie „Ich gehe jetzt Schritt für Schritt vor", helfen den Betroffenen auch bei hoher Arbeitsbelastung die Ruhe zu bewahren. Generell dienen die Selbstgespräche oft der eigenen Ermutigung, stärken so das Selbstbewusstsein und helfen dem Druck am Arbeitsplatz Stand zu halten. Zudem dienen Sätze wie „Der kocht doch auch nur mit Wasser" als Ventil für Verärgerung und Unmut. Die Selbstgespräche er-leichtern es den Betroffenen sich zu beruhigen und positive Handlungsstrategien zu entwickeln, berichtet die Nachrichtenagentur „dpa" unter Bezug auf die Aus-sagen von Professor Hermann.

Selbstgespräche eine unterschätzte Methode der Stressbewältigung

Der Experte von der Deutschen Hochschule für Prävention und Gesundheitsmanagement (DHfPG) in Saarbrücken betonte die Stress reduzierende Wirkung der Selbstgespräche und erklärte, dass dies „eine sehr unterschätzte Methode" der Stressbewältigung sei. Wie notwendig die Vermeidung und der Abbau von Stress am Arbeitsplatz sind, zeigt sich anhand der gesundheitlichen Folgen, die durch die Dauerbelastung hervorgerufen werden können. Stress in den deutschen Betrieben die zweithäufigste Ursache für Fehlzeiten am Arbeitsplatz. Daher investieren viele große Unternehmen heute bereits in die Stress-Vorsorge. „Gesundheitsmanagement lohnt sich auch im Bereich Motivation, Mitarbeiterzufriedenheit und Fehlerverringerung. Insofern sind die Kosten dafür schnell wieder hereingeholt", betonte der auch als Sportpsychologe der deutschen Fußball-Nationalmannschaft tätige Experte der Deutschen Hochschule für Prävention und Gesundheitsmanagement. Die Unternehmen können sich laut Prof. Hermann zum Beispiel an den Kosten für Sportangebote und Präventionskurse beteiligen.

8 Gründe, die für Selbstgespräche sprechen

1. Gedanken ordnen und Entscheidungen treffen

6. Strategien zur Befreiung von der Einsamkeit

Wer Tagebuch schreibt, kennt es: Das Schreiben hilft dabei, eigene Gedanken zu ordnen, Erlebnisse zu verarbeiten und sich über Gefühle klar zu werden. Ähnlich ist es mit den Selbstgesprächen, bloß dass dieser Prozess der Verarbeitung nicht schriftlich, sondern verbal in einem selbst stattfindet. Das heißt, Selbstgespräche helfen auch dabei, Gedanken und Gefühle zu reflektieren. Somit finden wir schneller eine Lösung für ein Problem und können leichter eine Entscheidung treffen.

2. Mentales Googeln

Wenn wir ein Selbstgespräch führen, hört das Gehirn sehr genau hin. Auch der Inhalt der Selbstgespräche ist wichtig und hat Einfluss auf unser späteres Handeln. Denn alle Informationen des Selbstgespräches werden abgespeichert, sodass wir jederzeit darauf zurückgreifen können. Schnell mal unser Google-Gehirn gefragt, auch bekannt als Erinnerung oder Erfahrung, und schon wissen wir, nach welcher Hausnummer wir suchen oder welchen Weg wir einschlagen müssen. Somit ist ein Selbstgespräch auch eine Art Datensicherung, die später als Gedächtnistraining gut genutzt werden kann.

Allerdings wird im Gehirn alles abgespeichert, denn es weiß nicht, was uns möglicherweise in 10 Jahren von Nutzen sein könnte. Archiviert werden also alle Erfahrungen und die dazugehörige Bewertung, die wir vornehmen. Das bedeutet, dass alle Erlebnisse von uns bewusst oder unbewusst kommentiert werden, beim mentalen Googeln werden dann die jeweiligen Seiten und die dazugehörigen Kommentare aufgerufen. Selbst wenn der Kommentar abwertend war, erscheint das im Chatverlauf des Gehirns. Und umgekehrt, sprechen wir wertschätzend mit uns selbst, wird auch das von unserem Gehirn gespeichert. Es schadet also nicht, sich die Festplatte auch mal anzugucken, um etwas aufzuräumen.

3. Selbstgespräche steigern die Kreativität

Dieses mentale Googeln, was Teil eines Selbstgespräches ist, hilft aber auch, Ideen zu bündeln und an der Umsetzung zu arbeiten. Hier geht es gar nicht so sehr ums Abspeichern, sondern vielmehr um das Verarbeiten und Weiterverwerten von Informationen. Hier wirken Selbstgespräche hoch inspirierend und Kreativität steigernd.

6. Strategien zur Befreiung von der Einsamkeit

Diesen Prozess nutzen Autoren, Künstler und Musiker beispielsweise, wenn sie an einem Projekt arbeiten, brainstormen und ihre Ideen „kneten" und formen.

4. Emotionale Intelligenz verbessern

Sich in andere Menschen einzufühlen, nennt man Empathie. Sie gehört zur gene-tischen Grundausstattung des Menschen und sichert das soziale Miteinander. Prägend sind hier sicher die ersten Jahre der Kindheit, denn in diesen erfahren wir Bindung und Sicherheit. Das schafft Vertrauen und ist für ein gesundes Selbstbewusstsein sehr wichtig. Später kommt das Sozialverhalten unter Gleichaltrigen dazu.

Emotionale Intelligenz setzt sich zusammen aus Empathie, Selbstbewusstsein und der Fähigkeit, zu kommunizieren. Das bedeutet, dass über Selbstgespräche die emotionale Intelligenz trainiert werden kann, denn während der Gespräche fühlen wir uns in uns selbst (Selbstbewusstsein) und in unser Gegenüber (Empathie) ein, zeitgleich kommunizieren wir – das verbessert auch unsere Rhetorik.

5. Selbstgespräche als Ventil

Traurigkeit, Ärger und Frust sollte man nicht in sich hineinfressen. Auch hier können Selbstgespräche dabei helfen, diffuse Gedanken und unliebsame Gefühle zu verarbeiten.

Die Selbstgespräche erlauben es, den Ärger zu formulieren und damit loszuwerden; außerdem können sie dazu beitragen, sich in der Traurigkeit weniger einsam zu fühlen. So sind Selbstgespräche auch ein Ventil bei innerer Spannung.

Sie können Aggressionen reduzieren und dadurch Stress abbauen.

6. Selbstmotivation

Worte können motivieren. Ein „Du schaffst das!" oder „Gut gemacht" ist der verbale Schulterklopfer, ein „Ich glaub an dich!". Ob nun andere an uns glauben oder wir selbst überzeugt sind, dass wir etwas schaffen, ist dabei erst einmal zweitrangig, denn die Wirkung ist die gleiche: Wir fühlen uns gestärkt und packen es an. Diese innere Motivation macht selbstsicherer.

Ein motivierendes Selbstgespräch kann also durchaus weiter anfeuern und dabei unterstützen, ein Ziel besser und schneller zu erreichen. Die innere Ansprache kann aber ebenso demotivieren, denn wer sich regelmäßig als Versager beschimpft, wird sich davon kaum bestärkt fühlen. Aus diesem Grund sind Qualität und Inhalt der Selbstgespräche sehr wichtig.

7. Selbstgespräche beruhigen

Wer im Stau steht und einen Termin hat, kann unruhig und ungeduldig werden. Auch hier helfen Selbstgespräche, wie beispielsweise der Zuspruch, dass es bald weitergeht. Der Stau löst sich dadurch zwar nicht auf, aber wir sind entspannter und weniger gestresst. Und das ist nachweislich spürbar: der Puls geht runter, der Herzschlag verlangsamt sich und wir können wieder klare Gedanken fassen.

8. Leistung und Konzentration werden verbessert

Und weil Selbstgespräche einerseits beruhigen und anderseits motivieren können, werden sie im Rahmen eines Coachings oder Mentaltrainings gerne auch genutzt, um bei Sportlern oder im Beruf die Konzentration und Leistung zu verbessern. Das liegt daran, dass wir ohne Stress und voll motiviert leistungsfähiger sind, weil wir uns sicher und wohl fühlen. Das stärkt den Selbstwert und wir wa-gen uns mutiger an Probleme heran, um aktiv eine Lösung dafür zu suchen. Selbstgespräche steigern also auch die Leistung und helfen, Probleme schneller und besser zu lösen.

Selbstgespräch – richtiger Umgang mit dem inneren Kritiker

6. Strategien zur Befreiung von der Einsamkeit

Wie schon erwähnt, entscheiden Inhalt und Qualität darüber, wie ein Selbstgespräch wirkt. Wer wertschätzend und geduldig mit sich selbst spricht, der wird sich gestärkt fühlen und ein gesundes Selbstbewusstsein entwickeln. Auch Menschen mit Depression, zwanghaftem Verhalten oder Ängsten führen regelmäßig innere Gespräche, die jedoch meist demotivierend und sich selbst gegenüber ab-wertend sind.

Doch auch hier kann mit dem inneren Dialog gearbeitet werden. Gerade in der Psychotherapie wird dieser genutzt, um ein niedriges Selbstwertgefühl zu stärken und zu mehr Selbstvertrauen zu gelangen. Dabei wird erst einmal genauer auf den Inhalt der Selbstgespräche geachtet, um anschließend eine Kommunikation zu üben, die wertschätzend ist. Damit werden Ängste abgebaut und Blockaden gelöst. Diffuse Gedanken werden ausgesprochen oft sehr klar, damit sind die Ge-spräche meist die Eingangstür zur Lösung eines Problems.

„Gedanken wollen oft - ähnlich wie Kinder und Hunde -, dass man mit ihnen im Freien spazieren geht." Christian Morgenstern

Strategie 17: Wie kann man Burnout als Ursache von Einsamkeit verdrängen?

Was ist Burnout und wie äußert er sich?

"Burnout" (engl. "to burn out" = "ausbrennen") ist ein Sammelbegriff und steht für einen emotionalen, geistigen und körperlichen Erschöpfungszustand, der durch eine Antriebs- und Leistungsschwäche gekennzeichnet ist und typischerweise am Ende eines monate- oder sogar jahrelang andauernden "Teufelskreises" aus Überarbeitung und Überforderung steht. "Burnout" und "Burnout Syndrom" meinen dasselbe.

Burnout: die "Krankheit der Tüchtigen"

Vor allem die Pflichtbewussten, Menschen, die sich einsetzen und denen gute Resultate wichtig sind, die es genau nehmen mit dem was sie tun, die sind besonders gefährdet.

6. Strategien zur Befreiung von der Einsamkeit

Ein Burnout kann prinzipiell jeden treffen, d.h. nicht nur Berufstätige, sondern auch Hausfrauen, Arbeitslose, Rentner oder Schüler. Da die Burnout-Forschung aber in der Untersuchung spezieller Berufsgruppen wurzelt, beziehen sich die meisten Beschreibungen und Analysen auf Betroffene in der erwerbstätigen Bevölkerung.

Spätestens seit Bekanntwerden prominenter Burnout-Fälle unter weltweit bekannten Sportlern (wie beispielsweise Profifussballer Jan Simák oder Skispringer Sven Hannawald), Popstars (so z.B. Mariah Carey, Chris Watrin von US5 oder Peter Plate von Rosenstolz) und Politikern (z.B. der deutsche Ministerpräsident Matthias Platzeck oder der ehemalige Parteipräsident der FDP Schweiz Rolf Schweiger), die deswegen ihre Karrieren beenden oder zumindest zeitweise auf Eis legen mussten, rückt das Burnout Syndrom zunehmend in die öffentliche Aufmerksamkeit und in das Blickfeld der Medien.

Repräsentativen Studien zufolge sind rund 7% aller Erwerbstätigen von einem Burnout-Syndrom betroffen, etliche weitere sind Burnout-gefährdet. Die Vorkommens Häufigkeit ist in bestimmten Berufsgruppen (wie z.B. Manager, Unternehmensberater, Unternehmer, Lehrer, Sozialarbeiter, Pflegepersonal, Gefängnispersonal, Pfarrer, Ärzte etc.) deutlich höher als in anderen. Entscheidend für das Zustandekommen eines Burnout-Syndroms ist aber nicht etwa die Anzahl der Arbeitswochenstunden oder die Art der beruflichen Aufgaben, sondern komplexe Wechselwirkungen von Arbeitsbedingungen und individuellen Voraussetzungen, die zu anhaltendem Stress und schließlich zur vollständigen Erschöpfung führen.

Alarmsignale und Symptome des Burnout-Syndroms

Das Burnout-Syndrom macht sich in verschiedenen Stadien anhand unterschiedlichster Symptome bemerkbar und tritt dabei in vielfältigen Varianten und sehr individuellem Maße auf.

Im Anfangsstadium besteht eher grundlegend ein diffuses Gefühl, dass etwas nicht in Ordnung ist. Das kann einhergehen mit gelegentlicher grundloser Angst und beginnenden körperlichen Beschwerden.

6. Strategien zur Befreiung von der Einsamkeit

Erste konkrete Anzeichen einer drohenden oder beginnenden Burnout-Symptomatik können vermehrter Einsatz, nahezu pausenloses Arbeiten, der subjektive Eindruck der eigenen Unentbehrlichkeit, das Gefühl eigentlich nie mehr richtig Zeit für sich zu haben, also die zunehmende Verleugnung der eigenen Bedürfnisse und die Beschränkung zwischenmenschlicher Kontakte sein.

Im fortgeschrittenen Stadium kommen Gefühle wie Ärger, Unzufriedenheit, Gereiztheit oder auch das Gefühl ausgenutzt oder betrogen zu werden hinzu. Die körperlichen Symptome nehmen zu. Burnout-Patienten klagen dabei über unterschiedlichste Beschwerden wie Mattheit und Erschöpfung, Ruhelosigkeit, Niedergeschlagenheit, Depression und Ängste, aber auch Schlafstörungen, sexuelle Probleme, Kopf- und Rückenschmerzen, Tinnitus, Herzrasen, Magenkrämpfe und andere körperliche Gebrechen.

Bei weiterem Fortschreiten der Symptomatik treten zunehmend Gefühle von Sinnlosigkeit, Versagen, Misstrauen auf. Die Patienten sind sehr schnell erschöpft, mechanisieren ihre Leben so weit wie möglich, ziehen sich zurück und fallen in Apathie.

Beschwerden, Schmerzen oder ein geschwächtes Immunsystem können viele Ursachen haben - jedem geht es ab und an mal nicht so gut. Sich krank zu fühlen, sollte nicht zum Dauerzustand werden. Wann gesteht man sich dann ein, dass die Grenze der Belastbarkeit überschritten ist, man selbst zu hohe Erwartungen in eigene Leistungen setzt und nicht alle gesteckten Ziele erreichen kann?

Wie äußert sich Burnout?

Die häufigsten Anzeichen für einen Burnout sind:

- Lustlosigkeit, Übellaunigkeit, Gereiztheit,
- Gefühle des Versagens, der Sinnlosigkeit,
- Angst, den Anforderungen nicht mehr gewachsen zu sein,

6. Strategien zur Befreiung von der Einsamkeit

- mangelndes Interesse am Beruf oder Aufgabenbereich,
- permanente Müdigkeit, Mattigkeit, Kraftlosigkeit und Erschöpfung,
- Schlafstörungen, Gedächtnis- und Konzentrationsstörungen,
- Kopf- und Rückenschmerzen.

Was verursacht ein Burnout?

Die Ursachen von Burnout sind vielfältig. An der Entstehung des Burnout-Syndroms sind immer innere Faktoren, wie Persönlichkeitseigenschaften oder Einstellungen, und äußere Faktoren, wie Umweltbedingungen- und Anforderungen, beteiligt. Meist entsteht aus dem Zusammenspiel der inneren und äußeren Faktoren bzw. aus deren Nicht-Passung das Problem. Im Folgenden möchte ich auf diese inneren Faktoren eingehen, da hier eine große Chance sowohl in der Prävention als auch in der Therapie von Burnout liegt. Durch das Bewusstmachen der Risikofaktoren kann ein bewussterer Umgang mit Burnout entstehen sowie ein aktives Veränderungspotential. Durch aktives, bewusstes Umgehen mit sich und seinen Risikofaktoren kann man diese Schritt für Schritt bearbeiten und so seine „Schwächen" zu Stärken wandeln.

Die häufigsten Persönlichkeitseigenschaften, die ein Burnout begünstigen sind:

- Perfektionismus
- Nicht Nein sagen können
- Ehrgeiz
- Das Helfersyndrom
- Negativismus oder Pessimismus
- Innere Risikofaktoren für Burnout

6. Strategien zur Befreiung von der Einsamkeit

Perfektionismus

Perfektionismus bedeutet, sehr hohe Anforderungen an sich zu stellen, alles perfekt machen zu wollen und sich meist zu hohe Ziele zu setzen, egal ob im Beruf oder im Privatleben.

Perfektionisten wollen die Welt umkrempeln und stellen unrealistisch hohe Anforderungen an sich selbst und ihr Umfeld, wollen immer Höchstleistungen vollbringen und erlauben sich nicht, Fehler zu machen.

Wenn von außen nicht die gewünschte Anerkennung zurückkommt oder sie ihre Ziele nicht immer und überall erreichen können, sind sie enttäuscht, strengen sich noch mehr an, oft bis ihr Akku leer läuft. Je mehr ihr Akku leerläuft, umso mehr versuchen sie sich anzustrengen und umso wahrscheinlicher kommt es zum Ausbrennen, zum sogenannten Burnout. Der Leistungsdrang ist noch da, aber Körper und Geist sind erschöpft.

Nicht Nein sagen können

Burnout gefährdet sind auch Menschen, denen es schwerfällt, nein zu sagen, die sich nicht trauen Grenzen zu setzen, die aus Angst vor Konflikten lieber selbst zurückstecken. Sie erleben sich als Fußabtreter ihrer Mitmenschen und werden oft ausgenutzt. Sie fühlen sich unter Druck gesetzt und überfordert, da sie es allen Mitmenschen Recht machen wollen - was ihnen natürlich nicht gelingen kann.

Hier sind besonders Frauen gefährdet, weil sie meist harmoniebedürftiger sind als Männer und sich deshalb schwertun, Nein zu sagen und Grenzen zu setzen.

Ehrgeiz

Menschen mit sehr großem Ehrgeiz, besonders wenn sie diesen Ehrgeiz über alles stellen und verbissen ein Ziel verfolgen, sind gefährdet, Burnout zu entwickeln. Sie sind insbesondere dann gefährdet, wenn der Motor für ihren

6. Strategien zur Befreiung von der Einsamkeit

Ehrgeiz das Gefühl ist, nicht gut genug zu sein, d.h. wenn sie unter einem geringen Selbstwertgefühl leiden.

Sie haben das Gefühl, sich und anderen durch Leistung immer wieder aufs Neue beweisen zu müssen, achten zu wenig auf sich und ihre Bedürfnisse und gehen dabei über ihre Grenzen hinaus.

Da sie aber ihren Erfolg gar nicht wirklich wahrnehmen und schätzen können, hetzen sie von einer Herausforderung zur nächsten, kommen nicht zur Ruhe, fühlen sich ständig gedrängt und voller Unruhe.

Anderen helfen wollen bzw. es anderen recht machen wollen

Menschen, die ein starkes Bedürfnis haben, für andere da zu sein, neigen oft dazu, dies übermäßig zu tun und sich selbst dabei zu vernachlässigen. Oft ist das bei Menschen, die in sozialen Berufen arbeiten der Fall - sie entwickeln ein sogenanntes Helfersyndrom.

Um sich wertvoll und wichtig zu fühlen, sind sie immer für andere da und vernachlässigen dabei eigene Grenzen und persönliche Bedürfnisse. Dies ist auch bei Menschen der Fall, die es immer allen Recht machen bzw. alle im Umfeld zufrieden stellen wollen und auf keinen Fall irgendwo anecken möchten. Das tun sie auf Kosten von sich selbst, denn einer bleibt dabei immer auf der Strecke – und zwar die Person selbst.

Negativismus oder Pessimismus

Menschen, die das alles eher negativ gefärbt sehen, bei allem den Haken suchen, sich immer zuerst die negativen Seiten ausmalen, sind gefährdeter an einer Depression oder Burnout zu erkranken. Sie sehen das Glas immer als halb leer statt halb vor, grübeln viel, malen sich negative Konsequenzen aus, machen sich viele Sorgen und nehmen so immer eher ein negatives Ergebnis vorweg.

6. Strategien zur Befreiung von der Einsamkeit

Allgemein scheint es zwei Persönlichkeitstypen zu geben, die ein erhöhtes Burnout-Risiko haben:

1. Menschen mit einem niedrigen Selbstbewusstsein, die infolgedessen überempfindlich, eher angepasst und passiv und besonders harmoniedürftig sind, es allen recht machen wollen und viel Wert auf Bestätigung von außen legen. Sie beurteilen sich und ihre Leistung eher pessimistisch.
2. Dynamische, sehr zielstrebige Menschen, die mit viel Ehrgeiz, Idealismus und Engagement ein hohes Ziel erreichen wollen. Sie verbeißen sich oft in dieses Ziel und vernachlässigen andere Bereiche im Leben und v.a. sich selbst.

Zwar erscheinen diese zwei Typen recht gegensätzlich, haben aber doch Gemeinsamkeiten. Beide Typen haben Schwierigkeiten, ihren Gefühlen genügend Aufmerksamkeit zu geben und ihnen Ausdruck zu verleihen. Sie haben einen starken Wunsch nach Anerkennung von ihrem Umfeld und vernachlässigen dafür viele andere Bedürfnisse.

Weitere Innere Risikofaktoren für Burnout sind:

Abhängigkeit des Selbstbildes von der Ausübung einer einzigen Rolle (z.B. der engagierte Sozialarbeiter oder der erfolgreiche Manager)

Zweifel am Sinn des eigenen Tuns

Unrealistisch hoch gesteckte Ziele, die nicht oder nur mit hohem Energieeinsatz zu erreichen sind

Ziele, die nicht die eigenen sind, sondern den Erwartungen anderer entsprechen

Hohe Erwartungen an die Belohnung, meist von außen, nach Erreichen eines bestimmten Ziels

Schwierigkeiten, persönliche Schwäche und Hilfebedarf einzugestehen

Schwierigkeiten, nein zu sagen - entweder zu anderen oder zum eigenen "inneren Antreiber", der ehrgeizige Menschen und Perfektionisten antreibt.

Wichtig ist es, seine Gefährdungspunkte wahrzunehmen und ernst zu nehmen. Denn all die aufgezählten Punkte sind zwar zum Teil der Person geworden, aber sie sind keine festgelegten Eigenschaften wie Hautfarbe oder Augenfarbe. Sie sind übers Leben hinweg erworbene, also erlernte Eigenarten und können somit „verlernt" bzw. bearbeitet und durch selbstdienlichere Eigenschaften ersetzt werden.

So ist auch die Resilienz, die innere Widerstandskraft gegen Stress und Belastungen nicht nur etwas, was man in die Wiege gelegt bekommt oder eben nicht.

Resilienz kann auch entwickelt und aufgebaut werden. Darunter fallen z.B. alle Stressbewältigungsstrategien, alles was dem Leben einen tieferen Sinn verleiht und alle kraftspendenden Aktivitäten und Kontakte.

Wir sind also dem Schicksal und unserer Biologie nicht hilflos ausgeliefert, sondern können uns und unser Wohlbefinden aktiv beeinflussen.

In welchen Stadien verläuft das Burnout-Syndrom?

Das Burnout-Syndrom verläuft nicht bei jedem Betroffenen gleich. Tatsächlich unterscheidet sich der Verlauf von Patienten zu Patient oft stark. Dennoch wurde in der wissenschaftlichen Literatur versucht, Burnout in Stadien einzuteilen. Häufig erfolgte eine Einteilung in drei Stadien.

Einig ist man sich darüber: Das Burnout-Syndrom beginnt schleichend. Betroffen sind meist Menschen, die etwas erreichen wollen, die hohes Engagement zeigen und ein geringes Bedürfnis nach Ruhe und Regeneration zu haben scheinen. Sie überfordern sich damit selbst und muten sich mehr zu als sie leisten können.

Burnout Stadium 1

Im ersten Stadium fühlen sich die Betroffenen zunehmend erschöpft und ausgelaugt. Sie sind frustriert. Zudem können sie in ihrer Freizeit nicht mehr regenerieren, sie können ihre Akkus nicht mehr aufladen. Energie und Schwung, die sie für ihre Arbeit bräuchten, nehmen immer mehr ab. Häufig kommen eine erhöhte Anfälligkeit für Infekte sowie chronische Müdigkeit hinzu.

Burnout Stadium 2

Im weiteren Verlauf reagieren die Betroffenen zunehmend gereizt und zynisch. Sie entwickeln eine Gleichgültigkeit, sowohl beruflich wie privat. Auf Kunden, Mitarbeiter und Angehörige wirken Burnout-Betroffene gefühllos. Es folgen Resignation und die Vermeidung von Kontakten. Die Betroffenen ziehen sich immer mehr zurück, erfüllen nur noch ihr Pflichtprogramm. Nicht selten steigt in dieser Zeit der Alkohol-, Nikotin- oder Kaffeekonsum.

Burnout Stadium 3

In Stadium 3 kommt es schließlich zu einem Leistungsabfall. Das Vertrauen in die eigene Leistungsfähigkeit schwindet immer mehr. Positive Erlebnisse und Erfolge gibt es nicht mehr. Auch Angst- und Panikattacken sowie Depressionen können jetzt auftreten. Eventuell schon zuvor vorhandene körperliche Symptome wie Schlafstörungen oder Kopfschmerzen verstärken sich. Schlusspunkt ist die völlige Erschöpfung. Die Betroffenen sind nun nicht mehr in der Lage ihren Beruf auszuüben.

Was sind für Symptome beim Burnout festzustellen?

Burnout-Symptome sind sehr vielfältig. Sie äußern sich emotional, psychisch und in der geistigen Leistungsfähigkeit, können aber auch in Form psychosomatischer Beschwerden auftreten. Jeder Betroffene zeigt ein individuelles Muster von Symptomen und Beschwerden. Diese verändern sich abhängig von der Phase der Erkrankung. Hauptsymptom von Burnout ist jedoch ein Gefühl tiefer Erschöpfung.

Symptome: tiefe Erschöpfung, keine Möglichkeit "abzuschalten", psychosomatische Beschwerden, Gefühl mangelnder Anerkennung, „Dienst nach Vorschrift", Distanziertheit, Zynismus, Leistungseinbußen, schließlich Depression-Burnout-Symptome in der Anfangsphase

In der frühen Phase eines Burnouts steckt der Betroffene meist viel Energie in seine Aufgaben. Das kann freiwillig aus Idealismus oder Ehrgeiz geschehen, aber auch aus der Not heraus geboren sein - beispielsweise aufgrund von

6. Strategien zur Befreiung von der Einsamkeit

Mehrfachbelastungen, zu pflegenden Angehörigen oder aus Angst vor Jobverlust.

Ein charakteristisches frühes Anzeichen von Burnout ist, wenn Menschen nicht mehr abschalten können. Sie können sich nicht mehr richtig erholen, sind weniger leistungsfähig und müssen dann noch mehr Kraft aufwenden, um Ihre Aufgaben zu bewältigen. Damit beginnt ein Teufelskreis. Weitere Burnout-Symptome in der Anfangsphase sind unter anderem:

- Gefühl, unentbehrlich zu sein
- Gefühl, nie genügend Zeit zu haben
- Verleugnung eigener Bedürfnisse
- Verdrängung von Misserfolgen und Enttäuschungen
- Einschränkung sozialer Kontakte auf Kunden, Patienten, Klienten etc.

Bald machen sich erste Burnout-Anzeichen einer Erschöpfung bemerkbar. Dazu gehören:

- Rastlosigkeit
- Energiemangel
- Schlafmangel
- erhöhte Unfallgefahr
- erhöhte Anfälligkeit für Infektionen

Reduziertes Engagement

Das für die Einstiegsphase typische Überengagement kippt irgendwann zunehmend in eine Anspruchshaltung. Die Betroffenen erwarten, dass ihnen für ihren großen Einsatz etwas zurückgegeben wird. Werden sie enttäuscht, rutschen sie in eine starke Frustration. Die folgenden Symptome helfen Ihnen ein drohendes Burnout zu erkennen:

Innere Kündigung: Die Betroffene nehmen längere Pausen als üblich, kommen spät zur Arbeit und gehen zu früh wieder. Sie begeben sich zunehmend in einen

6. Strategien zur Befreiung von der Einsamkeit

Zustand „innerer Kündigung". Der starke Widerwille gegen die Arbeit führt dazu, dass sie – wenn überhaupt – nur noch das Nötigste tun.

Entpersönlichung und Zynismus: Vor allem in helfenden Berufen ist eine "Entpersönlichung" von Beziehungen ein typisches Burnout-Symptom. Die Fähigkeit zum Mitgefühl und zur Anteilnahme für Andere (Empathie) nimmt ab. Im Umgang machen sich emotionale Kälte und Zynismus breit. Pflegekräfte werten dann beispielsweise ihre Patienten stark ab.

Auswirkungen auf die Familie: Solche Anzeichen von Burnout wirken sich oft auch auf das Familienleben aus. Die Betroffenen stellen immer größere Anforderungen an ihren Partner, ohne etwas zurückzugeben. Sie haben keine Kraft und Geduld mehr, Zeit mit ihren Kindern zu verbringen.

Typische Burnout-Symptome in dieser Phase sind:

- schwindender Idealismus
- Herunterfahren des Engagements
- Gefühl mangelnder Wertschätzung
- Gefühl, ausgebeutet zu werden
- Aufblühen in der Freizeit
- zunehmende Distanziertheit gegenüber Klienten, Patienten, Geschäftspartnern
- abnehmende Fähigkeit, sich in andere hineinzuversetzen
- emotionale Kälte und Zynismus
- negative Gefühle Kollegen, Kunden oder Vorgesetzten gegenüber

Emotionale Reaktionen - Depressionen, Aggressionen, Schuldzuweisungen

Burnout-Symptome äußern sich auch in emotionalen Reaktionen. Wenn das überhöhte Engagement langsam in Frustration kippt, macht sich häufig Desillusionierung breit. Die Personen erkennen, dass die Realität nicht den eigenen Wünschen entspricht. Sie geben die Schuld dafür entweder der Umwelt oder sich selbst. Ersteres führt eher zu Aggressionen. Letzteres trägt zu einer depressiven Stimmung bei („Ich bin ein Versager!").

6. Strategien zur Befreiung von der Einsamkeit

Depressive Symptome bei Burnout sind:

- Gefühl der Ohnmacht und Hilflosigkeit
- Gefühl innerer Leere
- bröckelndes Selbstwertgefühl
- Pessimismus
- Angstzustände
- Niedergeschlagenheit
- Antriebslosigkeit

Aggressive Symptome bei Burnout sind:

- Schuldzuweisung nach außen, an Kollegen, Vorgesetzte oder "das System"
- Launenhaftigkeit, Reizbarkeit, Ungeduld
- häufige Konflikte mit anderen, Intoleranz
- Zorn

Abbau, schwindende Leistungsfähigkeit

Die sinkende Motivation und die starke emotionale Belastung schlagen sich nach einiger Zeit auch in einer schlechteren Leistung nieder. Die Betoffenen machen häufiger Flüchtigkeitsfehler oder vergessen Termine. Weitere Anzeichen des kognitiven Leistungsabbaus sind:

- schwindende Kreativität
- Unfähigkeit, komplexe Aufgaben zu bewältigen
- Probleme, Entscheidungen zu fällen
- "Dienst nach Vorschrift"
- undifferenziertes Schwarz-Weiß-Denken

6. Strategien zur Befreiung von der Einsamkeit

Ablehnen von Veränderungen

Auch die letzten beiden Burnout-Symptome basieren bei genauerer Betrachtung auf einer nachlassenden Leistungsfähigkeit. Denn differenziertes Denken und Veränderungen erfordern Kraft, die Burnout-Kandidaten nicht mehr aufbringen können.

Verflachung, Desinteresse

Der Energiemangel führt auch zu einem emotionalen Rückzug. Betroffene reagieren zunehmend gleichgültig. Sie fühlen sich oft gelangweilt, geben Hobbys auf, ziehen sich von Freunden und Familie zurück. Burnout macht einsam.

Psychosomatische Reaktionen

Die enorme psychische Belastung schlägt sich auch in körperlichen Beschwerden nieder. Solche psychosomatischen Anzeichen tauchen bereits in der Anfangsphase von Burnout auf. Körperliche Symptome sind unter anderem:

- Schlafstörungen und Albträume
- Muskelverspannungen, Rückenschmerzen, Kopfschmerzen
- erhöhter Blutdruck, Herzklopfen und Engegefühl in der Brust
- Übelkeit und Verdauungsbeschwerden (Erbrechen oder Durchfälle)
- sexuelle Probleme
- starke Gewichtszunahme oder -abnahme infolge veränderter Essgewohnheiten
- verstärkter Konsum von Nikotin, Alkohol oder Koffein
- erhöhte Infektionsanfälligkeit

Letzte Stufe: Verzweiflung

In der letzten Burnout-Stufe verstärkt sich das Gefühl der Hilflosigkeit zu einer generellen Hoffnungslosigkeit. Das Leben scheint in dieser Phase sinnlos und es tauchen Suizidgedanken auf. Nichts bereitet dann mehr Freude und alles wird einem gleichgültig. Die Betroffenen versinken in einer schweren Burnout-Depression.

Welche Ursachen- und Risikofaktoren kennzeichnen das Burnout-Syndrom?

Die Ursachen für das Burnout-Syndrom sind sehr vielfältig. Unterschieden wird zwischen beruflichen und individuellen Ursachen. Meist führt ein Zusammenspiel verschiedenster Faktoren aus beiden Bereichen dazu, dass ein Mensch ausbrennt. Im Folgenden sind einige häufige Ursachen für das Burnout-Syndrom aufgeführt. Bitte beachten Sie jedoch, dass eine solche Liste nie umfassend sein kann.

Berufliche Ursachen für Burnout:

Zeitdruck: Unter den Stressoren der modernen Arbeitswelt wird Zeitdruck sehr häufig genannt. Immer mehr Aufgaben sollen in immer kürzerer Zeit erledigt werden. Das erzeugt Stress und Druck und kann eine Ursache für Burnout sein.

Multitasking: Wir haben heute immer mehr Kommunikationskanäle zur Verfügung und müssen somit eine immer größere Menge an Informationen gleichzeitig verarbeiten. Der Arbeitsfluss wird häufig durch E-Mails oder Anrufe unterbrochen. Das überfordert und senkt die Leistung.

fehlende Zielvorgaben und Erfolgskriterien: Immer mehr Menschen arbeiten in Dienstleistungsberufen, in denen man nicht direkt erkennen kann, was man geleistet hat. Auch in vielen Unternehmen sind Ziele häufig nicht klar definiert. Wer aber keine Erfolgserlebnisse hat oder gar teilweise umsonst arbeitet, der ist zunehmend frustriert und droht auszubrennen.

schlechtes Betriebsklima: Ein gutes Betriebsklima, in dem man sich gegenseitig unterstützt und respektiert, ist für viele Menschen sehr wichtig, um Burnout zu vermeiden. Dazu gehört auch, sich vom Chef ausreichend wertgeschätzt zu fühlen.

zu viele verschiedene Erwartungen: Viele Menschen sehen sich in ihrem Beruf einer Vielzahl verschiedener Erwartungen ausgesetzt. Der Chef erwartet etwas anderes als die Kollegen. Und die Klienten oder Kunden haben noch einmal andere Anforderungen. Das kann schnell überfordern und gehört zu den Ursachen für Burnout.

Klienten Kontakt und Klienten Zahl: Wer ist seinem Beruf viel Kontakt zu anderen Menschen hat, der sieht sich hohen sozialen und kommunikativen Anforderungen ausgesetzt. Das kann zu Burnout führen.

geringe Entfaltungsmöglichkeiten und Handlungsspielräume: Menschen, die ihre Fähigkeiten nicht voll nutzen können, weil sie sonst ihre Kompetenzen im Beruf überschreiten würden, fühlen sich unterfordert. Das frustriert und kann Burnout begünstigen.

Nacht- und Schichtarbeit: Nacht- und Schichtarbeit belasten den Körper stark und können ursächlich für ein Burnout sein.

Individuelle Ursachen für Burnout:

Überengagement und Perfektionismus: Viele Burnout-Betroffene sind zunächst sehr engagiert in ihrem Beruf und wollen alle Aufgaben perfekt erledigen. Damit überfordern sie sich selbst und sind zunehmend erschöpft.

mangelnde Distanzierungsfähigkeit: Gerade in sozialen Berufen spielt mangelnde Distanzierungsfähigkeit eine große Rolle als Ursache für Burnout. Die Betroffenen nehmen Probleme aus dem Beruf mit nach Hause, es fällt ihnen schwer eine gesunde Distanz zu wahren.

zu hohe Erwartungen: Besonders Berufsanfänger erwarten oft viel von sich selbst und von ihrem Beruf. Der Alltag sieht jedoch meist anders aus. Erwartete Erfolge bleiben aus. Das führt zu Frustration und Stress und ist Ursache für Burnout.

hoher Leistungsdruck in der Familie: Es zeigt sich, dass von Menschen mit Burnout oft schon in der Kindheit viel verlangt wurde, dass die Eltern großen Wert auf Leistung gelegt haben. Die Betroffenen haben also gelernt, dass nur eine gute Leistung zu Liebe und Anerkennung führt und glauben, sich umso mehr anstrengen zu müssen.

mangelnde Stressbewältigungsmechanismen: Menschen, die mit Stress nicht gut umgehen können, haben im Beruf meist ein schlechtes Zeitmanagement und können ihre Aufgaben nicht gut organisieren. Somit sind sie nicht so effizient wie andere. Im privaten Bereich bedeuten mangelnde Stressbewältigungsmechanismen, dass die Betroffenen nicht regenerieren können. Sie werden den Stress aus der Arbeit nicht los.

6. Strategien zur Befreiung von der Einsamkeit

Ängstlichkeit: Wer sehr ängstlich und sensibel ist, der fühlt sich einer Situation schneller ausgeliefert. Das kann Burnout begünstigen.

Schnelle Krisenintervention, Prävention von Burnout, Burnout-Befreiung und -therapien in Beispielen

Beispiel 1: schnelle Krisenintervention

Befindet sich der Burnout-Prozess noch in der Anfangsphase, genügt oft schon eine Krisenintervention oder eine Kurzzeittherapie von wenigen Stunden als erste Burnout-Hilfe. Ziel ist es, verbesserte Fertigkeiten zur Konflikt- und Problemlösung zu entwickeln und ein feineres Gespür für die Grenzen der eigenen Belastbarkeit zu bekommen.

Auch Entspannungstechniken wie Autogenes Training oder Progressive Muskelentspannung nach Jacobson können hilfreich sein die Burnout-Behandlung unterstützen.

Psychotherapie

Ist das Burnout schon weiter vorangeschritten, ist meist eine Psychotherapie zur Burnout-Behandlung notwendig. Da die Gründe, die zum Ausbrennen führen, ganz unterschiedlich sind, sind auch der Therapieschwerpunkt und die Methode individuell verschieden. Die nachfolgenden therapeutische Verfahren können helfen.

Verhaltenstherapie

Mithilfe einer kognitiven Verhaltenstherapie lassen sich falsche Vorstellungen und Verhaltensmuster auflösen, die Burnout-Patienten oft verinnerlicht haben. Ein Beispiel: "Ich muss alles perfekt machen, sonst bin ich wertlos." Das Hinterfragen solcher Muster und Weltanschauungen (Paradigmen) ermöglicht es, sich von den krankmachenden "inneren Antreibern" zu befreien. Ein Ziel der

Burnout-Therapie ist es also, die problematischen Muster zu erkennen und schrittweise zu verändern.

Tiefenpsychologische Verfahren

Bei vielen Burnout-Betroffenen steht der Aufbau eines stabileren Selbstwertgefühls im Vordergrund. Mit wachsendem Selbstwertgefühl verringert sich ihre Abhängigkeit von äußerer Anerkennung. Sie ist oft der geheime Motor hinter dem Raubbau an den eigenen Kräften.

In solchen Fällen sind tiefgreifende seelische Umstrukturierungen notwendig, die sich besser durch tiefenpsychologische Verfahren wie eine Psychoanalyse bewirken lassen. Solche Prozesse können langwierig und mitunter zunächst schmerzhaft sein, sind aber in einigen Fällen für eine wirksame Burnout-Therapie unumgänglich.

Gruppentherapie

Auch eine Gruppentherapie kann wichtige Unterstützung bei Burnout leisten. Für viele Patienten ist es zunächst ungewohnt, die eigenen Probleme mit einer Gruppe von zunächst Fremden zu teilen. Es hat jedoch meistens eine entlastende Wirkung, sich mit anderen Menschen auszutauschen, die ebenfalls betroffen sind.

Körpertherapie und Sport

Viele Patienten mit Burnout haben verlernt, die eigenen Bedürfnisse wahrzunehmen. In solchen Fällen können sogenannte Körpertherapien ergänzend zur Psychotherapie helfen. Der Patient lernt, körperliche Verspannungen wahrzunehmen, die durch Ängste und Stress entstehen. Wird die körperliche Anspannung gezielt aufgelöst, entspannt sich auch die Psyche.

Auch körperliche Aktivität unterstützt den Genesungsprozess, zeigen verschiedene Untersuchungen. Sie wirkt sich positiv auf das Körperempfinden und das Selbstbewusstsein aus.

6. Strategien zur Befreiung von der Einsamkeit

Therapieangebot in Burnout-Kliniken

Bei schwerem Burnout kann ein Aufenthalt in einer Spezialklinik sinnvoll sein. Burnout-Kliniken bieten Patienten ein breites Spektrum an Therapien. Dazu gehören neben tiefenpsychologischen Ansätzen, kognitiver Verhaltenstherapie, systemischer Therapie und Gruppentherapie oft auch Körpertherapie, Kunsttherapie oder Ergotherapie.

Der genaue Therapieplan wird dabei individuell auf den einzelnen Patienten zugeschnitten. Durch den stationären Rahmen können sich die Patienten intensiv und ohne Ablenkung mit ihrer Problematik auseinandersetzen, Ursachen aufdecken und neue Verhaltes- und Denkmuster einüben. Eine solche "Burnout-Kur" hilft ihnen, auch langfristig besser mit Ihren Ressourcen zu haushalten.

Medikamente bei Burnout

Spezielle Burnout-Medikamente gibt es nicht. Leidet ein Patient aber unter ausgeprägten depressiven Symptomen wie Antriebslosigkeit, innere Leere und Interessenverlust, können Antidepressiva ergänzend zur Psychotherapie eine gute Option sein. Serotonin-Wiederaufnahme-Hemmer (SSRI) beispielsweise heben den Serotonin Spiegel im Gehirn und wirken so antriebssteigernd.

Beispiel 2: Burnout-Prävention

Das Gesundheitszentrum Schlossberghof Marzoll bei Bad Reichenhall verfolgt in der Burn-out Therapie einen bestimmten Ansatz:

Strukturieren Sie Ihren Alltag neu und bleiben Sie dauerhaft gesund, denn nur wer in der Freizeit die Arbeit vergisst, kann im Beruf mehr leisten!

Der Schlüssel zum Ausweg aus der Burn out Falle liegt in uns selber - Ein stationärer Reha-Aufenthalt und die fachmännische Unterstützung von einem geschulten Psychotherapeuten sowie eine qualitative Burn out Therapie finden Sie in der Rehaklinik Schlossberghof Marzoll bei Bad Reichenhall in Bayern. In

6. Strategien zur Befreiung von der Einsamkeit

einer gezielten Burn-out Therapie (Gruppen- und Einzeltherapie) lernen Sie alte Grundmuster zu überarbeiten und mit mehr Lebensqualität das eigene Leben zu meistern.

- Sport- und Bewegungstherapie
- Nordic Walking
- Aquagymnastik
- AquaWalking
- Lauftraining
- Bogenschießen
- Golfschnuppern
- Therapeutisches Klettern
- Entspannungsverfahren
- Muskuläre Tiefenentspannung nach Jacobson
- Alternative Entspannung (Tai Chi; Chi Gong; Yoga)
- Hypnose (Selbst-, Einzel- und Gruppenhypnose)
- Autogenes Training
- Biofeedback - Atemübungen
- Psychotherapie und Achtsamkeit
- Gruppen mit Therapiekonzepten aus MBSR, ACTH,
- Achtsamkeit, Atemübungen
- Einzelgespräche mit Therapiekonzepten aus
- Tiefenpsychologie Verhaltenstherapie,
- Hypnotherapie
- Unterstützung durch Anwendungen der
- physikalischen Therapie
- "Entschleunigung" und Abschalten

6. Strategien zur Befreiung von der Einsamkeit

- Seele baumeln lassen inmitten der unvergesslichen
- Natur der Berchtesgadener Berge und dem Chiemgau
- Bergsteigen und Wandern

BURN OUT TIPPS - WAS KANN MAN GEGEN BURN OUT TUN?

Bei einer Burn-out-Behandlung oder bei einer Burn-out-Vorbeugung arbeiten wir mit folgenden Ansätzen:

- Ursachen identifizieren
- Aktiv entspannen
- Emotionale Verknüpfungen ausfindig machen
- Dysfunktionale Gedanken umstrukturieren
- Abrenzungsmöglichkeiten entwickeln
- Innere Antreiber in hilfreiche Unterstützungs- und Resilienzfaktoren umwandeln
- Emotionale Kompetenzen optimieren
- Lösungsansätze definieren
- Möglichkeiten finden
- Verschiedene Gruppensportprogramme und Psychotherapieprogramme wie TEK, MBSR, CBASP, ACTH, VT

Mehr Burn-out Tipps und eine professionelle Burn-out-Therapie in Bayern erhalten sie im Gesundheitszentrum Schlossberghof Marzoll nahe Bad Reichenhall.

Die Behandlung eines Burnout-Syndroms ist am erfolgreichsten, wenn die verschiedenen Aspekte der Krankheit gemeinsam behandelt werden. Die Basis der Therapie muss allerdings sein, die Energieherstellung des Körpers wieder in Gang zu bringen. Hier steht die Behandlung der Zellkraftwerke (Mitochondrien) im Vordergrund.

Mit jedem Tag steigen die Erkenntnisse zur Bedeutung von sekundären Pflanzenstoffen. Diese nur in der Natur und in natürlichen Mikronährstoffkomplexen vorkommenden Substanzen sind beispielsweise auch für den Schutz der Mitochondrien zuständig7 und können zudem die Neubildung der Zellkraftwerke anregen. In einer amerikanischen Studie wurde untersucht, welchen Einfluss die zusätzliche Gabe von Quercetin (kommt in Äpfeln, Zwiebeln oder Tomaten vor) auf die Neubildung von Mitochondrien bei

6. Strategien zur Befreiung von der Einsamkeit

jungen, untrainierten Männern hatte. Im Vergleich zur Placebo-Gruppe konnte schon nach zwei Wochen ein Anstieg der Mitochondrienzahl festgestellt werden.8

Zusätzliche Mikronährstoffe (Vitamine, Mineralien, Spurenelemente, Omega-3-Fettsäuren, Coenzym Q10, sekundäre Pflanzenstoffe etc.) sind hier sowohl vorbeugend als auch in der Burnout-Therapie dringend anzuraten. Natürliche und komplexe Mikronährstoffkombinationen haben sich dabei deutlich besser bewährt als einzelne Mikronährstoffe.

Eine Studie hat gezeigt, dass Vitamine aus Obst oder Gemüse zusammen mit den darin natürlich vorkommenden sekundären Pflanzenstoffen mehr als 200-mal stärker wirken als einzelne Vitamine1. Mikronährstoffe haben zahlreiche positive Effekte bei Burnout. Man weiß heute beispielsweise, dass durch die vermehrte Ausschüttung der Stresshormone Adrenalin und Cortisol der Stoffwechsel verändert wird und der Bedarf an Mikronährstoffen deutlich erhöht ist2. Die Einnahme von natürlichen Mikronährstoffen kann nachweislich die Stress-Toleranz verbessern und die Schäden, die psychische Erschöpfung im Körper anrichtet verringern3.

Mikronährstoffkombinationen sind vor allem dann bei Burnout empfehlenswert, wenn auch Coenzym Q10 und L-Carnitin enthalten sind, die in Untersuchungen von Burnout besonders überzeugen konnten4. Weitere wichtige Helfer für die Energiegewinnung in den Zellen sind Magnesium und B-Vitamine.

In der modernen Mikronährstofftherapie bevorzugt man deshalb heute als Basistherapie bei Burnout eine moderat dosierte, natürliche Mikronährstoffmischung. Diese erlaubt es, alle oben genannten Vorteile zu vereinen, da es bei den Kombinationen der Natur zu sehr starken Synergieeffekten kommt.

Veränderungen im Alltag

Neben der Ernährung und der Versorgung mit Mikronährstoffen hat auch der allgemeine Lebensstil eine Bedeutung im Kampf gegen das Burnout-Syndrom. Wichtig ist dabei regelmäßige körperliche Aktivität. Sie kann von depressiven Gedanken ablenken, Fitness und das Erlernen neuer Sportarten können das Selbstbewusstsein verbessern. Sport kann neue soziale Kontakte schaffen und hilft Stresshormone abzubauen.

6. Strategien zur Befreiung von der Einsamkeit

Sehr wichtig bei Burnout: Diese positiven Effekte des Sports erreichen Sie nur bei ausreichender Mikronährstoffzufuhr, da mehr Bewegung auch einen höheren Mikronährstoffbedarf nach sich zieht. Bei einer aktuellen Umfrage unter amerikanischen Ärzten, zu den Strategien, die sie zur Vermeidung eines Burnouts anwenden, war Sport einer der meistgenannten Punkte10. Dabei sollten Ausdauersportarten wie Walken, Joggen, Radfahren oder Schwimmen im Vordergrund stehen.

Auch Strategien zur Stressbewältigung sind wichtig. Dazu gehören die Entspannungsverfahren des Autogenen Trainings und vor allem die progressive Muskelentspannung nach Jacobson7. Je nach Geschmack können auch Yoga, Feldenkrais, Tai Chi oder Chi Gong Alternativen darstellen.

Zwei weitere wichtige Punkte zur Vermeidung von Burnout sind Selbstmanagement und das Setzen von realistischen Zielen. Selbstmanagement-Fertigkeiten sind z. B. Selbstbeobachtung, Zielklärung und Zielsetzung, Selbstbestärkung sowie Selbstkontrolle. Selbstmanagement-Strategien können in einer Psychotherapie oder eigenständig durch Selbsthilfe-Ratgeber erlernt werden. Eine Studie konnte belegen, dass sich allein aufgrund einer klaren Zielsetzung die Anfälligkeit für depressive Stimmungen signifikant vermindert.

Was Sie selbst tun können – Empfehlungen zusammengefasst

Essen und Trinken:

- Trinken Sie genügend Wasser, Wasser ist wichtig für die Energieherstellung und die Entsäuerung. Mindestens 2 Liter am Tag sollten es sein.
- Ernähren Sie sich gesund (regelmäßig Gemüse, Obst, Fisch etc.) und abwechslungsreich.
- Reduzieren Sie den Anteil von Kohlenhydraten in der täglichen Ernährung.
- Verwenden Sie möglichst hochwertige kalt gepresste Pflanzenöle und nutzen Sie frische Kräuter.
- Trinken Sie nur wenig Alkohol - am besten gar keinen.
- Mikronährstoffe.

6. Strategien zur Befreiung von der Einsamkeit

Seien Sie sich bewusst, wie wichtig ein ausgeglichener Mikronährstoffhaushalt ist und verwenden Sie deshalb ein natürliches Mikronährstoffkonzentrat u.a. mit L-Carnitin, Coenzym Q10, sekundären Pflanzenstoffen und Kräuterextrakten. Das entspricht in der Zusammensetzung einer hochwertigen natürlichen Ernährung und führt neuesten Studien zufolge zu enormen Synergieeffekten und zu einer wirkungsvollen Erhöhung der Energieproduktion.

Bewegung und Entspannung

Sorgen Sie für regelmäßigen körperlichen Ausgleich, Spaziergänge, Ausdauersport, Gymnastik. Gehen Sie jeden Tag vor die Tür und bewegen Sie sich möglichst viel an der frischen Luft.

Schlafen Sie genügend um erfrischt aufzustehen.

Wenn Sie sich angespannt fühlen, versuchen Sie sich bewusst zu entspannen. (z. B. mit einem erlernten Entspannungsverfahren wie Muskelentspannung nach Jacobson, Yoga, Feldenkrais, Tai Chi oder Chi Gong).

Einstellung

Wenn Sie an Ihre Grenzen gelangen, setze Sie sich Prioritäten, machen Sie sich einen schriftlichen Plan, um Ihre Zeit optimal zu nutzen und für sich auch Erholungszeit einzuplanen.

Setzen Sie sich bewusst realistische Ziele. Erlernen Sie Selbstmanagement-Fertigkeiten (Selbstbeobachtung, Zielklärung und Zielsetzung, Selbstbestärkung und Selbstkontrolle).

Einfache Naturheilverfahren

Nutzen Sie die positiven Wirkungen von Tees. Johanniskrauttee (stimmungsaufhellend), Lavendelblütentee (beruhigend und entspannend) und grüner Tee (energetisierend) können helfen.

Rauchen Sie nicht. Es gibt inzwischen viele erfolgreiche Methoden, die Ihnen beim Aufhören helfen können.

6. Strategien zur Befreiung von der Einsamkeit

Beispiel 3: Warum ist vorbeugen besser als heilen? Was kann ich selbst dazu beitragen?

Wenn man sich nur noch erschöpft, leer, kaputt, sonderbar gereizt und unfähig fühlt, können das Warnsignale von Burnout sein. (Burnout-Selbsttest) Diese Alarmzeichen sollten nicht zu noch größerem Arbeitseinsatz anspornen, sondern als Warnsignale ernst genommen werden. Das bedeutet, sich ernsthaft mit der Frage auseinander zu setzen: Was geschieht, warum geschieht es und welche Konsequenzen sind hieraus zu ziehen? Was belastet mich am Arbeitsplatz, welche eigenen Bedürfnisse und Ziele werden vernachlässigt, welche beruflichen Vorstellungen sind unrealistisch, welche Denkmuster sind falsch und setzen mich unter Druck? Wie gewinne ich an Autonomie und individueller Freiheit?

Bei der Arbeit auch an sich denken

Engagement über den Arbeitstag hinaus lässt nicht nur das Privatleben verkümmern, auf Dauer nagt es auch an Arbeitskraft, Effizienz und Arbeitsfreude. Arbeitstempo und Zeitdruck - Hauptfaktoren für Stress in unserer Arbeitswelt - kann man sich zwar kaum entziehen. Dennoch sollte jeder sein persönliches Arbeitstempo auf ein realistisches Ziel hin überprüfen und regulieren. Überengagement sollte heruntergeschraubt werden, um ein gesundes Gleichgewicht zwischen Arbeit und Entspannung herzustellen.

Perfektionismus ade ...

"Zeitmanager" weisen immer wieder darauf hin, dass Zeitdruck und Stress entstehen, weil auch eher unwichtige Arbeiten mit hundertprozentigem Einsatz und hundertprozentiger Perfektion erledigt werden. Die Kunst ist, sich die Zeit zu nehmen, um Wichtiges von Unwichtigem zu unterscheiden und sich von dem gefährlichen Perfektionismus zu verabschieden. Zeitmanagement ist Selbstmanagement!

Nein sagen - zu sich und anderen

Wem es schwer fällt, sich und anderen Grenzen zu setzen (am Arbeitsplatz und zu Hause), dem geht irgendwann einmal die Puste aus. Nicht alle Arbeiten müssen sofort oder selbst erledigt, nicht alle Wünsche anderer umgehend erfüllt werden. Für sich selbst zu sorgen bedeutet nicht, egoistisch oder unkollegial zu sein, sondern in kluger Voraussicht zu handeln, um die eigenen Ressourcen nicht zu verschleißen.

Überhöhte Erwartungen zurückschrauben

Überhöhte - berufliche und private - Erwartungen halten vielfach der Realität nicht stand und werden von der Wirklichkeit "eingeholt". Wenn die Kluft zwischen Wunsch und Wirklichkeit zu groß ist, kommt es zu Stress. Werden die Erwartungen und Wünsche auf ein realistisches Maß zurückgeschraubt, entlastet dies alle Beteiligten und schafft individuelle Freiräume.

Mit anderen sprechen - sich nicht zurückziehen

Wer in einer Burnout-Krise steckt, neigt dazu, sich von Kollegen und Freunden zurückzuziehen. Das ist gefährlich und kann die Krise verstärken. Mit anderen zu sprechen ist "überlebensnotwendig". Der andere Blickwinkel kann dabei helfen, Dinge zu relativieren und im rechten Licht zu sehen.

Für Entspannung und Ablenkung sorgen

Als Burnout gefährdeter Mensch muss man seine Arbeitswut gezielt durchbrechen und sich zu Muße und faul sein überreden. Dazu gehört, brachliegende persönliche Interessen wieder zu beleben, verschüttete Bedürfnisse aufzudecken, soziale Kontakte auszubauen und wieder zu genießen. Entspannung ist das physiologische Signal für Entwarnung an den Körper, Entspannung hat zudem die Funktion der Selbstwahrnehmung. Wer sich spürt, der erkennt, was der Körper braucht - ein guter Schutz gegen Burnout. Entspannung kann durch gezielte Übungen „erlernt" werden, aber auch durch jede Form von Bewegung erreicht werden. Leistungsdenken und Ehrgeiz haben bei Entspannung nichts zu suchen!

Ein gesünderes "bewegtes" Leben führen

Um die Kraftreserven wieder aufzufüllen, braucht der Organismus neben ausreichendem Schlaf und „gesundem Essen" auch körperliche Aktivitäten. Gefragt und hilfreich sind hier weniger die riskanten Sportarten, sondern eine regelmäßige körperliche Bewegung. Der tägliche Spaziergang, die Gartenarbeit, das Schwimmen und Radfahren tun nicht nur dem Körper gut, sondern machen auch Kopf und Seele frei. Genussmittel helfen nicht in Burnoutkrisen, eine gesunde Ernährung ist jedoch Ausdruck dafür, seinem Körper und sich selbst mehr Achtsamkeit zu schenken und sensibel zu sein für eigene Bedürfnisse. Diese Fähigkeiten, die bei Burnout in Vergessenheit geraten sind, gilt es wieder zu beleben.

6. Strategien zur Befreiung von der Einsamkeit

Medizinische und therapeutische Hilfe annehmen

Wer bereits psychosomatisch reagiert, also in einem fortgeschrittenen Stadium "ausgebrannt" ist, sollte dringend einen Arzt konsultieren bzw. psychologische Hilfe annehmen. Wichtig ist, sich klar zu machen, dass Stress, Überforderung und Erschöpfung die Ursachen von Burnout sind und nicht alleiniges persönliches "Verschulden". Mit professioneller Hilfe gelingt es eher, aus dem Burnout-Kreislauf auszubrechen.

Die beste Burnoutprävention: Für Balance sorgen

Work Life Balance ist die Zauberformel der Gegenwart: Politik, Unternehmen, Gewerkschaften, Betriebe sind bestrebt, Lebens- und Arbeitsbedingungen so zu gestalten, dass sich Arbeit und Leben in einer guten Balance befinden. Doch es geht um mehr: Die Grundlage einer sinnvollen Prävention von Burnout ist die Balance zwischen Arbeit, Freizeit, Beziehungen und individuellen Wünschen und Bedürfnissen. Eine stabile Basis dafür, diese Bereiche miteinander zu verbinden und in Einklang zu bringen ist, in sich hinein zu hören und die innere Achtsamkeit zu stärken.

- ➢ Eigene Bedürfnisse wahrnehmen: Versuchen Sie, Ihre Wünsche und Bedürfnisse wahrzunehmen. Was ist Ihnen wichtig? Soziale Anerkennung, Aufstiegsmöglichkeiten, Freiheit bei der Gestaltung der Arbeitsabläufe oder Einflussmöglichkeiten? Gestehen Sie sich zu, dass Ihre Bedürfnisse ebenso wichtig sind wie die ihrer Mitmenschen.

- ➢ Grundbedürfnisse aufdecken: Burnout entsteht aus einer Frustration heraus. Suchen Sie sich Aufgaben, bei denen Ihre individuellen Grundbedürfnisse befriedigt werden. Kreativität beispielsweise, Reputation, vielfältige soziale Kontakt oder Bewegung beispielsweise. Wichtig für die Wahl eines Jobs ist daher, dass Sie den Alltag im angestrebten Beruf genau kennen.

- ➢ Stressmanagement und Entspannung: Stress ist ein Burnout-Treiber. Steuern Sie aktiv gegen! Hilfreich für die Burnout-Prophylaxe sind Stressmanagement und Entspannungstechniken wie Autogenes Training oder Progressive Muskelentspannung.

6. Strategien zur Befreiung von der Einsamkeit

- Selbstaufmerksamkeit: Burnout kommt meist unbemerkt. Befragen Sie sich regelmäßig selbst, wie viel Stress Sie haben und wie zufrieden Sie mit Ihrem Leben sind.

- Stresstagebuch: Ein Stresstagebuch hilft aufzudecken, in welchen Situationen und Zusammenhängen Stress auftritt und ob er sich kontinuierlich verstärkt. Wer sich nicht nur auf seine Selbstwahrnehmung verlassen will, kann auch Freunde und Familie um Hilfe bitten. Sie könnten Ihnen direkt widerspiegeln, wenn Sie reizbarer oder weniger motiviert erscheinen als gewöhnlich.

- Soziale Kontakte: Das soziale Netzwerk ist ein wichtiger Faktor in der Burnout-Prävention. Nehmen Sie sich Zeit für Ihre Freunde und Ihre Familie. Der Kontakt mit Ihnen nahestehenden Menschen bieten Ihnen den notwendigen Ausgleich zum Arbeitsleben.

- Innere Antreiber entmachten: Menschen, die für Burnout anfällig sind, haben innere Antreiber, die sie in die Überforderung peitschen. Das können Maximen sein wie "Sei perfekt!", oder "Mach es allen recht!". Nur wer seine persönlichen inneren Antreiber kennt, kann sie entmachten. Machen Sie sich klar, dass niemand immer perfekt sein kann und Fehler zum Leben gehören.

- Klare Lebensziele definieren: Finden Sie heraus, welche Ziele ihnen im Leben wirklich wichtig sind. So können Sie Ihre Energie gezielt einsetzen. Versuchen Sie auch, sich von Vorstellungen zu verabschieden, die Ihnen andere eingeimpft haben. Nur so verzetteln Sie sich nicht in kräftezehrenden Projekten, die Sie letztlich nicht zufrieden stellen.

- Stärkung der Selbstakzeptanz: Für Burnout sind vor allem Menschen anfällig, die ihr Selbstbewusstsein überwiegend aus einer Rolle im Beruf oder Privatleben ziehen: die perfekte Mutter oder die erfolgreiche

Mangerin. Menschen mit einer starken Selbstakzeptanz haben auch ein Selbstbewusstsein, das von Erfolgen unabhängig ist. Damit schwindet die Gefahr des Überengagements und des Gefühls, ausgebeutet zu werden.

➢ **Gesunde Lebensweise:** Auch eine gesunde Lebensweise kann Burnout vorbeugen. Dazu gehören eine ausgewogene Ernährung, vor allem aber regelmäßiger Sport und viel Bewegung - dies hilft beim Stressabbau. Schränken Sie den Konsum von Aufputschmitteln (z.B. Nikotin, Koffein) oder Genussmitteln (z.B. Alkohol, Zucker) ein. Dadurch fühlen Sie sich nicht nur fitter, sondern gehen ohne die chemischen Antreiber vielleicht auch weniger stark über Ihre persönlichen Grenzen hinaus.

➢ **Hilfe suchen:** Oft ist es nicht so einfach, gute Vorsätze in der Praxis umzusetzen. Falls Sie bei sich über einen längeren Zeitraum ein erhöhtes Stresslevel oder typische Symptome von Burnout bemerken, sollten Sie sich unbedingt an einen Arzt, Psychotherapeuten oder Psychiater wenden. Je früher ein Burnout erkannt wird, desto besser sind die Heilungschancen.

Beispiel 4: Persönliche Einblicke einer Frau zur Burnout-Befreiung

Betrachte ich mein Burnout rückblickend, muss ich sagen, dass dieser Tiefpunkt meines Lebens das größte Geschenk für mich war. Ich fühlte mich vorher wie ein „Walking Dead" und lebte an meinen wirklichen Werten und Bedürfnissen vorbei. Ich habe mich so sehr ausgelaugt, dass ich am Ende selbst nichts mehr zu geben hatte. Ich war eine emotionale Bettlerin und ein Energievampir. Und diese Erkenntnis hat mir sehr geholfen, immer darauf zu achten, meinen Wert zu wahren und zu achten. Denn niemand wird den Preis erhöhen, den du dir selbst gibst. Nur du und ich sind für unser Wohlergehen verantwortlich. Nicht die anderen und nicht die Lebenssituation. Nur die Art, wie wir darüber denken und dann handeln. Wenn du darauf achtest, dass es dir immer gut geht und dass du dein Leben glücklich fließen lassen kannst, dann wirst du immer angefüllt mit positiver Energie, Liebe und Kraft sein, so dass du reichlich davon an andere abgeben kannst. Ich habe so viele Übungen und Methoden ausgetestet und später gezielt für mich selbst bewertet, dass ich mittlerweile

6. Strategien zur Befreiung von der Einsamkeit

ein sehr gutes Portfolio an hochwirksamen Übungen und Strategien habe, um auch anderen zu helfen, ihren Tiefpunkt in einen Neubeginn zu transformieren. Und das ist die lichtvolle Seite meines Burnouts. Mein Lebensfeuer brennt stärker als zuvor, denn erst durch den Kontrast kann ich erkennen, wie gut es mir jetzt wirklich geht. Manchmal müssen wir uns lange Zeit als das erleben, das wir nicht sind, um endlich das leben zu können, was wir wirklich sind.

Beispiel 5: Die zwölf Regeln beim Burnout-Syndrom

1. Vertrauen Sie auf die Intelligenz Ihres Körpers. Gestehen I Sie sich den Stress und die Zwänge ein, die sich körperlich, geistig oder emotional manifestiert haben.

2. Lebensumstände verändern. Wenn Ihre Arbeit, Ihre Beziehungen, eine Situation oder eine Person Sie unglücklich machen, versuchen Sie, die Umstände zu ändern oder gehen Sie, falls nötig.

3. Überengagement vermeiden. Greifen Sie die Bereiche oder Aspekte heraus, in denen Sie sich am heftigsten Überengagieren und arbeiten Sie auf einen "Druckabbau" hin.

4. Isolation vermeiden. Machen Sie nicht alles allein! Knüpfen oder erneuern Sie enge Beziehungen zu Freunden und Menschen, die Ihnen guttun.

5. Schluss mit Überfürsorglichkeit. Wenn Sie gewohnheitsmäßig anderen Menschen Probleme und Pflichten abnehmen, dann lernen Sie, höflich davon Abstand zu nehmen. Versuchen Sie, dafür zu sorgen, dass auch Sie selbst fürsorglich behandelt werden.

6. Kürzer treten. Lernen Sie zu delegieren, nicht nur am Arbeitsplatz, sondern auch zu Hause und im Freundeskreis.

7. Wertewechsel. Versuchen Sie, die bedeutsamen Werte von den vergänglichen und schwankenden das Wichtige vom Unwichtigen - zu trennen. Sie sparen Zeit und Energie.

8. Der Mut zum "Nein". Sie verringern Ihren übertriebenen Einsatz, wenn Sie für sich selbst eintreten. Das bedeutet, zusätzliche Forderungen oder Ansprüche an Ihre Zeit oder Ihre Gefühle zurückzuweisen.

9. Persönliches Tempo. Versuchen Sie, ausgewogen zu leben. Sie verfügen nur über eine begrenzte Menge Energie. Stellen Sie fest, was Sie in Ihrem Leben wollen und brauchen und versuchen Sie dann, Arbeit mit Spiel und Entspannung in ein Gleichgewicht zu bringen.

10. Achtung Körper! Lassen Sie keine Mahlzeiten aus, quälen Sie sich nicht mit strengen Diäten, geben Sie Ihrem Schlafbedürfnis nach, halten Sie Arzttermine ein. Achten Sie auf gesunde Ernährung.

11. Umgang mit Sorgen und Ängsten. Begrenzen Sie Sorgen, die jeder vernünftigen Grundlage entbehren, möglichst auf ein Minimum. Sie bekommen Ihre Situation besser in den Griff, wenn Sie weniger Zeit mit Grübeln verbringen und stattdessen mehr damit, sich um Ihre wirklichen Bedürfnisse zu kümmern.

12. Behalten Sie Ihren Sinn für Humor! Lachen ist das allerbeste Mittel gegen Burnout. Atmen Sie 3x täglich achtsam ein und aus und lächeln Sie sich beim Ausatmen sanft zu.

Beispiel 6: Burnout kann durch richtige Ernährung und Zuführung von Vitalstoffen besiegt werden

Vielen Menschen ist nicht bewusst, dass auch die Ernährung eine zentrale Rolle sowohl in der Burnout Prävention als auch in dessen Behandlung spielt. Chemische Vorgänge, welche durch eine unzureichende Versorgung mit Vitalstoffen, zum Beispiel durch zu wenig Obst und Gemüse, hervorgerufen werden, beeinflussen den Stoffwechsel und dadurch auch die Psyche und Physe. Achten Sie deshalb stets darauf sich ausgewogen und gesund zu ernähren und trinken Sie viel Wasser. Ausreichend Flüssigkeit ist essentiell für die Funktionsfähigkeit jeder einzelnen Zelle. Die Erkenntnisse der modernen Vitalstofftherapie, einem Teil der orthomolekularen Medizin, sind von großer Bedeutung und Effektivität, wenn Sie das Burnout Syndrom auf natürliche Art und Weise behandeln möchten.

Merken Betroffene jedoch, dass ihnen diese Methoden zur Selbstheilung nicht mehr ausreichen, sollten sie sich nicht scheuen professionelle Hilfe aufzusuchen. Durch spezielle Therapieansätze in Form einer Psychoanalyse oder mittels kreativen Verfahrens wird die Burnout Ursache ergründet, dessen Symptome behandelt und Maßnahmen zur Prävention eines erneuten Burnouts ergriffen.

Selbsthilfetipps bei Burnout

Nun stellt sich die Frage, was man gegen diese Krankheit tun kann bzw. wie man diese behandelt. Selbstverständlich können Sie die Behandlung selbst in Angriff nehmen und durch kleine Veränderungen im Alltag Großes bewirken. Je eher die Symptome erkannt und therapiert werden, desto besser stehen die Heilungschancen. Ausdrücklich sollte an dieser Stelle jedoch erwähnt werden, dass Sie jeder Zeit einen Arzt konsultieren können, in einem akuten Stadium sogar aufsuchen sollten. Diese Informationsseite ist kein Rezept gegen die Erkrankung, sondern soll Sie beim Kampf gegen Burnout unterstützen.

1. Zeitmanagement

Ein gut durchdachter Organisationsplan ist sehr wichtig und hilfreich bei der Bewältigung eines stressigen Arbeitstages und vieler weiterer Aufgaben. Machen Sie sich eine sogenannte To-Do Liste und erledigen Sie die Dinge der Reihe nach. Sie werden sehen, dass es sich lohnt. In 20% der Zeit kann man 80% des Ergebnisses erzielen. Lernen Sie nein zu sagen, lehnen sie auch einmal Arbeiten ab und verabschieden Sie sich von Umständen und Personen, die Ihnen Zeit stehlen wollen. Überdenken Sie Ihre Stressverstärker: Gut ist oft auch schon perfekt! Suchen Sie sich Hilfe bei Psychologen oder Stress-Coachs, bevor es zu spät ist.

2. Entschleunigung und Achtsamkeit

Seien Sie mutig und versuchen Sie öfter mal Monotasking statt Multitasking. Ihr Gehirn wird innerlich vor Freude tanzen, wenn Sie sich nur auf eine Sache konzentrieren, anstatt alles auf einmal erledigen zu wollen. Essen bei Zeitung und Fernsehen: Nie wieder! Jeden Brocken hastig hinunterschlucken, weil keine Zeit ist? In Zukunft nicht mehr! Gehen Sie achtsam mit sich und Ihrem Körper um. Genießen Sie das, was Sie gerade tun. Achten Sie auf das Aroma des Kaffees, den Geschmack des Essens, auf die Worte Ihres Partners – es gibt tausend Möglichkeiten, Achtsamkeit zu üben. Sie werden erstaunt sein, wie Sie

6. Strategien zur Befreiung von der Einsamkeit

plötzlich Ihre Umwelt bewusster wahrnehmen. Nebenbei sinkt dabei das Stressniveau, die Anspannung geht zurück, die Atmung wird ruhiger.

3. Regelmäßige Ruhephasen

Es ist wichtig, sich immer wieder eine Auszeit zu gönnen. Sie sollten jeden Tag für ein paar Minuten entspannen. Dafür können Sie sich hinlegen, oder in die Sonne setzen oder sich ganz einfach zurücklehnen und die Augen schließen. Sie werden merken, wie sich Ihr Akku langsam wieder auflädt. Wenn Sie einmal einer akuten Stresssituation ausgesetzt sind, können einige tiefe Atemzüge wahre Wunder bewirken. Legen Sie dafür Ihre Hände auf den Bauch und stoßen Sie mit jedem Atemzug Ihren Ärger und Stress von sich weg.

4. Belohnungen

Gönnen Sie sich Zeiten der Belohnung und Selbstliebe. Warum nicht mal wieder eine Massage buchen? Wann war der letzte Kosmetiktermin? Wieso nicht mal spontan ins Café gehen und einen schönen Cappuccino genießen? Jeder kennt seine kleinen liebgewonnenen Momente der Lebensfreude. Belohnen Sie sich hin und wieder damit. Aber bitte ohne schlechtes Gewissen! Sie werden feststellen, dass Sie anschließend viel gelassener und zufriedener sind und die ausstehenden Arbeiten effektiver bewältigen.

5. Vitalstoffe als Energielieferanten

Vitamine, Mineralstoffe, Spurenelemente und sekundäre Pflanzenstoffe bieten vielseitige therapeutische Möglichkeiten für die Prävention und Behandlung eines Burnout Syndroms. Vitalstoffe liefern Energie, regen den Stoffwechsel an, verbessern die Stress-Toleranz und schützen die Zellen.

6. Soziale Beziehungen

Lernen Sie neue Leute kennen und pflegen Sie Ihre bereits bestehenden Bekanntschaften. Sich mit Freunden unterhalten, vorausgesetzt man spricht nicht nur über Probleme, ist ein wahrer Stresskiller. Gleichzeitig vermeiden Sie dadurch, die soziale Abkapselung und haben Freunde, die Ihnen in jeder

Lebenslage zur Seite stehen. Nehmen Sie sich vor, jede Woche einen anderen Freund zu kontaktieren.

7. Neue Wege

Verabschieden Sie sich von eingefahrenen Verhaltensmustern. Fahren Sie doch einmal einen neuen Weg zur Arbeit, stellen Sie Ihre Möbel um oder suchen Sie sich ein neues Hobby. Routine wird auf Dauer langweilig und deprimierend. Sie werden sehen, welche Freude neue Unternehmungen oder eine neu gestaltete Umgebung mit sich bringen kann. Es gibt viele Möglichkeiten, sich selbst zu überraschen. Ihr Gehirn wird jubeln, weil seine Flexibilität gefordert wird. Vermeiden Sie negative Aussagen: Ersetzen Sie das Wort Problem mit Herausforderung. Vergessen Sie Konjunktive: Statt „Das könnte gutgehen" heißt es in Zukunft „Das schaffe ich!". Durchbrechen Sie die Routine und stecken Sie damit Ihre Umgebung an. Sie werden überrascht sein, was für positive Aspekte sich ergeben.

8. Sport

Laufen Sie ihrem Stress davon. Regelmäßige Bewegung fördert nicht nur die Gesundheit, sondern ist einer der wichtigsten Aspekte im Kampf gegen den Stress. Das heißt allerdings nicht, dass Sie sich einmal in der Woche komplett auspowern sollen. Treiben Sie Sport, wann immer Sie dazu Lust haben, machen Sie einen Spaziergang oder spielen Sie mit Ihren Kindern oder Enkeln im Garten. Egal was Sie tun, die Hauptsache ist, dass Sie sich bewegen.

9. Nachtruhe

Tiefer und routinierter Schlaf lädt Ihren Energiehaushalt über Nacht so richtig auf. Vermeiden Sie spätabends Aktivitäten bei zu heller Beleuchtung, schauen Sie keine Action- oder Horrorfilme und essen Sie keine riesigen Portionen bevor Sie schlafen gehen. Rechtzeitiges zu Bett gehen, lässt Sie am nächsten Morgen fit in den Tag starten.

10. Dominanz der Gene

Immer wieder heißt es, unsere Gene seien unsere Bestimmung. Dies wird heutzutage allerdings zunehmend in Frage gestellt. Durch gesunde Ernährung, ausreichend Schlaf, viel Bewegung und einen insgesamt gesunden Lebensstil können die Genaktivitäten neu reguliert werden. Das senkt deutlich unser Stressrisiko.

11. Naturheilmittel als Stresskiller

Viele Substanzen aus der Natur sind für unseren Körper wahre Stresskiller. So wirkt sich Rhodiola (Rosenwurz) positiv auf Burnout und chronische Erschöpfung aus und lindert die Symptome. Tryptophan erhöht die Konzentration unseres wichtigen Anti-Stress-Hormons Serotonin. Ginkgo dagegen verbessert die Energiezufuhr für das Gehirn und schützt außerdem vor Stressschäden.

Auf körperlicher Ebene spielen sich beim Burnout verschiedene chemische Reaktionen ab, auf die Sie mit entsprechender Ernährung auch Einfluss nehmen können. Bei Stress schütten unsere Nebennieren Adrenalin aus – unter erhöhtem Verbrauch von Vitaminen und Mineralstoffen. Bei Dauerstress, wie er beim Burnout vorliegt, gehen die körpereigenen Vitalstoffreserven schnell zur Neige und ein Ungleichgewicht entsteht, was sich in den typischen Symptomen des Burnouts manifestiert.

Allein mit der gewohnten täglichen Ernährung ist dieser Bedarf kaum noch zu decken. Erschwerend kommt hinzu, dass gerade Menschen, die gestresst sind, sich nur wenig Zeit zum Essen nehmen – von selbstzubereiteten Mahlzeiten ganz zu schweigen. Fertiggerichte und Fast-Food versorgen uns aber bei weitem nicht mit allen wichtigen Vitalstoffen, zu denen Vitamine, Mineralstoffe, Spurenelemente und sekundäre Pflanzenstoffe zählen – und schon gar nicht in einer Extremsituation wie dem Burnout.

Zusätzliche Vitalstoffe sind daher sowohl vorbeugend als auch in der Burnout-Therapie sinnvoll. Natürliche und komplexe Vitalstoffkombinationen haben sich dabei deutlich besser bewährt als einzelne Vitalstoffe. Eine Studie aus Amerika hat beispielsweise gezeigt, dass Vitamine aus Obst oder Gemüse zusammen mit den natürlich darin vorkommenden sekundären Pflanzenstoffen mehr als 200-mal stärker wirken als einzelne Vitamine.

Verbesserung der Stress-Toleranz

Vitalstoffe haben noch zahlreiche andere positive Effekte bei Burnout. Man weiß heute beispielsweise, dass durch die vermehrte Ausschüttung der Stresshormone Adrenalin und Cortisol der Stoffwechsel verändert wird und der Bedarf an Vitalstoffen deutlich erhöht ist. Die Einnahme von natürlichen Vitalstoffen kann nachweislich die Stress-Toleranz verbessern und die Schäden, die die psychische Erschöpfung im Körper anrichtet, verringern.

Als wichtigste Wirkstoffe haben sich bei der Behandlung und Vorbeugung von Burnout die folgenden etabliert:

Vitamin-B-Komplex: Unter dem Vitamin-B-Komplex versammeln sich alle Vitamine der B-Gruppe, darunter z.B. Vitamin B1, Vitamin B6 und Folsäure. Sie alle sind maßgeblich an der Energieproduktion der Zellen beteiligt. Steigt die Aktivität oder auch der Stress, so steigt auch der Verbrauch an B-Vitaminen. Ein Mangel daran zeigt sich dann beispielsweise in den typischen Burnout-Symptomen wie Müdigkeit und Antriebslosigkeit.

Vitamin C: Bei Stress bildet der Körper vermehrt aggressive Sauerstoffmoleküle. Um diese zu neutralisieren benötigt er die sogenannten Antioxidantien. Eines der wirksamsten Antioxidantien ist Vitamin C. Bei erhöhtem oxidativem Stress entsteht schnell ein Mangel. Diesen gilt es auszugleichen.

Magnesium: Magnesium ist besonders wichtig für die körperliche Leistungsfähigkeit und eine normale Muskelfunktion. Bei starkem Stress besteht ein erhöhter Bedarf an Magnesium, das auch eine spannungslösende Wirkung hat.

Zink: Auch vom Spurenelement Zink verbraucht der Körper in anhaltenden Stresssituationen größerer Mengen, als er normalerweise zugeführt bekommt. Zinkmangel kann sich dann vor allem durch häufigere Stimmungsschwankungen nach außen zeigen.

L-Carnitin: L-Carnitin ist essenziell für die Energiegewinnung innerhalb der Zelle. Gleichzeitig wirkt es antioxidativ und hilft dem Körper bei der Entgiftung.

Coenzym Q10: Ähnlich wie das L-Carnitin ist auch das Coenzym Q10 zur Energiebereitstellung notwendig. Daneben reguliert es auch die Herz-Kreislauffunktionen und ist ein starkes Antioxidans.

Omega-3-Fettsäuren: Die Omega-3-Fettsäuren sind ebenfalls für die Energiegewinnung unabdingbar. Außerdem stabilisieren sie Stimmungsschwankungen.

Sekundäre Pflanzenstoffe: Zunehmend lernen wir auch über die Bedeutung von sekundären Pflanzenstoffen. Diese nur in der Natur und in natürlichen Vitalstoffkomplexen vorkommenden Substanzen sind für den Schutz der Mitochondrien, den zelleigenen Kraftwerken, zuständig und können zudem ihre Neubildung anregen. In einer amerikanischen Studie wurde beispielsweise untersucht, welchen Einfluss die zusätzliche Gabe des in Äpfeln, Zwiebeln oder Tomaten vorkommenden Quercetin auf die Neubildung von Mitochondrien bei jungen untrainierten Männern hatte. Im Vergleich zur Placebo-Gruppe konnte schon nach zwei Wochen ein Anstieg der Mitochondrienzahl festgestellt werden.

Mehr Energie durch natürliche Vitalstoffe

In der modernen Vitalstofftherapie bevorzugt man heute als Basistherapie bei Burnout eine moderat dosierte, natürliche Vitalstoffmischung. Diese erlaubt es, alle oben genannten Vorteile zu vereinen.

6. Strategien zur Befreiung von der Einsamkeit

Natürliche Vitalstoffe werden bereits seit längerer Zeit erfolgreich bei Erschöpfung, psychischen Leiden und auch in der Therapie von Burnout eingesetzt.

Nicht empfehlenswert und sogar potenziell schädlich sind künstliche Vitalstoffe, wie sie in Pillenform oder als Brausetabletten angeboten werden. Vorsichtig sollten Sie auch bei ausländischen Produkten sein. Diese enthalten laut Verbraucherzentrale häufig Verunreinigungen oder unerlaubte Substanzen, die nicht auf der Packung deklariert werden.

Tipps bei Burnout zusammengefasst

Essen und Trinken

Trinken Sie genügend Wasser. Mindestens zwei Liter am Tag sollten es sein. Wasser ist wichtig für die Energieherstellung und die Entsäuerung.

Ernähren Sie sich gesund (regelmäßig Gemüse, Obst, Fisch etc.) und abwechslungsreich.

Verwenden Sie möglichst hochwertige kalt gepresste Pflanzenöle und nutzen Sie frische Kräuter.

Trinken Sie nur wenig Alkohol oder gar keinen.

Viele Ärzte und Heilpraktiker empfehlen zusätzlich ein natürliches Vitalstoffkonzentrat um Betroffene therapiebegleitend und/oder vorsorgend zu unterstützen, vor Mangelernährung zu schützen und Symptome zu lindern.

Tipp: Vitalstoffe in Saft Form kann der Körper deutlich besser und physiologischer verwerten als Pillen oder Pulver.

Bewegung und Entspannung

Sorgen Sie für regelmäßigen körperlichen Ausgleich, Spaziergänge, Ausdauersport, Gymnastik. Gehen Sie jeden Tag vor die Tür und bewegen Sie sich möglichst viel an der frischen Luft.

Schlafen Sie genügend (7-8 Stunden) um erfrischt aufzustehen.

6. Strategien zur Befreiung von der Einsamkeit

Wenn Sie sich angespannt fühlen, versuchen Sie sich bewusst zu entspannen, z. B. mit einem erlernten Entspannungsverfahren wie Muskelentspannung nach Jacobson, Yoga, Feldenkrais, Tai Chi oder Chi Gong.

Persönliche Einstellung

Wenn Sie an Ihre Grenzen gelangen, setzen Sie sich Prioritäten. Machen Sie sich einen schriftlichen Plan, um Ihre Zeit optimal zu nutzen und für sich auch Erholungszeit einzuplanen.

Setzen Sie sich bewusst realistische Ziele. Erlernen Sie Selbstmanagement-Fertigkeiten (Selbstbeobachtung, Zielklärung und Zielsetzung, Selbstbestärkung und Selbstkontrolle). Diese können Sie in einer Psychotherapie oder eigenständig mit Hilfe eines Selbsthilfe-Manual erlernen.

Beispiel 7: Im frühen Stadium eines Burnouts haben Vorgesetzte und Arbeitgeber gute Chancen, den Abwärtstrend eines Burnouts zu stoppen

Bei Burnout sind Arbeitgeber und Arbeitnehmer gefordert

Im frühen Stadium eines Burnouts haben Vorgesetzte gute Chancen, die Abwärtsspirale von Überbelastung und Stress zu stoppen. Am besten ist es jedoch, es gar nicht erst soweit kommen zu lassen. Nicht zuletzt aufgrund steigender Fehlzeiten und Milliardenkosten realisieren immer mehr Unternehmen, dass sie ihre Mitarbeiter nicht nur fördern und fordern, sondern auch schützen müssen, zum Teil auch vor sich selbst.

Die "Burnout-Prophylaxe" darf sich denn auch nicht auf die Arbeitgeber beschränken, auch die Mitarbeitenden selbst müssen Vorsorge treffen. Gerade die Ehrgeizigen, die Leistungsbereiten und die Perfektionisten sind es, die die Grenzen zur Belastung so sehr verschieben, dass sie "ausbrennen".

Was Arbeitgeber tun können:

- Burnout, Erschöpfung und psychische Belastung enttabuisieren und zu einem Teil des betrieblichen Arbeitsschutzes machen
- Individuelle Belastungsgrenzen der einzelnen Mitarbeiter kennen
- Realistische Zielsetzungen vorgeben
- Mehrarbeit des Arbeitnehmers prüfen: Ist sie wirklich notwendig?

6. Strategien zur Befreiung von der Einsamkeit

- Arbeitsorganisation und Zuständigkeiten prüfen und wenn notwendig anpassen
- Arbeitnehmern Freiräume gewähren
- Erreichbarkeit der Mitarbeiter einschränken
- Arbeitszeiten flexibel, sozialverträglich und familienfreundlich gestalten
- Arbeitnehmer anhand ihrer Qualifikationen und ihres Könnens einsetzen
- Perspektiven für die persönliche Entwicklung der Arbeitnehmer aufzeigen
- Mitarbeiter-Gesundheit fördern (Fitness, Coaching, Stressbewältigung)
- Persönliche Wertschätzung zeigen
- Gutes Betriebsklima, in dem auch Platz ist für Spaß und Humor
- Gesprächsbereitschaft zeigen

Was Arbeitnehmer tun können:

- Eigenes Verhalten und Empfindungen immer wieder hinterfragen
- Prioritäten setzen, Berufsalltag strukturieren, Zeitmanagement überprüfen
- Realistische Ziele setzen, nicht mit unrealistischen Erwartungen arbeiten
- Probleme ansprechen
- Konzentration auf eine Aufgabe, Multitasking hebt den Stresspegel
- Sich auch im Arbeitsalltag Phasen der Entspannung gönnen
- Im privaten Bereich mit Familie und Freunden Ausgleich zum Berufsleben schaffen
- Keine dauernde Erreichbarkeit über Smartphone oder E-Mail

Ausprobieren, was einem über den Berufsalltag hinaussehen lässt - Karriereplanung, Lebensplanung - wo will ich hin? Was ist mir wichtig und wertvoll?

Ein Burnout kann jede und jeden treffen. Firmen wie auch ihre Mitarbeiter müssen das Problem präventiv angehen und allfällige Symptome ernst nehmen.

Beispiel 8: Wie kann man Burnout mit Vitamin B12 heilen?

Vitamine helfen bei Burnout

B-Vitamine

Die ausreichende Versorgung mit den B-Vitaminen Folsäure, B6 und B12 hat zahlreiche positive Effekte bei Burnout. Deshalb gilt eine gezielte Einnahme sowohl vorbeugend als auch unterstützend im Rahmen einer Burnout-Therapie.

Diese Vitamine spielen eine große Rolle für das Nervensystem. Sie sind unter anderem verantwortlich für die Produktion der Nervenbotenstoffe wie

Serotonin - der Botenstoff für Ruhe und Ausgeglichenheit und

Melatonin - der Botenstoff für Tag-Nacht-Rhythmus

Zudem sorgen die Vitamine für eine einwandfreie Beschaffenheit der Myelinscheide. Die Myelinscheide ist eine Schicht, die sich wie ein Schutzmantel um die Nervenfaser legt. Dadurch wird eine zu schnelle Erregungsleitung verhindert, was sich positiv auf nervöse Unruhezustände auswirkt.

Das B-Vitamin-Trio hat außerdem die Aufgabe, das schädliche Stoffwechselprodukt Homocystein in andere, für den Körper nützliche Stoffe umzuwandeln. Homocystein stört die Bildung der Nervenbotenstoffe. Durch einen niedrigen Homocystein-Blutspiegel - sozusagen das Arbeitsergebnis der B-Vitamine - läuft ihre Synthese ungestört ab und die Nervenbotenstoffe können in ausreichender Menge gebildet werden.

Vitamin D

Vitamin D unterstützt die Aufnahme und Verwertung von Calcium, wodurch ein ausgeglichener Calcium-Gehalt im Körper aufrechterhalten wird. Das spielt eine große Rolle für das Nervensystem, da Calcium bei der Übertragung von Informationen zwischen den Nervenzellen mitwirkt.

Der Zusammenhang von Vitamin-D-Mangel und Burnout wird beispielsweise im Falle der sogenannten Winter-Depression deutlich. Der Grund: Vitamin D3 wird zu 80 – 90 % durch Sonneneinstrahlung auf die Haut gebildet. In der dunkleren Jahreszeit fällt die Produktion naturgegebenen Maßen geringer aus.

Aber auch in den Sommermonaten sind viele Menschen mit dem Vitamin unterversorgt, wenn sie sich tagsüber - insbesondere zur Mittagszeit - überwiegend in geschlossenen Räumen aufhalten.

Vitaminmangel vorbeugen

Mit zunehmendem Alter schafft es der Körper leider immer weniger, Mikronährstoffe aufzunehmen und zu verwerten oder - im Falle von Vitamin D3 – zu bilden. Dadurch können sich Mangelerscheinungen entwickeln, die mit seelischen und körperlichen Beschwerden -bis hin zum Burnout-Syndrom- einhergehen. Von daher ist es sinnvoll, wenn Sie Ihre Ernährung gezielt mit den B-Vitaminen Folsäure (B9), B6 und B12 sowie Vitamin D3 ergänzen.

Folgende Symptome können bei einem Mangel an B-Vitaminen und Vitamin D3 auftreten:

Folsäure-Mangel

- erhöhter Homocystein-Blutspiegel (über 10 µmol/L)
- erhöhte Infektanfälligkeit
- Kraftlosigkeit
- eingeschränkte Gedächtnisleistung
- depressive Verstimmung
- Veränderung der Zungen- und Mundschleimhaut
- verringertes Hungergefühl, Verdauungsstörungen
- Hautentzündungen im Gesicht
- Haarverlust
- Kribbeln oder Taubheitsgefühl in den Extremitäten

Vitamin B6-Mangel

- erhöhter Homocystein-Blutspiegel (über 10 µmol/L)
- Konzentrationsstörungen
- Gereiztheit
- Erkrankungen des Nervensystems
- Krämpfe und Muskelschwäche
- depressive Verstimmungen
- verringerte Immunabwehr
- Haarverlust
- Haut- und Schleimhautentzündungen

Vitamin B12-Mangel

- erhöhter Homocystein-Blutspiegel (über 10 µmol/L)
- erhöhte Infektanfälligkeit
- Einschränkung der Gedächtnisleistung
- Konzentrationsschwäche
- Gereiztheit
- geringere Stressstabilität
- verminderte Leistungsfähigkeit
- Erschöpfung, Ermüdung
- verringertes Hungergefühl, Verdauungsstörungen
- Kribbeln oder Taubheitsgefühl in den Extremitäten
- gestörte Blutbildung
- Blässe, Kurzatmigkeit

6. Strategien zur Befreiung von der Einsamkeit

Vitamin D3-Mangel

- Knochenerweichung, erhöhtes Frakturrisiko, Osteoporose
- erhöhte Infektanfälligkeit
- verminderte Antriebskraft
- Kraftlosigkeit, Reizbarkeit, Müdigkeit
- depressive Verstimmungen
- Konzentrationsschwäche
- Unruhezustände und Schlafstörungen
- Muskelschwäche (auch Herzmuskelschwäche)

Vorkommen der Vitamine

- Folsäure: Leber, Blattsalate, Brokkoli, Spinat, Grünkohl, Hülsenfrüchte, Tomaten, Weizenkeime, Hefe, Nüsse, Eier
- Vitamin B6: Fleisch, Fisch, Käse, Milch, Vollkornprodukte
- Vitamin B12: ausschließlich in tierischen Lebensmitteln wie Fleisch, Fisch und - in geringerem Maße - Milch und Eier

Beispiel 9: Schluss mit Schlappsein, Müdigkeit, Erschöpfung

Begriffe wie Burnout fallen seit Jahren immer häufiger. Die Ursachen für Erschöpfung sind vielfältig, die konventionelle Medizin allerdings behilft sich in den meisten Fällen mit der Verschreibung von Medikamenten, die zwar symptomatisch helfen, das Übel aber nicht an der Wurzel packen. Verschiedene alternative Lösungsansätze haben sich jedoch genau dies zur Aufgabe gemacht: Sie sollen hier kurz vorgestellt werden.

Die Lichttherapie beruht auf der Tatsache, dass der menschliche Körper nur dann funktionieren kann, wenn er einer ausreichenden Menge von Licht ausgesetzt ist.

Es gilt als erwiesen, dass beispielsweise UV-B-Licht die Nährstoffaufnahme von Kalzium, Kohlenhydraten und Phosphor beeinflusst vor allem aber für die Synthese von Vitamin B nötig ist und somit bei einem Lichtmangel entsprechende Defizite in der Versorgung mit diesen Stoffen auftreten können, wodurch in der letzten Konsequenz ein Erschöpfungszustand eintritt. Dass neben dem Körper auch die menschliche Psyche Licht benötigt, beweisen die vielen Erfolge von Lichttherapien beispielsweise bei depressiven Patienten.

Ein weiterer Ansatz ist die Therapie auf der Basis von elektrischen Schwingungen und Vibrationen. Da der Mensch selbst elektromagnetische Energien sowohl aufnimmt als auch selbst produziert (wie zum Beispiel die Hirnströme) können Ungleichmäßigkeiten und Fremdschwingungen wie etwa Smog dieses System aus dem Gleichgewicht bringen und dem Organismus so letztlich die Energie rauben, die er andernfalls gewinnen würde Dies kann bis hin zur Sauerstoffarmut in Muskeln führen. In solchen Fällen kann es helfen, den Körper entsprechenden Energiefeldern auszusetzen.

Von ähnlichen Energiekreisläufen gehen auch Behandlungsansätze wie Akupunktur, Reiki und verschiedene Massageformen aus Sie wollen einen ins Ungleichgewicht oder ins Stocken geratenen Energiefluss, die so genannten Meridiane, durch Stimulationen wie Nadeln, Druck oder auch Magnete an bestimmten Knotenpunkten regulieren, so dass der Energiefluss wieder ungehemmt stattfinden kann. Die anschließend wieder frei fließenden Energien beleben folglich auch den Menschen und beheben seine Erschöpfung.

Zuletzt existieren auch mehrere Ansätze chemischeren bzw. biologischeren Charakters. So kann eine andauernde Müdigkeit auch auf Nährstoffmängel zurückzuführen sein Diese können durch eine Fehlernährung ebenso entstehen wie durch eine Übersäuerung, die die Enzymtätigkeit beeinträchtigt. Auch Giftstoffe oder die Stoffwechselprodukte von Parasiten haben ähnliche Auswirkungen. Zuletzt liegen nicht selten auch psychische Blockaden den körperlichen Symptomen zugrunde. Eine ganze Reihe verschiedener Behandlungsmöglichkeiten ermöglichen die Behandlung dieser Probleme und somit die Rückkehr zu einem "gesunden" Leben.

Strategie 18: Neue Einsamkeit durch Coronavirus und wie kann man sich vor der Ansteckung schützen?

Für Menschen, die vor dem Virus einsam waren, wirkt die soziale und politisch verhängte Isolation aufgrund des Coronavirus wie ein Katalysator. Sie fühlen sich jetzt noch einsamer, verlassen und von der Welt abgeschnitten. Ärzt*innen und Telefonseelsorge in verschiedenen Städten und Ländern schlagen Alarm:

6. Strategien zur Befreiung von der Einsamkeit

Menschen suchen Hilfe und Unterstützung, um diese für sie belastende und tendenziell traumatisierende Zeit zu überbrücken. Jetzt sind vergleichsweise mehr Leute physisch allein und einsam. Jetzt besteht die einmalige Chance, einen gesellschaftlichen Diskurs zum Thema Einsamkeit anzustoßen. Nicht zuletzt, weil über die eigene Einsamkeit zu reden tendenziell immer noch mit einem Tabu behaftet ist. Gleichzeitig haben in den letzten Jahren verschiedene Studien und Forschungen gezeigt, wie schädlich langandauernde Einsamkeit und Isolation sein können.

Menschen, die vor dem Virus noch nicht mit Einsamkeit zu kämpfen hatten, sehen sich emotional mit einem neuen Alltag konfrontiert: kein Essen oder Feiern mehr mit Freunden oder im Familienkreis, kein spontaner Kinobesuch oder Wochenendausflug mit der Familie. Den gemeinsamen Kaffee mit der Freundin oder Nachbarin wird es erstmal so nicht mehr geben. Die Spielgruppe, die sich jeden Abend zum Kartenspiel in der Kneipe um die Ecke trifft, wird sich vielleicht bis auf den Sommer vertragen müssen. Die Großmutter, die sich auf ihr Enkelkind freut, sieht sich mit einer Realität konfrontiert, die für viele vor einigen Wochen noch nicht vorstellbar war: Soziale Kontakte werden virtuell aufrechterhalten und gepflegt. Einige von ihnen können da den sozialen Medien etwas Neues und Positives abgewinnen und versuchen, das Beste aus der Situation zu machen. So verabreden sich Familienmitglieder abends zu einem virtuellen gemeinsamen Essen, Liebespaare zum virtuellen Drink und Freund*innen zum Online-Kaffeeplausch tagsüber. Sich in diesen Tagen Rituale zu schaffen und bewusst Kontakte online zu pflegen, hilft Menschen, sich weniger einsam zu fühlen. Diese Strategie scheint für viele, mit denen ich gesprochen habe, emotional nur machbar in dem Wissen und der Hoffnung, dass der Ausnahmezustand zeitlich begrenzt ist.

Und dann gibt es die Menschen, die es beruflich oder privat gewohnt sind, viel allein zu sein, wie z. B. die Selbstständigen und die Alleinstehenden.

Die Menschen, die schon vor dem Coronavirus allein gelebt haben, viel Zeit allein verbracht haben und/oder sich mit ihrer eigenen Einsamkeit auseinandergesetzt haben, empfinden den momentanen Ausnahmezustand nicht unbedingt als emotional völlig andere oder einschneidende Situation: Sie haben bewusst oder zwangsläufig gelernt, allein zu sein. Diesen Betroffenen scheint es leichter zu fallen, soziale Kontakte zu meiden bzw. sehr stark zu begrenzen und zu Hause zu bleiben. Diese Menschen haben eine gewisse Routine entwickelt und Alltagsabläufe und Rituale verinnerlicht, die es jetzt erleichtern, konstruktiv mit der Situation umzugehen. Dazu gehören

6. Strategien zur Befreiung von der Einsamkeit

Spaziergänge, regelmäßige Bewegung, Lesen, ausgewähltes Konsumieren von Nachrichten und sozialen Medien.

Für sie ist der jetzige Zustand eher eine logistische als eine emotional-mentale Herausforderung: So verlieren Selbstständige von heute auf morgen Aufträge, Reisen müssen umgeplant oder storniert werden und Freundschaften und Sozialkontakte müssen anders als bisher gepflegt werden. Diese Gruppe von Menschen, die resilient und konstruktiv mit dem Alleinsein umgeht, bedient sich eingeübter Rituale der Achtsamkeit, Selbstsorge und Kontaktpflege. Auf die Gesamtbevölkerung übertragen entspricht diese Gruppe wohl eher einer Minderheit.

Und dann gibt es Bevölkerungskreise und Regionen, über die diese Tage vergleichsweise wenig berichtet wird, die aber unter der Corona-Krise am meisten leiden. Sie sind am stärksten betroffen, weil sie in physischer Distanz und Alleinsein nur begrenzt leben können und Gewalt und Gefahren aufgrund ihrer Lebenssituation ausgesetzt sind: Da sind die Familien, Sexarbeiter*innen, Stunden- und Tagelöhner*innen und Straßenkinder, die in den menschenunwürdigen Armutsvierteln von Bangladesch oder Indien leben, die dem Virus schutzlos ausgesetzt sind.

Die rasante Ausbreitung des neuartigen Coronavirus (Covid-19) führt weltweit zu drastischen Maßnahmen. Sie sollen verhindern, dass sich sehr viele Menschen infizieren, so dass Krankenhäuser und die gesundheitliche Versorgung irgendwann überlastet werden. Zu diesen Maßnahmen gehört neben den bekannten Hygieneregeln, Abstand zu anderen Menschen zu halten und die Aufforderung, weitgehend zuhause zu bleiben.

Durch die neuen gesetzlichen Regelungen herrscht in Deutschland eine Ausnahmesituation, wie sie die meisten Menschen noch nicht erlebt haben. Die deutlichen Einschränkungen der Bewegungsfreiheit und die häusliche Isolation können sich auf die Psyche auswirken und für viele Menschen sehr belastend sein.

Typische Stressfaktoren einer häuslichen Isolation sind Frustration und Langeweile, Angst vor Ansteckung, finanzielle Sorgen oder eine eingeschränkte Versorgung mit Dingen, die man im Alltag braucht. Es können Gefühle wie Angst, Panik, Sorgen, starkes Grübeln, Niedergeschlagenheit oder

6. Strategien zur Befreiung von der Einsamkeit

Einsamkeitsgefühle auftreten. Solche Gefühle sind in der derzeitigen Situation völlig normal.

Psychologen haben eine Reihe von Tipps, die wissenschaftlich erforscht sind und helfen können, die Ausnahmesituation möglichst gut zu überstehen. Sie können sich auf das Verhalten, den Umgang mit Gefühlen oder das Denken beziehen. Jeder Mensch muss dabei seine eigene, zu ihm passende Strategie finden.

Die folgenden Checklisten sollen dabei helfen, einen „kühlen Kopf" zu bewahren und für sich und nahestehende Menschen Strategien zu entwickeln, um mit der neuen Situation möglichst gut zurechtzukommen. Dabei kann jeder sich bewusst machen, dass er mit seinem Verhalten einen Betrag leistet, damit alle zusammen die Corona-Pandemie und ihre Folgen gut bewältigen können.

Denken Sie daran, dass Sie etwas für die Gemeinschaft tun

Zuhause bleiben, Quarantäne und Abstand halten sind in der aktuellen Situation wichtig, um anderen zu helfen – vor allem schwachen, älteren oder körperlich angegriffenen Mitmenschen.

Etwas für die Gemeinschaft zu tun und anderen zu helfen, kann eigene Ängste vermindern und das Gefühl geben, etwas Sinnvolles zu tun. So fällt es häufig leichter, die schwierige Situation auszuhalten und zu akzeptieren.

Halten Sie eine Tagesstruktur ein

Eine Struktur hilft gegen das Chaos im Alltag, gibt Sicherheit und hilft, mit Stresssituationen umzugehen. Mit einem „Plan für den Tag" haben Sie das Gefühl, der Situation nicht hilflos ausgeliefert zu sein, sondern sie aktiv zu gestalten.

Stehen Sie auf wie immer, kleiden Sie sich wie sonst und halten Sie die üblichen Essens-, Schlafens-, Arbeits- oder Lernzeiten ein. Passen Sie dabei den Ablauf des Tages an die aktuelle Situation an.

Setzen Sie sich realistische Ziele und planen Sie Ihren Tag möglichst genau. To-Do-Listen und Aufgabenplaner können dabei helfen – aber auch „Done"-Listen, die Ihnen zeigen, was Sie bereits geschafft haben.

6. Strategien zur Befreiung von der Einsamkeit

Vielleicht haben Sie jetzt Zeit, Dinge anzugehen, zu denen Sie bisher nie gekommen sind. Zum Beispiel etwas Neues lernen, aufräumen oder Arbeiten erledigen, die bisher immer liegen geblieben sind.

Schaffen Sie es nicht immer, die Tagesstruktur einzuhalten, ist das ganz normal und verständlich. Seien Sie nicht allzu streng mit sich.

Achten Sie darauf, Medien bewusst zu konsumieren

Die meisten von uns wollen zur Zeit immer auf dem Laufenden über das aktuelle Geschehen sein. Das ist einerseits verständlich, denn Fakten geben Orientierung und tragen dazu bei, sich weniger hilflos zu fühlen. Auf der anderen Seite kann zu viel Beschäftigung mit den aktuellen Nachrichten eine Reihe negativer Gefühle auslösen oder sie weiter verstärken.

Beschränken Sie deshalb die Zeit, in der Sie die aktuellen Nachrichten zur Corona-Situation verfolgen. Im Grunde reicht es aus, sich ein bis zwei (würde ich sagen) Mal täglich zu informieren, um auf dem Laufenden zu sein.

Setzen Sie dem Grübeln Grenzen

Eine von vielen Strategien, mit einer Stresssituation umzugehen, ist intensives Grübeln. Zu viel Grübeln ist aber oft kontraproduktiv, weil es zusätzlichen Stress verursacht.

Überlegen Sie sich, was Sie als Alternative tun können, wenn Sie mal wieder ins Grübeln verfallen. Tun Sie lieber etwas, was Ihnen gut tut und Spaß macht, wie etwa Lesen, Backen oder einem Hobby nachgehen.

Für manche kann es hilfreich sein, das Grübeln auf eine spätere Zeit zu verschieben und auf eine bestimmte Dauer zu begrenzen, zum Beispiel 10 bis 20 Minuten. Das kann oft große Entlastung schaffen. Sie können sich zum Beispiel sagen: „Darüber denke ich nachher (oder morgen) in meiner „Grübelzeit" nach – aber nicht jetzt." Wichtig: Um ruhig schlafen zu können, sollte die Grübelzeit nicht auf den Abend oder die Nacht gelegt werden.

Auch Humor ist wichtig! Er kann helfen, die Situation leichter zu nehmen und besser zu bewältigen.

Pflegen Sie Ihre sozialen Kontakte – auch über die Distanz

Der Zusammenhalt mit Familie und Freunden und der regelmäßige Austausch gibt in der aktuellen Situation Halt und kann helfen, mit Belastungen umzugehen. Auch ein „Treffen" mit Kollegen per Chat oder Videokonferenz kann nett und motivierend sein.

Bleiben Sie deshalb in Verbindung! Nutzen Sie dazu Telefon, Videochats, soziale Netzwerke, Messenger wie WhatsApp usw. Scheuen Sie sich dabei nicht, um Unterstützung zu bitten, wenn Sie welche benötigen. Die meisten Menschen sind gerne bereit, zu helfen!

Wenn bestimmte Menschen Informationen über Covid-19 immer wieder wiederholen und Ihnen dies ein ungutes Gefühl gibt: Begrenzen Sie den Kontakt mit diesen Menschen oder sagen Sie, dass Sie lieber über ein anderes Thema sprechen möchten.

Versuchen Sie, das Gespräch auch auf positive Themen zu lenken, zum Beispiel: „Was hat Dich heute gefreut?" oder „Wofür bist du dankbar?" Oder sprechen Sie über kuriose Erlebnisse aus der Quarantäne, einen spannenden Film, ein lustiges Spiel oder schöne Erlebnisse aus der Vergangenheit.

Denken Sie auch an entferntere Verwandte, Nachbarn oder Bekannte, die vielleicht kein großes soziales Netzwerk haben. Nehmen Sie auch mit diesen Menschen Kontakt auf, damit sie sich nicht vergessen fühlen und gegebenenfalls mitteilen können, wenn sie Hilfe brauchen.

Machen Sie sich Ihre Stärken bewusst

Innere Ressourcen können helfen, Krisensituationen gut zu überstehen. Dazu gehören beispielsweise Ihre Stärken und Talente, Ihre Ziele und Wertvorstellungen. Ressourcen sind die positiven Erfahrungen, die Sie im Leben gemacht haben – aber auch alle Schwierigkeiten, die Sie im Leben überwunden oder gelöst haben.

Machen Sie sich Ihre Ressourcen bewusst und nutzen Sie sie gezielt. Dies kann zum Beispiel die Fähigkeit sein, andere zu unterstützen, kreativ zu sein, sich gut organisieren zu können oder die Situation mit Humor zu sehen.

Versuchen Sie, neue Spielräume in der Situation zu erkennen. Vielleicht haben Sie jetzt Zeit, Dinge zu tun, für die sonst keine Zeit war, etwa einem Hobby nachzugehen oder kreativ tätig zu sein. Vielleicht bleibt Ihnen jetzt auch mehr Zeit, einfach mal auszuspannen oder die Dinge mit mehr Ruhe anzugehen.

Geben Sie Ihren Gefühlen Raum

In einer ungewohnten Situation wie der aktuellen entstehen Gefühle wie Angst, Verwirrung oder Stress. Diese Gefühle sind absolut normal und verständlich.

6. Strategien zur Befreiung von der Einsamkeit

Sprechen Sie mit anderen über Ihre Gefühle, etwa mit Angehörigen oder Freunden! Wenn Sie niemanden kennen, mit dem Sie sprechen können, scheuen Sie sich nicht, professionelle Hilfe zu suchen! Sie können sich dabei an Hilfsangebote wenden, die es schon gibt oder an die, die zur Zeit überall eingerichtet werden: etwa den Krisendienst, die Notfallseelsorge, örtliche oder überregionale Hotlines.

Nehmen Sie ihre Gefühle bewusst wahr und akzeptieren sie sie. Drücken Sie aus, was Sie fühlen. Es kann helfen, seine Gefühle in einem Tagebuch aufzuschreiben oder kreativ zu werden, zum Beispiel zu malen oder Musik zu machen.

Oft ist es hilfreich, in einer solchen Situation keine weitreichenden Entscheidungen zu treffen, zum Beispiel, den Arbeitsplatz zu wechseln oder eine Beziehung zu beenden.

Vermeiden Sie ungünstige Strategien, um mit ihren Gefühlen umzugehen, wie starken Alkoholkonsum oder Konsum von Drogen.

Machen Sie einfache Entspannungs- und Achtsamkeitsübungen

Entspannungsübungen können helfen, Ängste abzubauen, Stress zu vermindern und die momentane Situation besser zu akzeptieren.

Im Internet finden Sie viele Anleitungen zu Entspannungsübungen: (hier einige Links einfügen...?)

Eine einfache Übung kann sein: Spüren Sie, wie Sie gerade sitzen, nehmen Sie den Kontakt zur Sitzfläche wahr. Schließen Sie, wenn Sie möchten, die Augen. Konzentrieren Sie sich auf Ihren Atem und spüren Sie, wie Sie ein- und ausatmen. Wo spüren Sie ihren Atem am stärksten, im Bauch, in der Brust, beim Einfließen der Luft in die Nase? Tauchen bei der Übung andere Gedanken auf, versuchen Sie, Ihre Aufmerksamkeit bewusst wieder auf Ihren Atem zu lenken.

Sie können die Übung zunächst eine Minute lang durchführen und sie mit der Zeit verlängern. Setzen Sie die Übung immer ein, wenn Sie möchten.

Bewegen Sie sich regelmäßig

Bewegung tut dem Körper gut, stärkt das Immunsystem und wirkt sich, wissenschaftlich nachgewiesen, positiv auf die Psyche aus. Ein Spaziergang oder Bewegung an der frischen Luft helfen, Anspannung und Stress abzubauen.

6. Strategien zur Befreiung von der Einsamkeit

Aber auch auf engem Raum in den eigenen vier Wänden ist Bewegung möglich. Es gibt viele Videos im Internet mit Anregungen und Trainingsprogrammen. Und einige Anbieter von Fitnessstudios machen ihre Angebote nun auch online verfügbar.

Häufig müssen Sie nun anders Sport treiben, als Sie es bisher gewohnt sind. Versuchen Sie, dabei kreativ zu sein! Überlegen Sie, wie Sie die neue Art, Sport zu treiben, in Ihren momentanen Alltag einbauen können.

Denken Sie daran, dass die Situation vorübergehen wird

Machen Sie sich bewusst, dass die Corona-Pandemie und die momentanen Einschränkungen im Alltag irgendwann vorbei sein werden. Auf die derzeitigen Gefahren, Ängste und Sicherheitsmaßnahmen wird auch wieder eine Zeit der Entwarnung und Normalisierung folgen.

Sie können selbst dazu beitragen, dies zu beschleunigen, indem Sie besonnen und entschlossen handeln. Unterschätzen Sie nicht Ihre Möglichkeiten, mit den derzeitigen Maßnahmen (wie regelmäßigem Händewaschen, Vermeiden von engem zwischenmenschlichem Kontakt) die Ausbreitung des Virus zu verlangsamen und das Risiko, sich selbst oder andere anzustecken, zu vermindern.

Auch wenn es manchmal schwierig ist: Halten Sie durch!

Machen Sie auch Pläne für die Zeit, wenn „das alles" vorbei ist. Das kann dazu beitragen, die Situation optimistischer zu sehen.

Was Sie zu den Grundlagen des Coronavirus wissen sollten!

Die Corona-Pandemie beschäftigt die Menschen in aller Welt, die Krise schränkt auch den Alltag in Norddeutschland ein. Vor allem bei geschwächten und vorerkrankten Menschen kann die Infektion mit dem Virus schwere Komplikationen verursachen. In den meisten Fällen verläuft sie aber weitgehend harmlos. Hier finden Sie Antworten auf die wichtigsten Fragen.

Was ist das neue Coronavirus?

Sars-CoV-2 ist die offizielle Bezeichnung für das neuartige Virus, das eine schwere Lungenerkrankung mit dem Namen Covid-19 auslösen kann. Der zunächst 2019-nCoV genannte Erreger tauchte erstmals in China auf und gehört zu den Coronaviren. Auch bei uns gebe es schon seit Jahrzehnten

6. Strategien zur Befreiung von der Einsamkeit

Coronaviren, sagte Jonas Schmidt-Chanasit, Professor am Bernhard-Nocht-Institut für Tropenmedizin in Hamburg, im Interview mit NDR Info: "Es gibt Hunderte verschiedener Coronaviren." Harmlose Typen führten oft nur zu leichten Erkältungen.

Die neue Virus-Variante ist eng verwandt mit dem Sars-Erreger, der 2002 und 2003 eine Pandemie auslöste. Weltweit erkrankten damals rund 8.000 Menschen an dem Sars-Erreger - etwa jeder zehnte Patient starb. In Deutschland waren neun Menschen mit dem Sars-Erreger infiziert, gestorben ist davon keiner.

Das neue Coronavirus Sars-CoV-2 hat sich von China aus weltweit ausgebreitet. Die ersten Erkrankungen in Deutschland waren in Bayern nachgewiesen worden. Am 27. Februar wurde auch der erste Fall im Norden bekannt: Ein Arzt aus Schleswig-Holstein, der in der Kinder- und Jugendmedizin am UKE in Hamburg arbeitet, wurde positiv getestet. Der Mann war zuvor aus einem Urlaub in Italien zurückgekehrt.

Auch in Norddeutschland breitete sich das Virus aus - es gab Tausende bestätigte Fälle. Die meisten der Erkrankten sind inzwischen wieder genesen. Nachdem die norddeutschen Länder täglich meist nur noch wenige Neuinfektionen hatten, abgesehen von lokalen Ereignissen wie Mitte Juni in Göttingen, stiegen die Fallzahlen Ende Juli/Anfang August wieder an.

Wie gefährlich ist eine Infektion mit dem neuen Coronavirus?

Das kann immer noch nicht abschließend beurteilt werden. Das Robert Koch-Institut (RKI) stuft in seiner Risikoeinschätzung die Gefährdung für die Gesundheit der Bevölkerung in Deutschland seit dem 17. März als hoch ein. Für Risikogruppen wird die Gefährdung als "sehr hoch" bezeichnet. Es handele sich weltweit und in Deutschland um eine sehr dynamische und ernst zu nehmende Situation. Bei der überwiegenden Zahl der Fälle verlaufe die Erkrankung mild. Die Wahrscheinlichkeit für schwere und auch tödliche Verläufe nehme aber mit zunehmendem Alter und bestehenden Vorerkrankungen zu.

6. Strategien zur Befreiung von der Einsamkeit

Wer ist besonders betroffen?

Bei einem Teil der Betroffenen kann das Coronavirus zu einem schwereren Verlauf mit Atemproblemen und zu Lungenentzündungen führen. Mittlerweile ist zudem klar, dass das Virus nicht nur die Lunge, sondern auch andere Organe angreift. Zudem droht die Gefahr von Blutgerinnseln.

Obwohl schwere Verläufe auch bei Personen ohne Vorerkrankung auftreten können, haben laut RKI und der Bundeszentrale für gesundheitliche Aufklärung die folgenden Personengruppen ein erhöhtes Risiko für schwere Verläufe:

Ältere Personen (mit stetig steigendem Risiko für schweren Verlauf ab etwa 50 bis 60 Jahren). Laut RKI (Stand: 04.08.2020) sind in 85 Prozent der Todesfälle in Deutschland die Betroffenen 70 Jahre oder älter gewesen. Der Altersdurchschnitt der Verstorbenen liegt bei 81 Jahren.

- Raucher
- stark übergewichtige Menschen
- Personen mit bestimmten Vorerkrankungen des Herzens und der Lunge
- Patienten mit chronischen Lebererkrankungen
- Diabetes-Patienten
- Krebspatienten
- Patienten mit geschwächtem Immunsystem
- Schwangere scheinen der WHO zufolge kein erhöhtes Risikos für einen schweren Krankheitsverlauf zu haben.

Welche Rolle spielen Kinder in der Coronavirus-Pandemie?

Das ist nicht abschließend geklärt. Laut RKI waren in einer Mehrzahl der vorliegenden Studien Kinder seltener von einer Sars-CoV-2-Infektion betroffen als Erwachsene. In den meisten Studien hätten Kinder eine niedrigere Empfänglichkeit für eine Infektion gezeigt, es gebe aber auch eine Erhebung, wonach die Wahrscheinlichkeit für eine Infektion ähnlich sei. Allerdings weist das RKI darauf hin, dass die meisten Studien während der Corona-Beschränkungen durchgeführt wurden. Deswegen hätten die Kinder womöglich weniger Kontakte außerhalb des eigenen Haushalts gehabt als Erwachsene. Zudem könnte es sein, dass sie sich schon im Vorfeld der Untersuchungen

6. Strategien zur Befreiung von der Einsamkeit

infiziert hatten und somit zum Zeitpunkt der Studie immun waren. Weil Schulen und Kitas während der meisten Untersuchungen geschlossen gewesen seien, seien die Ergebnisse nicht auf die Alltagssituation übertragbar.

Ein Team um den Berliner Virologen Christian Drosten sieht derzeit keine Hinweise darauf, dass Kinder womöglich nicht so ansteckend seien wie Erwachsene. Einer aktuellen Studie aus Baden-Württemberg zufolge sind Kinder allerdings keine Treiber der Corona-Pandemie.

Fest steht, dass eine Infektion mit dem Coronavirus bei der Mehrzahl der Kinder eher mild und unspezifisch verläuft. Es gibt aber auch schwere Verläufe, insbesondere bei Säuglingen und Kleinkindern. Berichte aus den USA und weiteren Ländern zeigen, dass eine Covid-19-Erkrankung bei Kindern mit einer sogenannten multisystemischen Inflammation einhergehen kann, einer Entzündungsreaktion des Körpers. Diese ist aber behandelbar.

Wie kann man sich vor einer Ansteckung schützen?

Wie bei Influenza und anderen akuten Atemwegsinfektionen auch schützen die Hust- und Niesregeln, gute Händehygiene sowie Abstand zu Erkrankten vor einer Ansteckung mit dem Coronavirus. Angesichts der Ausbreitung des Virus empfehlen Experten, generell Abstand zu anderen Menschen zu halten. Auf Händeschütteln soll verzichtet werden. Es wird geraten, sich möglichst wenig ins Gesicht zu fassen, um etwaige Krankheitserreger nicht über die Schleimhäute von Augen, Nase oder Mund aufzunehmen. Menschen, die Atemwegssymptome haben, sollen zu Hause bleiben. Alltagsmasken, die seit Ende April in Norddeutschland zum Beispiel beim Einkaufen und im Nahverkehr Pflicht sind, schützen vor allem die Mitmenschen vor Ansteckung, nicht aber den Träger selber.

Coronavirus: Zwölf einfache Tipps, die schützen

Die Zahl der Infektionen mit dem Coronavirus sinkt. Jeder Einzelne kann dazu beitragen, dass die Gefahr einer Ansteckung gering bleibt - mit diesen Tipps. mehr

Welche Symptome löst das Coronavirus aus?

Die Symptome einer Coronavirus-Infektion sind eher unspezifisch: Husten, Fieber, Schnupfen, Halskratzen, Atemnot, einige Betroffene leiden auch an Durchfall. Eine Übersicht vom RKI (Stand: 04.08.2020) zeigt, dass Infizierte in Deutschland am häufigsten über Husten (47 Prozent) klagten, gefolgt von Fieber (40 Prozent) und Schnupfen (21 Prozent). Seit der letzten Aprilwoche 2020 erfasst das RKI auch Geruchs- und/oder Geschmacksverlust als Symptome (15 Prozent). 3 Prozent der Erkrankten bildeten eine Lungenentzündung aus.

Als weitere mögliche Symptome nennt das RKI unter anderem: Kopf- und Gliederschmerzen, Appetitlosigkeit, Gewichtsverlust, Übelkeit, Bauchschmerzen, Erbrechen, Bindehautentzündung, Hautausschlag, Lymphknotenschwellung, Apathie, Benommenheit/Schläfrigkeit.

Gibt es Medikamente zur Behandlung von Covid-19?

Bislang gibt es nach Angaben des Robert Koch-Instituts keine Arzneimittelzulassung für die Prophylaxe oder Behandlung von Covid-19. Da die Neuentwicklung eines Medikaments sehr viel Zeit beansprucht, liegt der Fokus der Pharmaforscher auf dem "Repurposing" - dem Umwidmen von Arzneimitteln, die bereits zur Behandlung anderer Viruserkrankungen wie HIV, Ebola, Hepatitis C, Grippe oder den verwandten Coronavirus-Infektionen Sars und Mers zugelassen oder in der Erprobung sind.

Das Ebola-Medikament Remdesivir gilt als Hoffnungsträger für eine antivirale Therapie, es könnte zumindest die Dauer der Erkrankung verkürzen. An einer internationalen klinischen Studie mit 1.000 Corona-Patienten waren auch deutsche Kliniken beteiligt. Am 25. Juni empfahl die Europäische Arzneimittel-Agentur EMA die Zulassung unter Auflagen für das Medikament Veklury, das den Wirkstoff Remdesivir enthält. Die EU-Kommission gab schließlich am 3. Juli grünes Licht. "Die heutige Zulassung eines ersten Medikaments zur Behandlung von Covid-19 ist ein wichtiger Fortschritt im Kampf gegen das Virus", erklärte EU-Gesundheitskommissarin Stella Kyriakides. Mit dem Medikament sollen schwere Corona-Erkrankungen bei Patienten ab zwölf Jahren behandelt werden. Voraussetzung für eine Behandlung ist, dass der Patient eine Lungenentzündung hat und mit zusätzlichem Sauerstoff versorgt werden muss.

Professor Christian Drosten, der Leiter der Virologie an der Berliner Charité, hatte Anfang Juni in einer Folge des Coronavirus-Podcasts auf NDR Info zu bedenken gegeben, dass das gegen das Virus wirkende Mittel möglicherweise zu spät eingesetzt werde: Remdesivir bekämen vor allem schwer erkrankte Patienten, bei denen die Virusreplikationsphase schon vorbei sei.

Neben Remdesivir wurden auch die Malaria-Mittel Hydroxychloroquin und Chloroquin als aussichtsreich angesehen. Von Letzterem hatte Bundesgesundheitsminister Jens Spahn (CDU) beim Pharmakonzern Bayer in Leverkusen im Frühjahr sogar bereits größere Mengen reserviert. Aber: Der Wirkstoff hat gefährliche Nebenwirkungen und hilft neueren Studien zufolge wohl nicht gegen Covid-19. Recherchen von NDR und WDR zeigen, wie Chloroquin frühzeitig gehypt wurde.

Bei den infrage kommenden Medikamenten ist die Studienlage derzeit noch nicht ausreichend. Verlässliche Aussagen über Wirksamkeit und Nebenwirkungen können erst später getroffen werden.

Wann wird es einen Impfstoff geben?

Wann der erste Impfstoff tatsächlich zugelassen werde und möglichst vielen Menschen zur Verfügung stehe, sei "ganz schwierig vorauszusehen", sagt Marylyn Addo, Infektiologin am Universitätsklinikum Hamburg Eppendorf (UKE). Sie sieht aktuell die britische Oxford-Gruppe sehr weit vorangeschritten sowie das US-Unternehmen Moderna, das angekündigt hatte, im Juli die abschließende Studie zu starten. Auch die beiden deutschen Firmen Curevac und Biontech seien schon in fortgeschrittenen Phasen.

Ulrike Protzer, Professorin an der Technischen Universität München, sagt, die Hoffnung sei, dass man Ende 2021 erste Impfstoffe haben könnte. Es könne aber immer noch Probleme geben. Unklar sei etwa, wie wirksam die jetzt in der

6. Strategien zur Befreiung von der Einsamkeit

frühen Phase getesteten Mittel tatsächlich sind, auch wenn das Immunsystem der Probanden reagiert. Auch die Produktion so hochzufahren, dass einen Impfstoff breiter angeboten werden könne, werde sicherlich noch dauern.

Weltweit gibt es nach Angaben des Verbands forschender Pharma-Unternehmen (vfa) vom 4. August 2020 mehr als 172 Impfstoff-Projekte, von kleinen Firmen wie Biontech aus Mainz oder Curevac in Tübingen bis zu Konzernen wie Sanofi und GlaxoSmithKline.

Am 15. Juni wurde bekannt, dass der Bund beim Biotech-Unternehmen Curevac einsteigt. Für 300 Millionen Euro übernehme die bundeseigene Förderbank KfW rund 23 Prozent der Anteile, teilte Bundeswirtschaftsminister Peter Altmaier (CDU) mit. Das für die Zulassung von Impfstoffen zuständige Paul-Ehrlich-Institut erteilte Curevac am 17. Juni die Erlaubnis, klinische Tests mit seinem Impfstoff-Kandidaten zu beginnen.

Schon im April hatte das Institut dem börsennotierten Mainzer Unternehmen Biontech die Genehmigung für eine klinische Prüfung erteilt. Damit wurde erstmals in Deutschland ein potenzieller Impfstoff gegen das neuartige Coronavirus an gesunden Menschen getestet. Nach positiven ersten Studiendaten startete Ende Juli mit dem vielversprechendsten Impfstoff-Kandidaten eine klinische Wirksamkeitsstudie mit bis zu 30.000 Teilnehmern starten, wie der Konzern mitteilte.

Biontech arbeitet mit dem US-Pharmariesen Pfizer und Fosun Pharma aus China an BNT162 - einem genbasierten Impfstoff, der auf der Basis von Messenger-RNA einen "Bauplan" für Antigene des Erregers einschleust, die der Körper als fremd erkennt und bekämpft. Ein solcher Impfstoff könnte - anders als zum Beispiel Impfstoffe mit Totmaterial von Viren - schnell, günstig und in großen Mengen hergestellt werden. Allerdings: Bisher ist weltweit überhaupt noch kein genbasierter Impfstoff auf dem Markt.

6. Strategien zur Befreiung von der Einsamkeit

Wie kann das Virus übertragen werden?

Das neuartige Coronavirus kann von Menschen zu Mensch übertragen werden. Hauptübertragungsweg ist die Tröpfcheninfektion, also ein Einatmen von Erregern, die ein Erkrankter zum Beispiel beim Husten verteilt. Das Virus breitet sich aber auch über unsichtbare Schwebeteilchen in der Luft aus. Die sogenannten Aerosole sind winzige, in der Luft schwebende Partikel. Sie entstehen überall, wo Tröpfchen fein vernebelt werden, zum Beispiel beim Sprechen und Singen.

Eine Übertragung ist auch über die Hände möglich, wenn diese anschließend mit Schleimhäuten in Berührung kommen - so wie bei der Grippe.

Dem RKI zufolge gab es Fälle, in denen sich Personen bei Menschen angesteckt haben, die selbst keine, nur leichte oder unspezifische Symptome gezeigt hatten. Zudem können Menschen offenbar auch während der bis zu 14 Tage dauernden Inkubationszeit ansteckend sein.

Können sich Haustiere mit dem Coronavirus anstecken?

Aus mehreren Ländern wurden bereits positiv getestete Katzen und Hunde gemeldet, die zum Teil auch Krankheitssymptome zeigten. Sie hielten sich in Haushalten mit an Covid-19 erkrankten Menschen auf und es wird davon ausgegangen, dass sie sich bei den Menschen ansteckten. Auch bei Tigern und Löwen in einem Zoo wurde das neuartige Coronavirus bereits nachgewiesen. Zudem gelten Frettchen und andere Marder-ähnliche Tiere als empfänglich für das Virus.

Laut dem Friedrich-Loeffler-Institut (FLI), dem Bundesforschungsinstitut für Tiergesundheit, bedeutet eine Infektion eines Tieres nicht automatisch, dass sich das Virus in den Tieren auch vermehrt und von ihnen wieder ausgeschieden wird. Bislang gebe es keine Hinweise darauf, dass Hunde oder Katzen eine Rolle bei der Verbreitung des Virus spielen.

Um die Rolle von Haustieren bei der Coronavirus-Pandemie weiter zu erforschen, plant die Bundesregierung eine Meldepflicht für infizierte

6. Strategien zur Befreiung von der Einsamkeit

Haustiere. Eine Pflicht, Hunde und Katzen testen zu lassen, soll es aber nicht geben.

Kann das Virus über Gegenstände und Lebensmittel übertragen werden?

Sars-CoV-2 kann laut einer US-Laborstudie auf Kunststoff und Edelstahl bis zu 72 Stunden überleben, auf Papier bis zu 24 Stunden. Nach Ansicht deutscher Wissenschaftler sagen die Studienergebnisse allerdings wenig über die Gefahr einer Kontaktinfektion (auch Schmierinfektion genannt) im Alltag aus. Beispielsweise gelangen beim Niesen sehr geringe Virus-Mengen auf Oberflächen, etwa eine Türklinke. Fasst man eine kontaminierte Klinke an, verdünnt sich das Sekret weiter und kommt mit dem sauren Milieu der Haut in Berührung. Dadurch sei die Ansteckungsgefahr geringer als im Test.

Das gilt laut Experten ebenfalls für aus China importierte Gegenstände wie Spielzeug, Kleidung und Schuhe, aber auch für Lebensmittel. "Nach derzeitigem Wissensstand ist es unwahrscheinlich, dass importierte Waren wie Lebensmittel die Quelle einer Infektion mit dem Coronavirus sein könnten", sagte Bundesverbraucherschutzministerin Julia Klöckner (CDU) im Frühjahr. Dennoch sollten Verbraucher die allgemeinen Hygieneregeln einhalten. Erhitzen kann das Infektionsrisiko laut Bundesamt für Risikobewertung weiter verringern.

Das Virus kann auch auf Geldscheinen überleben. Ob die Virus-Menge für eine Infektion ausreicht, ist nicht klar. Wer auf Nummer sicher gehen möchte, kann kontaktlos bezahlen, zum Beispiel per Girokarte (EC-Karte) oder per Handy (Google Pay, Apple Pay).

Wer wird auf eine Coronavirus-Infektion getestet?

Das Robert Koch-Institut empfiehlt derzeit (Stand: 7. August) eine niedrigschwellige Testung aller Personen, die Symptome einer akuten Atemwegserkrankung aufweisen. Konkret wird ein Test empfohlen, wenn eines der folgenden Kriterien erfüllt ist:

6. Strategien zur Befreiung von der Einsamkeit

- Akute respiratorische Symptome und/oder Verlust von Geruchs- und Geschmackssinn
- Kontakt zu einem bestätigten Covid-19-Fall bis maximal 14 Tage vor Erkrankungsbeginn und jegliche mit Covid-19 vereinbare Symptome
- Klinische oder radiologische Hinweise auf eine virale Lungenentzündung in Zusammenhang mit einer Häufung von Pneumonien in einer Pflegeeinrichtung oder in einem Krankenhaus.

Das RKI hat auch eine Orientierungshilfe für Ärzte erstellt.

Reiserückkehrern aus dem Ausland wird empfohlen, sich testen zu lassen. Wer aus einem Risikogebiet nach Deutschland einreist, ist seit dem 8. August 2020 verpflichtet, einen Test zu machen.

Betroffenen wird geraten, sich bei Verdacht auf eine Coronavirus-Infektion selbst zu isolieren, bis das Ergebnis des Tests vorliegt. Das heißt, sie sollten möglichst zu Hause bleiben, alle engen Kontakte unter zwei Metern Abstand meiden, eine gute Händehygiene einhalten und bei Kontakt zu anderen Menschen möglichst einen Mund-Nasen-Schutz tragen.

Wer sind die Ansprechpartner bei einem Corona-Verdacht?

Ansprechpartner sind die Hausärzte (telefonische Anmeldung!) und der ärztliche Bereitschaftsdienst unter der Rufnummer 116 117. Wer Kontakt zu einem nachweislich Infizierten hatte, sollte das zuständige Gesundheitsamt anrufen. In Notfällen (zum Beispiel Atemnot) sollen sich die Betroffenen an den Notruf 112 oder eine Rettungsstelle wenden.

Das Bundesgesundheitsministerium hat eine Coronavirus-Hotline eingerichtet. Die Telefonnummer lautet (030) 34 64 65 100. Die Bundeszentrale für gesundheitliche Aufklärung (BZgA) beantwortet im Internet Fragen rund um das neuartige Coronavirus.

Wie laufen Tests auf eine Coronavirus-Infektion ab?

Für den Test auf eine Coronavirus-Infektion wird den Patienten mit einem Tupfer ein Rachenabstrich entnommen oder etwas von dem, was sie

6. Strategien zur Befreiung von der Einsamkeit

hochhusten - sogenannte respiratorische Sekrete, wie der Virologe Christian Drosten von der Charité in Berlin erklärt.

Ärzte und medizinisches Personal sollen bei der Probenentnahme - egal ob in einer Praxis, im Gesundheitsamt oder bei einem Hausbesuch - Schutzkleidung (Kittel, Handschuhe, Schutzbrille, Atemmaske) tragen. So lautet die Empfehlung der Deutschen Gesellschaft für Allgemeinmedizin und Familienmedizin (Degam). Die Probe wird danach - in drei Schichten verpackt - in ein Labor geschickt und kann dort ausgewertet werden. Der Patient sollte in der Zwischenzeit in einem Zimmer isoliert werden, bis der Verdacht abgeklärt ist.

Die reine Auswertung eines Tests dauert nach Angaben der Berliner Charité etwa vier bis fünf Stunden - hinzu kommt der Verwaltungsaufwand, also etwa der Transport ins Labor. Vor oft beworbenen Schnelltests, die ein Ergebnis binnen einer Stunde versprechen, warnt der Berufsverband der Ärzte für Mikrobiologie, Virologie und Infektionsepidemiologie. Anders als bei den üblichen Tests handele sich dabei nicht um einen Erreger-, sondern einen Antikörper-Nachweis. Antikörper seien bei Virusinfektionen aber frühestens eine Woche nach Erkrankungsbeginn nachweisbar, in der Regel sogar erst nach 14 Tagen.

Die Kosten für den Test auf eine Coronavirus-Infektion übernehmen die Krankenkassen, wenn der Arzt den Test als notwendig eingestuft hat.

Häusliche Quarantäne: Was muss ich beachten?

Wenn ein begründeter Verdacht besteht, sich mit dem neuartigen Coronavirus angesteckt zu haben, ist die Anordnung einer Quarantäne möglich. Das ist bei Menschen möglich, die engen Kontakt zu einem mit dem Virus Infizierten hatten oder die aus einer Risikoregion zurückkehren. Die Quarantäne anordnen dürfen die deutschen Gesundheitsämter für Einzelpersonen oder für Gruppen.

Auch wenn keine Symptome spürbar sind, muss man bei amtlich angeordneter Quarantäne 14 Tage lang zu Hause bleiben. In dieser Zeit dürfen Betroffene auf

6. Strategien zur Befreiung von der Einsamkeit

keinen Fall die Wohnung verlassen oder Besuch empfangen. So weit es geht, muss der Kontakt zu anderen im Haushalt lebenden Personen verhindert werden. Das Gesundheitsamt entscheidet im Einzelfall, ob auch diese Personen unter Quarantäne gestellt werden.

Während der amtlich angeordneten Quarantäne muss ein Symptom-Tagebuch geführt werden. Das Gesundheitsamt meldet sich zudem täglich per Telefon. Wer sich nicht an die Auflagen des Gesundheitsamtes hält, kann laut Infektionsschutzgesetz mit einer Freiheitsstrafe von bis zu zwei Jahren oder einer Geldbuße belegt werden.

Ist man nach überstandener Infektion immun?

Covid-19-Patienten mit einem schweren Verlauf bilden nach einer Infektion mit dem Virus Antikörper. Der entsprechende Spiegel ist laut Dr. Thomas Jacobs, Immunologe am Hamburger Bernhard-Nocht-Institut, deutlich erhöht. Dies könne für eine gewisse Zeit eine Immunität hervorrufen. "Das Problem ist, dass diese Antikörperspiegel sehr schnell abfallen", sagte Jacobs Anfang Juli im Gespräch mit NDR Info. Bei leichten Krankheitsverläufen seien mit den herkömmlichen Tests nach vier Wochen keine Antikörper mehr nachweisbar.

Auch eine Studie des Gesundheitsamts Lübeck deutet darauf hin, dass Infizierte mit einer milden verlaufenden Erkrankung sich nicht in falscher Sicherheit wiegen sollten: Bei 30 Prozent der mäßig Erkrankten seien in der Studie keine Antikörper gefunden worden. Ob der Körper trotzdem eine Immunität aufbaut, müsse noch herausgefunden werden.

Hundertprozentigen Schutz vor dem Coronavirus gibt es nicht. Aber mit einfachen Maßnahmen lässt sich das Ansteckungsrisiko deutlich senken. Wichtig zu wissen: Das Virus überträgt sich als Tröpfchen-Infektion. Beim Niesen, Husten und Sprechen werden kleinste Tröpfchen ausgestoßen. Wenn sie mit Atemschleimhäuten anderer Menschen in Kontakt kommen, können sie die Krankheit übertragen. Das höchste Risiko besteht bei direktem Kontakt zwischen Menschen. Auch eine indirekte Ansteckung über Gegenstände ist nicht ausgeschlossen.

6. Strategien zur Befreiung von der Einsamkeit

- ❖ Kontakte einschränken: Bei jeder Begegnung mit anderen besteht die Gefahr sich anzustecken oder das Virus weiter zu verbreiten.
- ❖ Abstand halten: Anderen Menschen möglichst nicht näherkommen als zwei Meter - auch beim Einkaufen.
- ❖ Nicht direkt ansprechen: Auch wenn es unhöflich scheinen mag, den Kopf etwas vom Gesprächspartner abwenden.
- ❖ Nies- und Husten-Etikette: Hände weg von Mund und Nase. Niesen und Husten nur in die Ellenbeuge oder in Einmaltaschentücher. Anschließend Hände waschen. Auch ein Mund-Nasen-Schutz kann dazu beitragen, dass sich das Coronavirus langsamer verbreitet.
- ❖ Keine Hände schütteln: Unbedingt darauf verzichten, Hände zu schütteln. Ein freundlicher Gruß genügt.
- ❖ Hände sorgfältig waschen: Gründliches Händewaschen dauert etwa 30 Sekunden. Hände unter fließendem, lauwarmem Wasser anfeuchten. Seife verwenden und die Hände damit gründlich einseifen - auch zwischen den Fingern und auf der Oberfläche. Etwa 20 Sekunden reiben. Seife gründlich abspülen und Hände abtrocknen. Nach Möglichkeit flüssige Seife (Detergentien) und Einmal-Handtücher verwenden. Im häuslichen Bereich kann alternativ auch ein Seifenstück verwendet werden. Seife und Detergentien beschädigen die Virushülle, der Erreger wird inaktiviert, auch wenn nur kaltes Wasser zur Verfügung steht. Sehr heißes Wasser bietet keinen Vorteil und schadet der Haut.
- ❖ Hände regelmäßig waschen: Mindestens aber sofort nach dem Nachhausekommen, vor dem Kontakt mit Nahrungsmitteln, vor dem Essen, nach dem Gang zur Toilette.
- ❖ Nicht mit den Händen ins Gesicht fassen: Mund, Nase und Augen nicht mit ungewaschenen Händen berühren.
- ❖ Nicht mit den Fingern essen: Unterwegs keine Nahrung mit den Fingern in den Mund stecken - kein Bonbon, kein Kuchenstück, keine Bratwurst. Besser Besteck oder Serviette verwenden.
- ❖ Einkaufswagen, Türklinken und Geländer: Corona-Viren, die über Tröpfchen auf diese Oberflächen gelangt sein könnten, bleiben nicht lange aktiv. Handschuhe oder Desinfektion beim Einkaufen sind in der Regel nicht nötig. Unterwegs aber besonders wichtig: Nicht mit den Händen ins Gesicht fassen, bei Rückkehr in die Wohnung Hände waschen.

6. Strategien zur Befreiung von der Einsamkeit

❖ Auf Reisen und öffentliche Verkehrsmittel verzichten: Nur noch unbedingt notwendige Reisen antreten und öffentliche Verkehrsmittel meiden, insbesondere wegen der Begegnung mit anderen Reisenden.

❖ Smartphone reinigen: Besonders auf dem Display sammeln sich Bakterien und Viren. Vorsicht: Alkoholhaltige Flüssigkeiten können die Oberfläche angreifen. Das gilt auch für viele Hygienetücher. Nur Mittel ohne Alkohol verwenden und nicht zu feucht wischen. Auch eine trockene Reinigung ist besser als keine.

„Wenn ein Impfstoff gefunden ist, wird jeder Deutsche, der es will, auch geimpft werden können", sagte Forschungsministerin Anja Karliczek (CDU). Noch einer Studie der Universität Heidelberg ist die Impfbereitschaft jedoch relativ gering.

Im Kampf gegen die Corona-Pandemie will die Bundesregierung jedem Bundesbürger ermöglichen, sich gegen das neuartige Virus impfen zu lassen. Sobald ein Impfstoffgefunden sei, werde sich jeder impfen lassen können, der das möchte, sagte Bundesforschungsministerin Anja Karliczek (CDU) der „Bild am Sonntag". „Wir sind dabei, die Produktionskapazitäten in Deutschland zu erhöhen."

„Wenn ein Impfstoff gefunden ist, wird jeder Deutsche, der es will, auch geimpft werden können", sagte Karliczek. „Das müssen wir schaffen und werden wir schaffen."

Die Ministerin warnte aber vor zu hohen Erwartungen an eine schnelle Impfstoffentwicklung. „Ein zugelassener Impfstoff, der für die breite Masse der Bevölkerung geeignet ist, wird wahrscheinlich frühestens Mitte nächsten Jahres zur Verfügung stehen"

„Bei der Entwicklung eines Impfstoffes könne es immer Rückschläge geben", sagte sie.

Literaturverzeichnis

Berger-Loewenstein, K. (09.10.2019). *EMOTIONALE INTELLIGENZ - Gefühle verstehen: Wie Sie mit Hilfe effektiver Methoden Gelassenheit lernen, Stress bewältigen, Menschen lesen und Schritt für Schritt Ihre Beziehung verbessern.* Independently published.

Fuerst, M. (13.07.2018). *Innere Blockaden lösen: Wie Sie in 10 Schritten negative Gedanken loswerden, unnötiges Grübeln stoppen und Ängste überwinden. Positives denken lernen und Stimmungsschwankungen dauerhaft reduzieren.* Independently published.

Krone, M. (29.01.2019). *Depressionen überwinden: Negative Gedanken, negatives Denken & Traurigkeit überwinden Selbstzweifel & Ängste loswerden Keine schlechte Laune, dafür Lebensfreude & glücklich werden Selbsthilfe Buch.* Kindl.

Lakefield, V. (13.04.2020). *POSITIVES DENKEN | SELBSTLIEBE LERNEN | SELBSTWERT STÄRKEN | DEPRESSIONEN ÜBERWINDEN - Das Große 4 in 1 Buch: Wie Sie endlich negative Gedanken loswerden und zu einer starken Persönlichkeit werden.* Kindl.

Menzel, J. (kein Datum). *Über die Kunst, allein zu sein: Wie man Einsamkeit und Angst vor dem Alleinsein überwindet und sich nebenbei neu lieben lernt.* Independently published (2. März 2017).

Roth, S. (2018). *Einsamkeit überwinden.* Independently published.

Spitzer, M. (März 2018). *Einsamkeit - die unerkannte Krankheit: schmerzhaft, ansteckend, tödlich.* Droemer HC; Auflage: 4.

Weber, N. (September 2018). *Einsamkeit: In nur wenigen Schritten die Einsamkeit überwinden und wieder glücklich werden.* Independently published.

Wells, B. (September 2018). *Vom Ende der Einsamkeit.* Diogenes; Auflage: 9.

Wolf, D. (Januar 2016). *Einsamkeit überwinden: Sich geborgen, geliebt und verbunden fühlen.* PAL - Verlagsgesellschaft mbH; Auflage: 17.